改訂新版

テレワーク導入・整備の法的アプローチ

トラブル回避の留意点と労務管理のポイント

弁護士 末 啓一郎

はじめに

　新型コロナウイルスの感染症が収束に向かい、多くの企業がテレワークから出社勤務へと戻りつつあるといわれているが、テレワークの普及や縮小に関する統計データを精査しても、その実態を正確に把握することは容易ではない。統計調査は、どのような地域・企業・職種に焦点を当てるか、どのような手法で調査をするかによって大きく結果が異なりうるからである。しかし、中長期的な視点で見れば、情報通信技術（ICT）の進展にともない、テレワークがさらに普及していくことは間違いない。この確信は、2020年に『テレワーク導入の法的アプローチ』と題した前著を発刊したときからのものである。

＊

　約50年前、アービン・トフラーは『第三の波』の中で、未来の「エレクトロニック住宅」として、「高性能タイプライター、ファクシミリ送受信機、コンピュータ操作台、テレビ会議設備」などを用いたテレワークの時代がくると予言した。しかし、当時の情報通信手段は手紙、固定電話、テレックス、そして始まったばかりのファクシミリに限られており、テレワークはほとんど夢物語であった。それから数十年が経ち、トフラーが想像もしていなかった高性能モバイルデバイスの出現と情報通信技術の飛躍的進化により、いまや大量のデータを高速かつ安価に、どこからでも送受信できるようになった。これにより、在宅勤務だけでなくモバイル勤務を含めたテレワークが可能となり、その技術的可能性も急速に拡大し続けている。

　とはいえ、働く主体は感情を持った人間であるため、テレワークという新しい働き方の普及には、なお一定の制約がある。たとえば、対面で得られる視覚的・聴覚的情報は、ビジネスにおいて不可欠とまではいえないものの、議論の活性化、業務のスムーズな進行、チームワークの維持などに重要であるが、これらは、現時点で電子データとして送信できる情報量をはるかに超えており、そのような情報がリアルタイムで必要とされる業務には、出社勤務がなお必要とされる。そのため、新入社員教育やチームワークを重視する多くの業務においては、テレワークだけでは適切な業務遂行が難しい。

　しかし、情報通信技術の発展により、送信できるデータ量や速度はさらに

増大し続け、また業務自体のデジタル化も進むと考えられ、テレワークを支える技術的な基盤の発展とともに、テレワーク勤務も拡大してゆくと考えられる。

＊

　ただし、情報通信技術の発展によるテレワークの拡大は、業務の場所的な自由度を増やすものではあっても、時間的な自由度を増やすものではない。

　一般には、「テレワークにより場所と時間の両方において自由度が高まる」といわれている。しかしそれは、通勤の必要がなくなること、業務遂行と日常生活の境界が縮小することによる効率性の向上や、テレワークに親和的であるとして、フレックスタイム制度や裁量労働制、事業場外みなし労働時間制の活用などが進むであろうことからの見方である。情報通信技術の発展は、低コストでリアルタイムのデータ通信を可能にはしても、当然に時間の自由度を増大させるわけではない。

　テレワークによる労働時間の自由度の向上は、情報通信技術の進展による業務遂行場所の自由度の向上を活用し、効率化・柔軟化をはかることで初めて実現できるものである。しかし、雇用型のテレワークでは、さまざまな労働関連法規の規制を受けるため、その制度を適切に構築し、導入・整備、そして運用するためには、それらの法規制に対する適切な配慮が欠かせない。

　前著では、このような問題意識のもとにテレワークを初めて導入する際の法的アプローチを検討したが、本書では、コロナ禍の緊急実施を経て、制度の整備と運用に焦点を当てた。Ⅰ章では、ポストコロナ時代におけるテレワーク制度の導入・整備を進める視点を整理し、Ⅱ章では、その検討の前提としてテレワークという働き方を整理し、それを踏まえてテレワーク導入のメリット・デメリットをあらためて考察した。そしてⅢ章では、テレワークの中心となる雇用型テレワークの法的規律を検討し、Ⅳ章では、雇用型・自営型テレワークの境界について検討をしたうえで、Ⅴ章では、雇用型テレワークの制度導入・運用・管理についての具体的な留意事項および規定例等について検討をしている。

　ポストコロナ時代の制度整備の参考にしていただければ幸いである。

2024年5月
末 啓一郎

II章　テレワークに関する基礎知識

Ⅲ章　雇用型テレワークへの労働法規の適用

資料

結びにかえて

表紙カバーデザイン──林　一則

Ⅰ章
ポストコロナ時代におけるテレワーク

本章の概要

　新型コロナウイルス感染症が蔓延し緊急事態宣言が発令された2020年に、大都市圏を中心に在宅勤務が半強制的に実施され、在宅勤務を体験した企業と労働者が増えたことにより、在宅勤務に対する理解は一定程度進んだ。ただし、コロナ禍の緊急在宅勤務は、真の意味でのテレワークの普及とはいえず、コロナ禍の収束後は在宅勤務から通常勤務への復帰も急速に進んでいる。しかし、情報通信技術の発展によってテレワークは不可逆的に普及しており、新しい時代の要請に沿って、真に効率的かつワークライフバランスに資するテレワーク制度を導入、かつ整備していくことが必要である。本章では、その導入と整備においてどのような視点を持つべきかを、正社員のテレワークを中心に整理する。

第1　新型コロナウイルス感染症による在宅勤務の拡大

1．コロナ禍による在宅勤務拡大の実態

　2020年春以降、新型コロナウイルス感染症の急増があり、外出自粛が求められる中で、在宅勤務が（半強制的に）広く実施されることとなった。

　その状況について、厚生労働省「これからの労働時間制度に関する検討会」第14回（2022年5月31日）の資料である「経済社会の変化、デジタル化による働き方の変化、コロナ禍等における労働者の意識変化等について」では、1度目の緊急事態宣言（2020年4月7日〜5月25日）で、在宅勤務実施率は55％超に達し、その後低下したが、2度目（2021年1月8日〜3月21日）および3度目（2021年4月25日〜6月20日）の緊急事態宣言でも、40％を超える率で推移したとされている。数値としては低く思われるが、テレワークが不可能・困難な業種があることを考えれば、大都市圏のテレワーク可能な業種の企業では、そのほとんどが在宅勤務により業務を継続したものと推定される。

　しかし、このような急激な実施率増加から明らかなとおり、当時の在宅勤務は、出社することが反社会的な行動とみなされる中で業務を継続するため

に、やむをえず実施した緊急避難措置にすぎない。

　また、上記の分析は実施企業数であり、このような在宅勤務が急拡大した令和2（2020）年度について、厚生労働省が三菱UFJリサーチ＆コンサルティングに委託して実施した「令和2年度テレワークの労務管理に関する総合的実態調査研究事業」の結果を見ると、全就業者に占めるテレワーカーの割合は、2021年時点でも27％にすぎなかったとされており、緊急事態宣言下における在宅勤務の利用状況をもって、「テレワークが急速に普及した」などと評価することはできない。

　また、この「令和2年度テレワークの労務管理に関する総合的実態調査研究事業」では、地域別のテレワーカーの推移も示しており、それによれば、通勤時の密集状態が問題となる大都市圏と、それ以外の地方都市とで大きな格差がある。

　このように、コロナ禍で半強制的かつ緊急避難的に実施された在宅勤務は、「テレワークの拡大」と呼べる実態を備えたものではなかったといえる。

2．コロナ禍に急速に普及した在宅勤務とその弊害

　また、新型コロナウイルス感染症の急増に対する緊急避難措置としての在宅勤務は、どのような形態のテレワークの実施が効率的であるかといったことについて十分に検討されることなく、また、適切にテレワークを実施するための準備も十分にはされないまま行われたものであった。

　業務効率を高めるため、あるいはワークライフバランスを高めるため等の目的をもって、在宅勤務を含むテレワークのメリット・デメリットを慎重に検討したうえで、制度を整備して在宅勤務を導入したわけではないため、当然ながら、このような在宅勤務には多くの弊害が生じることとなった。「令和2年度テレワークの労務管理に関する総合的実態調査研究事業」でも、コミュニケーションの問題、従業員間の不公平感があることなどの課題が掲げられている。

第2　ポストコロナにおけるテレワーク

1．テレワークを廃止し出社に戻すべきとの議論

　むろん、やむをえず実施した在宅勤務の弊害に対しても、試行錯誤的な対

策はとられてきたが、それはあくまでコロナ禍での臨時的な対応としてであり、体系的な検討は後回しとされた感がある。そのため、コロナ終了後、「そもそも、在宅勤務は適当ではなく、出社こそ望ましい」との乱暴な議論を聞くようになった。たとえば、「イーロン・マスク氏が、全員出社を要請した」とのニュースを引用するなどして、「在宅勤務は必要悪であり、コロナ終了後はテレワークは廃止すべき」などとの議論もある。もちろん、テレワークが適さない職種、人、企業があることはいうまでもないが、かといって、出社こそ正しいとの議論もまた極論である。

　他方で、強制的な在宅勤務には弊害も多かったとはいえ、在宅勤務を実施したことにより、就労者がそのメリットを広く体感したことは無視できない。上記の令和2年の実態調査においても、テレワーク（在宅勤務）経験者の8割以上が、その継続を希望している。使用者としても、これを無視することは困難であり、人材の獲得・維持の観点から、「コロナ前に戻ることはない」との観測も耳にするところである。

2. 在宅勤務か、出社か、ハイブリッドか

　しかし、このような議論を「在宅勤務か、出社か」といった二者択一で議論することは一面的にすぎる。また、「在宅勤務と出社とのハイブリッドとして、どのようなバランスがもっとも適切か」との問題の立て方も、検討の視点としては不十分である。テレワークという働き方は、在宅勤務だけでなく、サテライトオフィス勤務やモバイル勤務、またワーケーションのような働き方も含まれており、「在宅勤務か、出社か」「それらをどのようにバランスするのか」といった議論は、テレワークの一面しか見ていないからである。

　また、「在宅勤務か、出社か」といった議論がされるときには、無意識の前提として、ホワイトカラーのオフィス勤務一般を念頭に置いており、いろいろな職種や働き方について横断的に検討がされているわけではないことが多い。さらに、企業の規模も、業種もさまざまであるのに、それらも考慮されていないことが多い。在宅勤務により効率を上げて能力を発揮できる者もいれば、逆に、業務効率を下げてしまったり、健康を害する者も出てくる。中には、仕事をサボったり、勤務中に無許可の副業をするなどの不正を働く者すらいる。「在宅勤務か、出社か」といった議論は、そのような従業員の

性格なども考慮されずに、一般的に議論されていることが多い。

　もちろんそれら個別の問題についての議論を始めると、ケースバイケースとなり収拾がつかない。したがって、完全に個別の議論とはできないが、かといって「在宅勤務か、出社か」といった二者択一や「それらをどのようにバランスするのか」といった平面的な視点ではなく、上記の各ファクターを考慮できる適切な検討の視点を定める必要がある。

第3　検討すべき視点（ICT 技術の拡大と2つの HR）

　「テレワークに関してどのような制度を採用するべきか」「そのために、どのように契約や規則を整備するか」の視点としては、情報通信技術により、働き方の可能性が急速に多様化している現実を踏まえた前広な検討が必要である。

　具体的には、国の内外、自宅、移動中等において、書面作成やメール送受信、オンライン会議等々から、情報通信技術や遠隔操作技術を使用しての接客や機械の操作などまで、いろいろな新しい働き方の可能性が拡大しつつある中で、どのような働き方を選択するべきか、それについて、どのように制度を整えて管理を行うのかの視点はないがしろにできない。

　そのような視点を持って検討するうえで留意すべきところは2つである。

　第一には、情報通信技術の発達により拡大した働き方の多様性をどのように効率化に結びつけるのか、第二には、それをどのように働き手の Well-Being に結びつけるのかである。この2つの検討課題は、仕事を優先するのか、それとも生活を優先するのか、といった相反する側面もあるが、社員がその生活の質を高めることにより、仕事に積極的・効率的に邁進することができるといった意味での、シナジー効果も期待できるのであって、この2つの課題の関係を考慮して検討するべきである。

　さらにいえば、この2つの課題は近時重視される、Human Right（人権）と Human Resource Management（人的資源管理）という2つの HR の問題とも深く関連している。

1．Human Right（人権）と Well-Being

　世界的規模で、経営において Human Right に対する配慮を要請する流れ

が進んでいる。人権に対する企業側の配慮の義務については、2011年の国連人権理事会の決議において「ビジネスと人権に関する指導原則」が全会一致で支持され、欧州を中心に各国で法制化が進められている。日本ではその対応が遅れてはいるが、それでも、国別行動計画として、「『ビジネスと人権』に関する行動計画（2020-2025）」が策定され、2022年9月には、「責任あるサプライチェーン等における人権尊重のためのガイドライン」が出されている。

　また、2015年9月に国連サミットで「持続可能な開発目標」（Sustainable Development Goals；SDGs）が採択されたが、その目標3に掲げられている Well-Being は、身体的・精神的・社会的に良好な状態にあることを意味する概念で、「幸福」と翻訳されることも多いが、人権の保護を基礎として、さらに一歩を進め、個人の幸福を実現しようとするものであって、その実現は、企業の社会的責任（Corporate Social Responsibility；CSR）と認識される。他方で従業員の Well-Being を高めることは、組織の生産性、創造性、そして持続可能性に直接的な正の影響を与えるとの観点から、企業経営においても積極的に取り組むべき課題といえる。

　このような社会的責任を果たしつつ、経営の質を高めるうえで、情報通信技術の発達による新しい働き方の可能性をどのように企業経営に活かすべきかを考える必要がある。Human Right 保障と Well-Being の実現は、その中核となるべきものである。

　これは、CSR、ESG のような世界的要請と軌を一にするものであるが、中小企業にとってはなじみの薄いものかもしれない。しかし、Well-Being の実現は、従業員のモチベーションを高めることにもつながり、また人材の獲得・維持にも重要であることから、むしろ人集めに苦労しがちな中小企業においてこそ考慮をするべき課題といえる。

2. Human Resource Management（人的資源管理）

　Human Resource Management（人的資源管理）は、上記 Human Right の保障と Well-Being の実現とに密接に関連するものである。上述したとおり、Well-Being の実現は、組織の生産性、創造性、そして持続可能性に直接的な正の影響を与えるという側面があるが、それらが Well-Being の実現に正の影響を及ぼしうるという意味で、裏表の関係にあるともいえる。

それだけでなく、急速な情報通信技術の発展により激しく変化する社会の中で、組織の生産性、創造性、そして持続可能性の向上をはかるためには、Human Resource Management（人的資源管理）が重要な課題となる。

だからこそ情報通信技術による働き方の多様化の可能性をどのように利用し、どのような人事制度を導入し、それを運用してゆくのか、そして仕事の仕方を改良してゆくのかの検討が重要となるのであり、テレワークを含めた新しい働き方がそれに資するよう制度を整えてゆくことが求められているのである。

第4　あるべき検討の視点

このような2つのHRの視点、具体的には、情報通信技術の発達による働き方における多様性の拡大をどのように効率化に結びつけるのか、働き手のWell-Beingに結びつけるのかとの観点からの検討が必要であり、それは、「在宅勤務か、出社か」といった二者択一の議論や、「それらをどのようにバランスするのか」といった一面的な視点では捉えることができない。

これを、テレワークについて、具体的にどのように検討し、どのように制度化し、運用していくのかは、本書Ⅴ章以下で取り上げるが、その前提として、仕事の属性、人の属性、企業の属性の、主に3つの側面からテレワークの利用可能性を検討したい。

1. 仕事の属性

在宅勤務を含めたテレワークの本質は、情報通信技術を利用して、本来の業務執行場所ではない場所で業務執行を行うことである。これを前提に、仕事の属性との関係でテレワークの利用を考える場合には、まず、テレワークを行うことが困難な業務とそれ以外の業務とに分けたうえで、それぞれについて、どのようにテレワークを許容するのか、またどのように出社を命じるのかなどについての異なる配慮を行うことが必要となる。

（1）テレワークを行うことが困難な業務

テレワークを行うことが困難な業務としては、①一定の現場・施設において従事することが要求されるもの、②業務提供が移動をともなうもの、③対人的な業務などが考えられる。

❶一定の現場・施設において従事することが要求される業務

その典型が、建設業や土木業、製造業、保安業務等であり、現状では当該業務が行われる現場・施設において業務に従事することが必要な業務である。また、小売業も、店舗内での陳列や商品の管理・整理等、現場・施設における就労が必要とされる業務と考えられる。それらとは少し性格が異なるが、高度なセキュリティを必要とし、在宅勤務やモバイル勤務等ではセキュリティが十分確保できない業務も、環境の整った場所での勤務を要求されるものとして、一定の現場・施設での従事が必要となる。

❷業務提供が移動をともなう業務

具体例としては、物流業務や旅客運送業務等が考えられる。これらは、当該車両等を直接操作する必要があることから、テレワークに適さないものといえるが、この周辺業務として、旅客運送に関連する各種サービスについても、空港や駅など所定の場所での業務遂行が必要となるものと考えられる。

ちなみに、顧客を訪問する営業担当は、移動をともない、事業場外勤務者としてテレワークを行っているように見えるが、テレワークとは、本来の勤務場所でないところで勤務を行うものであるところ、営業従事者の事業場外での活動は、本来の勤務を行うべき場所において勤務をしているものと見ることができるので、テレワークではない。ただし、通常は帰社後に行っている報告書の作成などを自宅で行うなどは、テレワークと見ることができる。

営業従事者について、その業務がテレワークになじむものか否かを考えると、本来の、客先訪問などの事業場外の業務は、対人的業務の性格が強いためテレワークになじむものではないが、例外的に社内で行う業務等は、後述するオフィス業務での検討の場合とほぼ同様ということになる。

❸対人的な業務

対人的な業務としては、医療や福祉（介護）などのほか、各種の対人サービス、たとえばマッサージ、ネイルアーティスト、ホステス、占いなど多様なものが考えられる。上述の営業担当も含まれる。小売業については、上述した❶の現場・施設の観点もあるが、顧客との対人サービスが必要であり、二重の意味でテレワークが困難であるといえる。

❹テレワークを行うことが困難な業務の変化

上記の各業務も、また、情報通信技術の発展により、次第にテレワークが可能となると考えられる。建設・土木・製造業においても、情報通信技術の

発達により、リモートでのコントロール等で行える部分が増加するものと考えられる。監視業務では、情報通信技術を使用した遠隔地からの監視なども、すでに技術的に不可能ではない。また医療においても、遠隔で対応できる部分が拡大しており、その他の対人業務でも、アバター等を利用した接客サービスの利用拡大が考えられる。

したがって、上記であげた「テレワークに適さない業務」が絶対的にテレワークが不可能であるとまではいえない。しかし現時点では、原則的にテレワークにはなじまず、きわめて例外的に、テレワークを許容する業務がありうる状況と理解される。

(2) テレワークになじむ業務

上記のような「テレワークを行うことに支障がある業務」以外の業務には多様なものがあり、そのテレワークへの親和性の程度もさまざまである。もっとも親和性が高い業務の典型的なものとしては、専門職的裁量労働制度の対象業務があげられる。

❶専門業務型裁量労働制度対象業務

専門業務型裁量労働制度（労働基準法38条の3）とは、業務の性質上、業務遂行の手段や方法、時間配分などを大幅に労働者の裁量に委ねる必要があるとして、厚生労働省令等に定められた業務の中から、対象となる業務を労使協定で定め、[*1]労働者を実際にその業務に就かせた場合に、現実の労働時間にかかわらず、労使協定で定めた時間を働いたものとみなすことができる制度である。

その対象業務として定められているものは、次の19種類があり、このような業務は、概してテレワークで行うことになじむものといえる。ただし、それらのテレワーク勤務には留意すべき事項が多いので、その詳細については後述する。

◆新商品もしくは新技術の研究開発、または人文科学もしくは自然科学に関する研究の業務

◆情報処理システムの分析または設計の業務

◆新聞もしくは出版の事業における記事の取材もしくは編集の業務、または

---

1 令和6年4月1日からは、専門業務型裁量労働制度の導入のために必要とされる労使協定の内容に、本人の同意を得ること、および同意撤回の手続きを定めることが必要とされており、この点についても留意が必要である。

放送法に規定する有線ラジオ放送もしくは有線テレビジョン放送法に規定する有線テレビジョン放送の放送番組の制作のための取材もしくは編集の業務

◆衣服、室内装飾、工業製品、広告等の新たなデザインの考案の業務

◆放送番組、映画等の制作の事業におけるプロデューサーまたはディレクターの業務

◆広告、宣伝等における商品等の内容、特長等に係る文章の案の考案の業務（いわゆるコピーライターの業務）

◆事業運営において情報処理システムを活用するための問題点の把握またはそれを活用するための方法に関する考案もしくは助言の業務（いわゆるシステムコンサルタントの業務）

◆建築物内における照明器具、家具等の配置に関する考案、表現または助言の業務（いわゆるインテリアコーディネーターの業務）

◆ゲーム用ソフトウェアの創作の業務

◆有価証券市場における相場等の動向または有価証券の価値等の分析、評価、またはこれに基づく投資に関する助言の業務（いわゆる証券アナリストの業務）

◆金融工学等の知識を用いて行う金融商品の開発の業務

◆学校教育法に規定する大学における教授研究の業務（主として研究に従事するものに限る）

◆公認会計士の業務

◆弁護士の業務

◆建築士（一級建築士、二級建築士及び木造建築士）の業務

◆不動産鑑定士の業務

◆弁理士の業務

◆税理士の業務

◆中小企業診断士の業務

❷企画業務型裁量労働制度対象業務

裁量労働制度には、企画業務型裁量労働制度（労働基準法38条の4）もある。

その対象業務は、「事業の運営に関する事項についての企画、立案、調査及び分析の業務であって、当該業務の性質上これを適切に遂行するにはその

遂行の方法を大幅に労働者の裁量に委ねる必要があるため、当該業務の遂行の手段及び時間配分の決定等に関し使用者が具体的な指示をしないこととする業務」とされており、一般的なホワイトカラーの業務も対象となりうる概括的な規定となっている。しかし、「対象業務を適切に遂行するための知識、経験等を有する労働者」に対して適用するものとされ、その具体的な適用のためには、労使委員会の決議を必要とし、かつ本人の同意を必要とするなどの手続き的整備が必要とされている。

このような条件を満たす企画業務型裁量労働制度の対象業務となりうる業務も専門業務型裁量労働制度対象業務と同様、テレワークに親和的なものといえるが、それらのテレワーク勤務には、留意すべき事項が多いので、この詳細についても後述する。

❸高度プロフェッショナル制度対象業務

高度プロフェッショナル制度（労働基準法41条の2）とは、専門的知識を必要とする業務であって、その業務の性質上、時間と成果との関連性が高くないとされる、下記に限定列挙された対象業務について、高度の専門的知識を有し、年収要件（年収1075万円以上）を満たす労働者が、労使委員会決議などの所定の手続きを経て、働きすぎ防止のための十分なインターバル時間の確保や年間の休日確保措置などの健康管理のための規制のもとで業務に従事する場合に、最長労働時間規制や割増賃金規制の適用を除外するものである。

その対象業務は以下のとおりであり、これらの業務もテレワーク勤務との親和性が高いと考えられる。

◆金融工学等の知識を用いて行う金融商品の開発の業務
◆資産運用（指図を含む）の業務または有価証券の売買その他の取引の業務のうち、投資判断に基づく資産運用（指図を含む）の業務、投資判断に基づく資産運用（指図を含む）として行う有価証券の売買その他の取引の業務、または投資判断に基づき自己の計算において行う有価証券の売買その他の取引の業務
◆有価証券市場における相場等の動向または有価証券の価値等の分析、評価またはこれに基づく投資に関する助言の業務
◆顧客の事業の運営に関する重要な事項についての調査または分析、およびこれに基づく当該事項に関する考案または助言の業務

◆新たな技術、商品または役務の研究開発の業務

(3) 上記以外の業務

❶専門的な業務

上記のいずれにも該当しない業務であっても、たとえばプログラマー業務やコールセンター業務、カスタマーサポート業務、受験教育関連業務（オンライン講師等）などの専門的な業務については、オンラインでの業務遂行が容易であると考えられる。

とはいえ、これらについても業務遂行状況の確認、コミュニケーションの確保などから出社を要請することが必要となる場合も考えられる。したがって、テレワーク実施にあたっては、裁量労働制度導入の場合のような手続きは必要ないものの、テレワークを許容する条件や出社の条件などを具体的に定める必要がある。

❷マネジメント業務

マネジメント業務については、どのような業務のマネジメントを行うのかによりテレワーク勤務になじむか否かが決まる。たとえば、上述した「一定の現場・施設において従事することが要求される業務」を行う現場作業員等の部下を管理監督するのであれば、部下との直接のコミュニケーションの必要から、現場にいることが望ましいが、テレワークになじむ業務を行う部下を管理監督するのであれば、マネジメント業務を行う者についても、オフィスなどに出社する必要性は低いと考えられる。

❸一般的オフィス業務

上記以外の一般的なオフィス業務としては、伝統的な3つのグループに分けて考えることができる。一つは上述した「マネジメント的な業務」、もう一つは「事務的な業務」（いわゆる総合職的な業務）、そして、「その補助的な業務」（いわゆる一般職的な業務）である。

このうち、一般職的な業務については、オフィスでの各種の実作業が必要となる部分が多いため、テレワークにはなじみにくいものと考えられる。それ以外の総合職的な業務については、テレワークになじむ部分が多いものの、コミュニケーション等の観点から、一定の出社が望ましいとされる場合も多いと考えられる。

また、マネジメント業務については、上述のとおり、どのような勤務内容の部下を管理するのかにより、テレワークになじむか否かが変わってくるも

のと考えられる。

（4）業務内容についての検討

このように、それぞれの勤務の実態に応じて、どのようにテレワーク制度を構築するのかを検討する必要があり、各企業においては、その中心となる業務内容を踏まえて、どのような内容のテレワークを社内制度として導入するべきかを検討のうえ、適切な運用ができるような制度構築が必要となる。

しかし現実には、上記のような業務内容の検討だけではなく、以下に述べる人の属性や企業の属性も踏まえたうえ、最終的にどのような内容のテレワークを実施するのかを決めることが必要である。

2．人の属性

人の属性として考慮するべき点には、従業員の個性の問題と就業環境の問題の2つの側面がある。

（1）従業員の個性の問題

❶自己管理能力

従業員の個性の問題として、テレワークに適するかどうかを考える場合、もっとも重要なのは自己管理ができるか否かである。

これにはいろいろな側面があるが、一つには、上司からの十分な管理がなければならないような、いわゆる指示待ちタイプの従業員には、テレワークは適切な働き方とはいえない。

また、指示待ちタイプではないにしても、出社して勤務するほうが仕事の効率が上がるという人も多いと考えられる。これは、上司の目だけではなく、周囲の目があり、サボりにくいという消極的な側面に加え、周囲で仕事をしている上司・同僚とともに仕事をすることで、モチベーションを維持できるという積極的な側面もある。私的生活の場から環境が変わることにより気分が切り替わるということもある。

精神集中のためには、周囲に雑音がないほうがよいとも考えられるが、そのような集中状態は、長時間続くものではなく、仕事として1日7時間や8時間といった長時間の勤務を行う場合には、一人で机に座っているよりも、周囲に人の目がある環境下で、周囲の人とコミュニケーションをとりながら業務をしたほうがモチベーションを維持しやすい等が考えられる。

したがって、テレワークで成果を上げるには、相応の自己管理能力が必要

となる。このような自己管理能力の有無、程度によりテレワーク勤務への適否は変わってくる。

❷コミュニケーション能力

　二つ目の重要な特性として、コミュニケーション能力の高さがあげられる。これは社交性があるということとは区別すべき能力である。もちろん、一人よりも多数でいるほうが楽しいと感じるタイプであれば、テレワークは不向きかもしれず、その意味で関連するところはあるが、それとは異なる特性である。

　コミュニケーション能力が高いとは、目の前にいない人との間で、相手方の状況や考えなどを推測しながら、必要な情報を提供し、また、相手方の情報を正確に受け取って仕事を進めることができる能力が高いことを意味する。換言すれば、オンライン会議やメールなどいろいろなコミュニケーションツールを使いこなして、円滑に業務がこなせるなど、組織内のコミュニケーションを高く保てる能力があるということである。現時点の情報通信技術では、対面時に伝えられるデータと同程度までのデータは伝えられず、伝達されるのは限定されたデータ量でしかないため、その不足を補うことが必要になるからである。

　コミュニケーション能力を考える場合、一般にいわれるように、新入社員を含め、新規に組織に参入した者については、テレワークは不向きである。自己管理能力は個人の問題であるとはいえ、組織内のコミュニケーションについては、組織内での人間関係などが一定程度以上あることが望ましいと考えられるからである。新入社員の場合には、さらに、仕事のやり方を覚える必要があり、独立して業務を行うことは困難であるとされることからも、テレワークは向かないと考えられる。

　このような観点は、現実にテレワークを指示・許可を行う場合に慎重に考慮されるべきである。

❸環境適応能力

　自宅は、整った設備の中でサポートを随時受けることができるオフィスのような環境ではないため、自宅での業務遂行においては、環境適応能力が高いことも重要となる。

　これはデジタル技術やデジタル機器の運用能力の高さということでもあるが、その点も含め、異なる環境下でも、適切に業務遂行ができる能力がある

か、また自分の就業環境を臨機応変に整える能力があるか等が重要である。

　これら3つの特性、すなわち、①自己管理ができること、②コミュニケーション能力が高いこと、③環境適応能力が高いことがテレワークを行ううえでは必要な資質であり、これらが低い従業員は、テレワークには不向きということになる。これを踏まえてⅤ章第6の3(2)では、テレワークを指示・許可する社員の選択における企業の制度や裁量について後述する。

(2) 従業員の就業環境の問題

　テレワークの中でも在宅勤務を行う場合については、その就業環境の問題も、従業員の属性として考慮しなければならない（サテライトオフィス勤務の場合は、このような点は問題にならず、モバイル勤務ではウエートが低くなる）。具体的には、自宅に執務のための十分なスペースがあるのか、設備が整っているのか、家族との関係で業務に支障がないのか等である。

❶就業スペース

　自宅での執務のための十分なスペースは、地方であれば、比較的整えやすいと考えられるが、都市部では困難な場合が多い。この前提となる居住環境は、住宅の購入等、人生における非常に大きな問題とかかわるところであり、会社の都合で左右できるものではないことが多い。たとえば、きわめて仕事熱心で、会社の近くに居住するタイプの人もいれば、私生活を重視して、遠方に生活環境を整えて住みたいというタイプの人もあるが、これらは従業員の人生観の問題ともかかわってくる。

　もちろん、社宅の提供であるとか、住宅費の補助など、企業側として協力できるところもあるが、それも企業の状況・制度のあり方等によって変わってくるところであり、テレワークを行ううえで、これに関する制度をどのようにつくるかは、考慮を要する問題である。

　このように、テレワークの就業環境としての物理的スペースについては、従業員と会社とでどのように協力できるのかを検討する必要がある。

❷就業設備

　就業のための設備をきちんと整えられるかも大事な点である。PC等については会社から提供するとしても、椅子やデスク等は個人が整える場合が多いだろう。ダイニングテーブルで1日7～8時間仕事をするのは困難であり、しかるべきデスク等の設備が整えられるのか、オンライン会議等のためのPCの周辺機器や、Wi-Fi環境を整備できるのかなども個人の問題である。

もちろん、会社側で必要な補助を行う等が考えられるところであり、従業員と会社側双方での協力が必要となる。これに関しては、Ⅴ章第6の3(2)❸で後述する。

❸家族環境

　会社側としていかんともしがたいのが、家族環境の問題である。独身、子育て世代、共働き、介護を必要とする家族の有無など、それぞれの家族構成、ライフステージに応じた状況によっては、在宅での勤務が望ましい場合や困難な場合が考えられる。

　このような事情で在宅勤務が困難である場合に、その他のテレワーク形態として、一時的または恒常的にサテライトオフィスでの勤務とするとか、レンタルオフィス利用料を補助するなどの工夫も考えられるが、業務内容や企業の状況、当該従業員のテレワーク勤務の適性などとの関係もあり、これらの点についても、当該従業員と会社とで、協力して対応することが必要となる。

　もちろん、業務の内容・企業の状況によっては、当該従業員の適性や就業環境の適否などは考えずに、それなりの仕事ができればよいとして、テレワーク勤務とすることも考えられるところであり、仕事の属性、人の属性、企業の属性は相互に関連する問題として考慮されなければならない。

3. 企業の属性

　一般的に企業の属性として議論されるのは、企業規模、業種、人員構成、IT等の技術基盤、企業文化などである。

(1) 企業の属性として議論されることの多い要素

❶企業規模

　企業規模に関しては、中小企業については、決定プロセスが簡易であり、テレワーク等の導入決定を行いやすいとのメリットがあるものの、他方で、テレワーク制度整備や実施のために十分な人的リソースが整えにくいといったマイナス面も考えられる。現実に大企業のほうがテレワーク実施率が高いのは、業種により導入の難易はあるものの、社内の多様な業種の中で、可能な範囲でテレワークを実施できること、および一般に間接部門が大きく、テレワーク制度整備や実施のための十分な人的リソースがあること、社内の公平性担保のための配慮の余地が大きいことなどによるものと考えられる。

❷業種

　業種については、仕事の属性としても触れたが、情報通信業や金融、マーケティング、コンサルティングなど、デジタルツールを活用して業務を行っている企業はテレワークを導入しやすく、製造業、医療、小売業、飲食業など、施設におけるプレゼンスが必要とされるなどの事情がある業務が中心の企業では、テレワーク導入は難しい。

❸人員構成

　人員構成において、若年層が多い企業のほうが柔軟性があり、テレワーク導入が容易であるといわれるが、制度を整えることにより、中高年でもテレワークになじむことは不可能ではなく、導入においての配慮があれば、業種の違いほどのテレワーク実施の支障にはならないものと考えられる。

❹技術基盤

　IT セキュリティ等の技術基盤についても、事業規模が大きいほうが、制度を整備するうえでのリソースが十分にあり、有利な環境にある。しかしながら、大企業の場合、活動が多岐にわたること、関係者の人数が多いことから、セキュリティ維持が困難となる側面もあり、これについても、有利不利の両面があるものと考えられる。

❺企業文化

　企業には、その集団独特の文化や価値観ともいうべきものがある。これは数値化することも、企業内部において客観的に認識することも困難ではあるが、内外の多くの企業と人事に関する仕事を行ってみると、リーダーの個性以上にその違いを意識させられるところである。この点を無視して、客観的な指標のみで制度を構築しても、機能しないおそれがあるため、テレワークのような制度を導入するに際しては、下記の公平性の確保にも絡めて、慎重な検討が欠かせない。

（2）公平性の確保

　企業文化や企業の価値観といったものは、企業内部において客観的に把握することが困難であるとしても、制度導入において、どのように公平性を担保するべきかを考えるうえで無視できないものである。たとえば、人事上の処遇を見ても、能力重視で処遇をするのか、現実の職責を重視するのか、年齢や在籍期間を重視するのか、学歴を重視するのか等々、各企業において、無意識の前提とされているところがある。これは、組織の中の公平性やモチ

ベーションを維持するうえで無視できない要素であり、慎重に検討されるべきものである。

そして、新たな人事制度を導入したり改変する際は、現行の制度がそれらを踏まえてどのように構築され、運営されているのかを考えながら行うべきであり、これはテレワーク制度の導入および実施にあたっても変わることはない。

ただし、どのような考慮が必要かは、各企業の状況により異なる。たとえば、IT関係の業務を行う中小企業において、IT技術者のみならず間接部門も含めて全社的にテレワークを実施できる場合は従業員間の公平が問題となることはほとんどないが、製造業等では、中小企業でも大企業でも、テレワークを実施できる間接部門と現場との間での公平性をどのように担保するかは難しい問題となる。

4. 地域の属性

事業継続計画（BCP）の観点からは、企業がどのような地域で活動しているのかによっても違いが生じる。コロナ禍においては、大都市圏では通勤環境の問題から、在宅勤務とすべき必要性が非常に高かったが、マイカー通勤が中心となる地方都市では、在宅勤務の必要性はそれほど高いとはいえなかった。この意味では、インフルエンザの流行や大規模地震を考えた場合など、大都市のほうが在宅で勤務できる体制を整えておく必要性が高いと考えられる。

5. 経営層の意識

以上が、テレワーク導入の親和性や難易に関連して留意するべき属性や特性であるが、現実にテレワーク導入を推進できるか否かは、主として経営層の意識にかかる。

これは企業の属性というよりも、経営者個人もしくは経営層の属性、あるいはその姿勢に基づくものであると同時に、上述した各要素を当該経営陣がどのように評価し決定するのかにかかわる問題でもあり、両者を切り離して議論することは適切ではない。

各企業において社内の状況を正しく認識し、経営陣がテレワーク導入・運用に対して適切な判断・決定を下せるよう、スタッフは適切な情報を整理評価して提供・提言すべきである。

II 章
テレワークに関する基礎知識

本章の概要

　本章では、制度検討の前提として、テレワークに関する基本知識について整理をする。コロナ禍での在宅勤務強制実施、およびテレワークに関する種々の議論を踏まえて、より具体的にテレワークの概念を整理し、その導入のメリット・デメリットについて考察する。

第1　リモートワークとテレワーク

1. リモートワークとテレワークの違い

　リモートワークという言葉とテレワークという言葉に正確な定義はなく、互換的に使用される場合が多いが、それらの間にはニュアンスの違いがある。

　まず「テレ」も「リモート」もギリシャ語を起源とし、いずれも、「離れた場所から」を意味する。また、「テレ」は接頭語としてそれ自体では（television のような言葉の省略形以外には）単語として意味を持たないが、「リモート」は形容詞として、「遠く離れた」や「辺鄙な」といった意味を持つ。いずれも、telescope、telephone、television や remote controller などの言葉をつくる機能を有するが、telescope、telephone、television には、言語や映像などの情報を遠方から伝達するとのニュアンスがあるのに対し、remote controller には、遠方から操作をするというニュアンスがある。

　これらを踏まえると、テレワークという言葉には、情報通信技術を使用して離れた場所との間で意思疎通を行いながら業務を行うというニュアンスがあり、リモートワークには、離れた場所から（機械操作などを含めた）仕事を行うというニュアンスがあるといえる。また、remote には「辺鄙な」という意味があるためからか、英語の remote work の場合、典型的な在宅勤務とは異なり、働く場所が指定されていないといったニュアンスも含まれて

いるようである。

　とはいえ、これらの違いは厳密なものではない。日本語において、情報通信技術を使用した「リモートでの会議」などの使われ方をしているように、テレワークとリモートワークは互換的に使用されている。ただし、本書では、基本的には「情報通信機器を使用して、本来の業務遂行の場所ではない場所から仕事を行うこと」に対してテレワークの用語を使用し、リモートワークは、機械操作を行うことなども含め、業務遂行者が選択する自由な場所から業務を行うというニュアンスを含んだ概念として使用することとしたい。

2. テレワークの本質

　上述のとおり、テレワークは、「情報通信機器を使用して、本来の執務場所でない場所から仕事を行うこと」、つまり場所的な自由さが本質である。そして、それが雇用型テレワークである以上は、労働基準法令が適用され、労働時間についての法規制に関しては通常のオフィス勤務の場合と同じである。

　もちろん、在宅勤務などのテレワークでは、家事などの行為のために執務を中断できるメリットが考えられるが、これについては、契約または規則により、そのような働き方を許容することが必要となるのであって、テレワークであることにより当然に自由さが増えるというものではない。つまり、時間の自由さは、テレワークに本質的なものではない。

　就労の時間が自由であるか否かは、テレワークという働き方か否かではなく、労働契約に基づく就労（雇用型テレワーク）なのか、業務委託・請負などによる就労（自営型テレワーク）なのかによって決まる。ちなみに、ここまでの検討においては、暗黙のうちに労働契約に基づく正社員としての就労を前提としたテレワークについて議論をしているが、これは、一般にテレワークを議論する場合に暗黙の前提とされていることが多く、企業の人事管理においても中心的な課題だからである。

　しかし、テレワークには、業務委託・請負などによる就労形態もあれば、プラットフォームワーカーのように、その契約類型の整理が世界各国で議論されている新しい就労形態も含まれており、労働時間の自由さだけでなく、雇用保障や労災補償などとの関係で、これらの就労形態区分はますます重要性を増している。

そこで以下、雇用型テレワークと自営型テレワークを含め、いろいろな形態のテレワークについて整理を行いたい。

第2　テレワークによる各種の働き方

1．ノマドワーカー

　ノマドワーカーとは、定常的な就労場所を持たず、外国やリゾート地、喫茶店や図書館などのさまざまな場所で、情報通信機器を利用して自由に仕事を行う人々を表し、「遊牧民」（ノマド；nomad）という言葉に由来する。したがって、ノマドワーカーと呼ばれる人々は、テレワーカーの中でもモバイルワークを中心とする人々である。

　このように、働く場所においてきわめて自由度の高い働き方であるが、それが雇用型テレワークの場合は使用者の指揮命令に服することとなるため、ノマドワーカーといえども、必ずしも労働時間の自由度が高いとはいいがたい。しかし、請負・準委任（業務委託）契約を主とする自営型テレワークの場合は、働く場所だけでなく、働く時間も働く側が自由に決めることができるため、自営型テレワークでのノマドワーカー的な働き方は、まさに「遊牧民」の名称が表すような、時間的にも場所的にも、きわめて自由度の高い働き方となる。

　ただし、自営型テレワークは、自由と引き換えに、法的な雇用保障や労災補償などの保護が薄い。したがって、自営型のノマドワーカーは、安定性を犠牲にして就労する時間や場所の自由度の高さを得ている働き方であるともいえる。

2．ギグワーカー

　ギグ（Gig）とは、もともとは1頭引きの小型の馬車を意味する言葉である。それが、スラングとしてジャズ演奏家等がライブハウスやクラブで行う一度限りのセッションを表すのにも用いられるようになり、そこから、ギグワーカー（Gig worker）は、フリーランサー、独立請負業者、プロジェクトベースの労働者、一時的なパートタイム労働者などの仕事を指す言葉として使用されるようになった。

　ここで考えられているギグワーカーは、何らかの形のテレワーカーである

場合がほとんどであり、単発の仕事を請け負って行うという性格上、通常は、雇用関係のない契約ベースの業務委託的な働き方で就労する人々を意味するものである。

そのような観点からは、以下に述べるプラットフォームワーカーも、ギグワーカーの一種といえるが、それらの拡大は社会問題化しており、そのようなギグワークで生計を立てる人々を労働者と位置づけて保護しようとする動きが広がっている。

3. プラットフォームワーカー

(1) プラットフォームワーカーとは

プラットフォームワーカーとは、スマートフォンアプリなどのデジタルプラットフォームを介して注文に応じる者を募る発注者に対して、サービスの提供を行う働き手である。

典型的なものとして、Uber Eats の料理配達人などがある。ここでは、個別の注文を行うのは料理の宅配を依頼する個人であるが、配達人は、その個人から雇われているという実態にはない。それよりも、デジタルプラットフォームを運営する組織に属していると考えるべきではないのか等との議論があり、そのようなプラットフォーマーとの間の契約関係についての規制のあり方が世界中で検討されている。

(2) プラットフォームワーカーに対する保護

日本では、2022年11月25日に東京都労働委員会が、Uber Eats の配達パートナーについて、労働組合法上の労働者に該当するとの判断を行っている。しかし、労働基準法上の労働者性については、まだ公の判断は下されていないため、労働関連法規の保護が及ぶか否かは不明確である。

なお、わが国における労働組合法上の労働者性や労働基準法上の労働者性の議論の詳細は、IV章第2で後述するが、このようなプラットフォームワーカーの労働者性については、世界中で議論が進められている。

❶アメリカの状況

たとえば、アメリカ・カリフォルニア州では、労働者性の判断において、問題となる就業者が①採用側からの支配・指示から自由であること、②業務の遂行は通常業務以外であること、③同種の業務に関連的に従事していることの3つを事業者側が立証できなければ、就業者は労働者とされるとの、い

わゆる ABC テストを適用すべきとの立法（Assembly Bill 5 （AB5））が2020年1月に成立した。

　これによれば、上記のプラットフォーム型ビジネスでの就業者は、ほぼ例外なく労働者とみなされることとなりかねないため、使用者側から、それでは事業が継続できないとして、法施行に対する差し止めの仮処分が出され、さらに AB5による労働者性の判断を覆すものとして、2020年11月に住民投票による立法である Proposition22が成立した。Proposition22によれば、プラットフォームワーカーやギグワーカーは自営業者とみなすものとされており、AB5による労働者性の判断を覆せることとなる。

　しかしこの Proposition22は、カリフォルニア州憲法に反するとの高等裁判所の判断が2021年8月に出され、州最高裁に上訴され、2024年5月現在も争われている。

　アメリカの場合、このような公けに見える形で議論が進むので、法的規制の混乱の状況は誰でも把握できるといえる。

❷ EU の状況

　EU でも、プラットフォームワーカーの問題についての取組みが進んでいる。欧州委員会は、2021年12月に「プラットフォーム労働における労働条件の改善に関する指令」の提案を行い、2023年12月には欧州議会と EU 加盟国の間で政治合意に達しており、今後、欧州議会・欧州理事会の承認後、EU 各国の国内法に組み込まれることが予想される。

　また、フランスにおいては、破毀院（最高裁）が、2018年にフードデリバリーのプラットフォーム就労者を労働者と認めた判決を出し、2020年3月にはタクシー型旅客運送のプラットフォーム就労者の労働者性を認めるとの判決を出している。

　ドイツでも、連邦労働裁判所（BAG）が2020年12月、インセンティブ制度のあるプラットフォームを利用して多数の業務を受けていたプラットフォームワーカーについて、「労働者であり、自営業者ではない」とする判決を出している。

(3) プラットフォームワーカーとテレワーク

　このように、プラットフォームワーカーの保護に関する立法政策や司法的救済の方法としては、これを労働者として保護しようとの動きが世界的に進展している。

ただし、プラットフォームワーカーの働き方は、ギグワーカーの一種として、働く場所や時間の自由さがあるとはいえ、テレワークとは限らない。中でも、Uber のドライバーや配達員は、物流業務や旅客運送業務等に従事する労働者と同様に、業務提供が移動をともなうものであると考えられるので、むしろテレワークになじまない働き方の一種と考えられる。このような形態のプラットフォームワーカーは、ギグワーカーの一種として場所的のみならず時間的に自由な働き方が可能であるものの、自営型にしろ雇用型にしろ、テレワーカーであるとはいえない場合が多い。

4．クラウドワーカー

クラウドワーカーとは、クラウドソーシング（インターネットを介して広範囲の個人や会社から情報、アイデア、スキル、またはサービスを集めるプロセス）を利用して、主として個人事業主の形で業務委託を受け業務を行う就労者である。Ⅲ章第6の2⑤で述べるとおり、副業に関しては、自宅での業務が多く見られる自営型テレワークの場合に、クラウドワーカーとして在宅での仕事を行う就労者が増加してゆくことが予想される。

しかし、これについての行政法的な規制は進んでおらず、後述するフリーランス新法においても、その適用対象は、個々の注文主（事業者）と個人のフリーランス（特定受託事業者）との間の取引であって、クラウドソーシング事業者には適用されない。クラウドソーシング事業者に対する規制としては、不特定者に対する募集を行う場合に、募集情報の的確表示義務がある程度であって、フリーランス新法の中心的規制となる取引の適正化や就業環境の整備に関する義務が直接に適用されることはない。この意味では、現時点においてクラウドワーカーに関する規制は、Ⅳ章第1で後述するとおり、業務委託・請負に関する下請法が中心となると考えられ、クラウドワーカーの保護は今後の課題である。

上述のとおり、プラットフォームワーカーの保護は、社会問題として世界で広く問題視されているが、クラウドワーカーについては、それほどの議論の盛り上がりは見えない。これは、クラウドワーカーは、プラットフォームワーカーのように特定の定型的な仕事を行うわけではなく、多種多様な業務に従事するものであるため、特定の問題として取り上げられにくいからと考えられる。

そのような中で、テレワークの観点からは、特に自営型テレワークにおいて、このような形での働き方の拡大が予想されるところであり、また事業者としても、事業遂行において、これをどのように利用していくのかを考えていくことは、雇用型テレワークの導入・運用の問題と併行して、検討するべき課題である。

第3　就労形態による時間・場所等の区分

1．就労場所による区分

上述のとおり、各種のテレワークは雇用型だけでなく自営型で行われたり、また、それらの区別が難しい場合もあるが、その詳細はIV章で後述する。ここでは、雇用型・自営型を通じて各種のテレワークに共通する就労場所の区分について簡単に整理する。

（1）在宅ワーク

自宅で業務を行う形態であり、正社員等に対し在宅勤務を命じたり許可したりする形（雇用型）で行われるだけでなく、たとえば、翻訳、プログラミング、データ入力・文字起こし、Webデザイン等々については、雇用契約のほかにも、請負・業務委託契約に基づいて自営型で行われる場合もある。

（2）サテライトオフィスワーク

当該労働者の属するメインのオフィス以外のサテライトオフィスや、社外のワークスペースなどでの就労を命じたり許可したりする形で業務を行う形態である。

その性格上、自営型テレワークの場合、サテライトオフィスワークは想定しがたく、サテライトオフィスでの勤務は雇用型で行われるものが中心となる。

（3）モバイルワーク

自宅やサテライトオフィスだけでなく、外国のホテル等での勤務や、移動中の駅や空港、顧客先、カフェなど、臨機応変に選択した場所で業務を行う形態であり、雇用型（モバイル勤務）と自営型（請負・業務委託）の双方がある。このうち、雇用型テレワークでのモバイル勤務は、業務効率性およびセキュリティ上の問題から、臨時的・例外的な勤務形態が主となると考えられる。

したがって、モバイルワーカーとしては、前述のノマドワーカー的な働き方が中心であり、主として自営型のテレワーカーであると整理できる。

2. 就労場所を指定するか否か

テレワークは、業務遂行の場所によって区分することができるが、就労場所の区分ごとに、雇用型が中心であるのか自営型が中心なのかの性格の違いがある。そのような業務遂行の場所を指定するのか否かについても、雇用型と自営型では次のような違いが存在する。

(1) 自営型テレワークの場合

たとえば翻訳、プログラミング、データ入力・文字起こし、Web デザイン等々を自営型テレワークの場合、業務を行う場所までは指定されないのが通常である。自営型での在宅ワークであれば、それらの業務の全部または一部を、外国のホテルや、移動中の駅や空港、顧客先、カフェなど、臨機応変に選択した場所で行うことができ、純粋なモバイルワークの形で行うことが可能である。

(2) 雇用型テレワークの場合

これに対して、雇用型の場合、出社勤務はもちろんのこと、在宅勤務やサテライトオフィス勤務でも、その場所で勤務することが期待されていると考えられ、従業員の自由な判断により、外国のホテルでの勤務や、移動中の駅や空港、顧客先、カフェなど、臨機応変に選択した場所で業務を行うことは想定されていない。

とはいえ、V章第6の3(2)❹で後述するとおり、雇用型テレワークの場合に、雇用契約や規則で明示的に就労場所を限定していなければ、在宅勤務を指示または許可をしていたとしても、自宅近くのカフェやレンタルオフィスで仕事をすることが許容されるのか否かが不明確となるおそれがある。雇用契約において、就労場所の指定は契約の重要な内容であることから、この点は、契約または規則で明確にしておく必要がある。

したがって、雇用型テレワークにおいては、モバイルワークであっても就労場所を指定しない完全なモバイルワークは考えがたく、在宅勤務もしくはサテライトオフィス勤務、またはそれらに加えて、勤務可能な特定の場所を指定する形での限定的なモバイルワークとすることが原則であると考えられる。

（3）企業による請負・業務委託の受注の場合

　給与計算、プログラミング、保守業務等の一定の社内業務をアウトソーシングする形で業務委託・請負をする場合で、これを個人契約ではなく企業として受託する場合、その作業に従事する従業員がテレワークを行うのであれば、自営型ではなく、雇用型テレワークとなる。

　したがって、この場合には、原則的な就労場所を、その業務を依頼した企業のオフィスとするのか、それともその業務を受託した企業のオフィスとするのか、または、在宅・サテライトオフィス・モバイル勤務とするのか等は、当該業務委託・請負契約の内容および当該従業員との雇用契約の内容により決まることになる。

3. 業務遂行におけるテレワーク勤務の期間・時間割合による区分

　この点に関するテレワークの区分については、業務遂行を完全にテレワークで行うか否か等により類型化できる。

（1）勤務日数または時間の一部についてのテレワーク

　雇用型テレワークでは、子育て中など一定の時期以外は、完全なテレワーク勤務はむしろ例外と考えられ、通常は、勤務日の一部や、一日の労働時間の一部をテレワークとするものが多い。

　これに対して、自営型のテレワークでは、（注文主の事務所等で業務遂行を行うことを契約内容とするような例外的場合を除き）出社勤務をすることは考えがたいので、逆に業務遂行期間または時間の一部についてのテレワークをすることが例外的と考えられる。

（2）フルタイムでのテレワーク

　したがって、翻訳、プログラミング、データ入力・文字起こし、Webデザイン等々の自営型テレワークの場合は、在宅ワークが中心になるとしても、必ずしも在宅での業務遂行は要求されず、業務遂行の時間も場所も自由な、完全なモバイルワークとされることが多い。これに対して、雇用型テレワークは完全なテレワークは例外的である。しかし、テレワークになじむ業務を行う企業においては、全社員がフルタイムでのテレワークを行っているところもある。また、間接部門には部分的なテレワークを導入し、営業部門は完全なテレワークとしている企業もある。

　ちなみに、これは業務の属性や企業の属性によるもので、それぞれの企業

ごとに、その実情に基づいて総合的に判断されるべきであって、テレワーク一般について、完全テレワークが望ましいとか、一部でも出社することが望ましいといった議論をすべきものではない。

4. 勤務態様の選択権の所在による区分

　テレワークを実施するうえでは、どのような場所で、どの程度の時間、どのような内容・形態のテレワークを行うかの選択権をどのように配分するかについても整理をしておく必要がある。

(1) 自営型テレワークの場合

　自営型テレワークでは、受託した業務の遂行方法は、受託者の決定に委ねられることが原則であるため、業務遂行の時間や場所、業務遂行方法等の選択権は、受託者である自営型テレワーカーにあるとするのが原則である。

(2) 雇用型テレワークの場合

　これに対して、雇用型テレワークの場合は、就労場所や就労時間は使用者が定めることが原則となる。

　しかし、フレックスタイム制度や裁量労働制度の場合など、労働者に始終業時間等の労働時間についての裁量権限を与える制度もあり、また、使用者の指示の内容として、就労場所の決定を労働者に委ねることも可能である。これは、たとえば育児や介護の必要性から在宅勤務となる場合だけでなく、リフレッシュのためにリゾート地等でのサテライトオフィス勤務をする場合などに裁量労働制度やフレックスタイム制度を利用するなどして、就業する時間に関して一定の選択権を従業員に付与することなどが考えられるためである。

　雇用型テレワーク・自営型テレワークと就労時間・場所の柔軟性との関係については、図表1のように視覚的に整理することができる。ただし、契約や規則等により、どの程度まで自由な選択権を、どのように付与するのかなどについては、個々の具体的な状況に応じて制度を慎重に構築する必要がある。この点は、労働契約についての各種法規制も踏まえたうえで、後述する。

第4　テレワーク導入のメリットとデメリット

　ここまで、ポストコロナにおけるテレワークの導入・整備について検討す

図表1 ● 就業の場所・時間の柔軟性

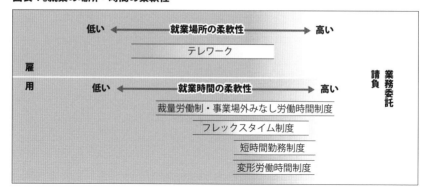

る前提として、テレワークの基本概念およびテレワーク就労形態による区分等を見てきた。最後に、具体的導入・整備の内容を考えるうえでの参考として、テレワーク導入のメリット・デメリットを以下に整理しておく。

1. テレワーク導入により期待できるメリット

　まず、テレワーク導入のメリットを、事業者・労働者・社会の三方向から考えてみたい（それらは、単に企業だけ、就業者だけという一面的な性格を有するものではないので、本来切り分けることは適当ではないが、検討の便宜上行うものである）。

（1）事業者のメリット

❶生産性の向上

　コロナ禍での緊急避難的なテレワークにおいて、必ずしも生産性の向上を実感できなかったところが多いのではないだろうか。むろん、生産性向上をめざしてのテレワーク導入ではなく、緊急避難的に行ったものであるから、当然といえば当然である。

　在宅勤務にせよ、モバイル勤務にせよ、そのような働き方に適応した、業務内容や個人の属性があって初めて生産性の向上が実現できるのであって、通勤や、会議・打ち合わせのための移動時間の減少という以外、テレワーク勤務により、業務自体の生産性が当然に向上するものではない。その実現のためには、相応の工夫が必要である。

　テレワークという働き方により、移動時間の削減以外に生産性の向上を実

現できるのは、たとえば、業務の中断がなく、自分のペースで業務に集中することが有益であるような業務であって、かつ、労働者にそれを実現できるだけの自己管理能力があることが前提として必要とされる。そのため、テレワーク勤務により積極的に生産性を向上させるためには、それらの条件を整える必要がある。その制度的工夫についてはⅤ章で後述する。

また、企業としてテレワークを導入する以上は、下記のいろいろなメリットを加味して、総合的に生産性の向上をめざすこと、少なくとも、業務自体の生産性の低下を招かないことが重要である。

❷優秀な人材の確保

テレワークを実施することが当然に、優秀な人材の確保に直結するとはいえないが、テレワークを実施していないことで、ワークライフバランスを考える社員から、魅力のない企業だと見られ、優秀な人材を確保する機会を失いかねないという意味での機会損失リスクがあることは容易に予想される。

とりわけ、テレワークによる通勤負担の減少は、労働者にとっては無駄な労力の削除ということで、大きなメリットになる。この点からもデメリットを恐れてテレワークを導入しないことは、優秀な人材確保競争における機会損失につながるおそれがある。

❸コストの削減

通勤負担の減少は、企業にとって経費（通勤費）の削減を意味するものであり、また、テレワークの拡充によりオフィス面積の減少が実現できるとすれば、それにより固定経費の減少も期待できる。これは、それ自体としてテレワーク導入の大きなメリットとまではいいがたいが、後述するデメリットの発生を適切に抑えられるのであれば、固定経費の減少として、中長期的には相応の意味があると考えられる。

❹事業継続計画（Business Continuity Planning；BCP）

この点については 今回のコロナ禍で実感されたところである。テレワーク導入は、いつでもどこでも仕事ができる体制を構築することにより、大規模感染であるとか、大規模自然災害などの事業停止がやむをえない状況の中でも、事業を継続できるメリットがある。この点は、事業者にとって、コストをかける価値のある大きなメリットといえるが、労働者にとっても、そのような災害の中でも就労が継続でき収入が維持できる点で、メリットとなる。当然、社会全体にとっても大きな価値をもたらすものである。

（2）労働者にとってのメリット

❶通勤時間の削減

通勤時間の削減は、何より労働者にとって、時間が有効活用でき、また私生活の場から離れずに業務ができるという意味で、ワークライフバランスの実現に有益なものということができる。

ただし、これまで通勤時間により私生活と仕事との明確な区別ができていた効果も無視できないところがあり、これが失われるという負の側面もあるので、この点に対する十分な注意を欠くなら、業務の効率性においても、従業員の Well-Being の観点でもマイナスになりかねない点には留意をするべきである。

❷ワークライフバランスの実現（多様で柔軟な働き方の確保）

私生活の場と仕事の場が同一となることにより、育児・介護等の私生活上のニーズと仕事の調整が容易になり、また、家庭生活からの切り離しも減少できること等が期待できるという意味で、ワークライフバランスの向上が期待できる。

しかし、通勤時間の削減の場合と同様、テレワーク、特に在宅勤務の場合は、それにより私生活と仕事とが混在してしまうため、かえって従業員のWell-Being にマイナスになる場合も予想される。企業側としては、どのような業務について、どのような労働者に、テレワークを指示または許可するのか、そして、労働者の側としても、どのように自己管理を行うのかが重要となる。

このように、ワークライフバランス（多様で柔軟な働き方）の実現も、単純にテレワークを導入すれば実現できるものではなく、どのような制度を導入するかが重要になる。

❸育児・介護と仕事の両立

育児・介護と仕事の両立は、自営型の就労者にとっては問題となることが比較的少ないが、就業の時間と場所が拘束される雇用型の就労者にとっては（特に長時間労働との関係で）重要な課題である。この点について、適切な形態のテレワークを導入することは、普段の生活の場での業務遂行を可能とし、育児・介護と仕事の両立を実現する助けとなるものといえる。

労働者にとってこのようなメリットがあることから、雇用型テレワーク制度を導入することは、事業者にとっても、従業員の引止めやリクルーティン

グに有利に働くことが期待され、労働力不足対策として大きなメリットがあると考えられる。

しかし、ワークライフバランスの場合と同様、導入の仕方、労働者の自己管理能力によっては、生産性の低下および Well-Being の低下を招くおそれがあることに留意するべきである。

❹女性の活躍推進

育児休業制度等をどれほど整えても、父親が母親の代わりをする（その逆も同様）ことには限界があるので、育児・介護休業制度に加えて、適切なテレワーク制度の導入は、女性の活躍推進にプラスの効果を生むことが期待される。

❺雇用の継続可能性を高める

適切なテレワークの導入は、上記❸および❹等を通じて、育児や介護の問題を抱える労働者の雇用継続を可能とする効果が期待でき、これは労働者にとってのメリットであるだけでなく、企業にとっても、人手不足の中で人材の流失防止の観点から大きなメリットといえる。

（3）社会のメリット

❶地域の活性化、環境負荷の軽減

適切な制度に基づき、リゾート地のサテライトオフィスなどでリフレッシュしながら働くことは、生産性や優秀な従業員確保の機会の増大、従業員の定着等の効果が期待できることから、企業にとってのメリットとなりうるだけでなく、労働者にとっても上述したワークライフバランス等の観点からメリットがあるといえるが、社会全体で考えても、地域活性化にも資するほか、社会全体の資源を有効活用し、その効率性を高めるうえで有益である。

また、テレワークにより通勤負担（通勤コスト）が低減できれば、労使のメリットだけでなく、社会全体での経済的ロスや環境負荷の低減も期待される。

このような期待は、政策的にテレワークを推進する動機づけとなり、テレワーク導入の公的な助成などの根拠となりうるところである。

❷労働力人口の確保

テレワークを適切かつ有効に活用することにより、現在利用されていない遠隔地の労働力を有効に使用することも可能となる。また、障害者雇用の拡充も期待でき、さらには海外の労働力を国内で使用することも可能となるなど、労働人口不足への対策にもなりうることが期待される。

2. テレワーク導入で生じうるデメリット

　導入することで種々のメリットが見込まれるテレワークであるが、制度を適切に構築できなかった場合には、多くのデメリットが生じうる。この点を正しく認識し、デメリットを防ぐべく適切な制度構築を行うことが肝要である。そこで以下では、主要なデメリットを検討しておきたい。

(1) 事業者のデメリット

❶出社しないことによる業務効率の低下

　事業場としての性格を有するようなサテライトオフィスでの勤務や、臨時的なサテライトオフィス勤務およびモバイル勤務では、出社しないことで業務の効率が低下するといった弊害は少ないと考えられるが、雇用型テレワーカーの在宅勤務では、それまで「出社」して行っていた業務を「自宅」などに移すことで生じるデメリットがある。

　①就業環境の問題

　物理的な問題としては、住宅事情などの制約から、オフィスなどの仕事場と同様には、業務に集中できる環境をつくれない点があげられる。テレワーク制度を許可する基準の中に、就業環境に最低限度の広さを設定したり、十分な通信環境等を設けること、それらを整えるためのしかるべき費用を補助したりすることで問題を回避または軽減できる余地はあるが、その制度運用にあたっては、社員間の公平性の面を含め、慎重な対応が必要となる（この点はⅤ章第6で後述する）。

　②組織としての一体感低下のおそれ

　雇用型テレワークは、従来からオフィスで営まれている業務をオフィス以外の場所で遂行することを前提とするものである。そのため、どのような形態のテレワークを導入するにせよ、一般的にオフィスではなされていた、他の社員との face to face のコンタクトが減少せざるをえない。仕事をするのは機械ではなく感情のある人間であるため、この点に十分な対策を施しておかなければ、テレワークが拡大していくにつれ、コミュニケーションが不十分となり、ひいては組織としての一体感や個々の社員のモチベーションが害されるおそれがある。また、このような問題を原因とする生産性の低下は、数値化が困難なだけに、見落とされがちで、気がつかないうちに弊害が増幅しかねない。

　これは主として事業者側のリスクと考えられるが、組織としての業務効率

の低下は、組織に所属する者にとっての不利益につながる面もあり、（特に雇用型の）テレワーカーにもデメリットとなりうる。

　これに対して、自営型テレワーカーは、もともと独立して業務を遂行することが前提とされているものが多いため、テレワークの導入によりこのような点が問題とされることは少ないと考えられる。

　③就労者のモチベーション等の心理的な問題

　心理的な面としては、出社することで緊張感をもって遂行できていた業務が、在宅勤務により生活場所での就業となることで、緊張感の欠落したものとなり、質や効率が低下するなどの問題が起こりうる。報告・連絡・相談はチャットやテレビ会議などのための適切なアプリ等を導入するなどで補えるとしても、集団の中にいることを感じながらの業務と比して、自宅における単独での業務では、業務に向き合ううえで心理的な抵抗があることも予想される。もっとも、個別作業で集中して行うほうがよい業務などもあるので、どのような業務がテレワークに適するかを適切に切り分けることで防げる面もある。そのような点への配慮をおろそかにすると、業務効率が低下するデメリットを防げない。

　加えて、業務遂行が孤立して行われることで、ストレスマネジメント等の健康管理がおろそかになりがちである。このような安全配慮義務上の問題も、どのようなデメリットが生じているのか単純に数値化できないため見落とされがちであり、深刻な事態を生じさせるリスクもあるので、これを防止するためにストレスチェックを活用したり、定期的な行事を設ける、定期的に会議を招集するなど、業務の進め方以外の配慮も必要となる。

　ある企業の例では、営業担当者は完全な在宅勤務とされているが、定期的に各地から全員が集合し、日本国内または海外で全体会議を開催したりしている。これは、チームワークの向上などを含め、生産性を上げるための不可欠な取組みと考えられる。このように、モチベーションを持続させるためには、就労者側の工夫だけでなく、企業側にもチームワークの維持を含めた積極的な対策が必要となる。

❷社員間の不公平感助長のおそれ

　①担当職務による不公平感

　テレワークを導入することが、被雇用者にとって、ワークライフバランスの向上や育児・介護との調整などのメリットがあることは前述のとおりであ

るが、雇用契約により遂行される業務は多種多様であり、すべての業務がテレワークに適しているわけではない。たとえば育児・介護などの必要性のためにテレワークを選択したくても、その者が担当する業務の性格上、テレワークでの就労が困難な職務もある。このような場合に、同一社内において、従事している仕事による不公平感が生じうる。

このような不公平感を、テレワークに対する理解不足からくるわがままと処理することは簡単だが、円滑かつ効率的に業務を遂行するためには、組織内の公平感を保つことが、特に、同質性の高い正規労働者間では、モチベーション維持の観点からも重要である。また、見過ごしてしまうと、テレワーク導入の思わぬ支障、弊害となりかねない。

そこで、ポストコロナ時代において出社が望ましいと考えられる業務については、テレワークのための費用の補助をするのではなく、在宅勤務を選択する者には、一定程度の給与の相対的な減額をするなどを検討する余地もある。これは、テレワーク推進に反するのではないかとの考えもあるが、いわゆるメンバーシップ雇用であるといわれる、わが国の雇用慣行を考えた場合に、公平性を保ちながら、テレワークの制度導入を進めるために必要とされる場合も考えられるところである。

なお、自営型テレワークは、もともと個々が独立して業務遂行を行うことが通常であるため、この種のことは問題となりにくい。

②非正規労働者との同一労働同一賃金の問題

雇用型テレワークにおいて、契約社員、パートタイマー、派遣労働者などの非正規労働者と正社員との労働条件の違いについて、これまで不公平感は生じにくかった。しかし、法改正により、それらと正社員との間の均等・均衡待遇が要求されることとなったため、正社員のみにテレワークを認めるなどのテレワークに関する取扱いの違いが、コンプライアンス上の問題となることが懸念される。

今後は、均等・均衡待遇に関する法的問題の拡大により、このような点が、単なる不公平感による不満を超えて法的紛争となることも懸念される。これらの労働者間の公平な取扱いにも慎重な配慮が求められる。

❸セキュリティ上の懸念

①テレワークによるセキュリティ上のリスクの増大

自営型テレワーカーを使用する場合は、もともと社外の就労者との契約で

あるため、業務を委託する段階での情報セキュリティ対策が必要であることは、当然に意識されるところであり、これは業務委託一般の問題でもある。

これに対し、雇用型テレワーカーについては、もともと社内での業務遂行であったところ、事業場としての実態のあるサテライトオフィス勤務の場合を除き、在宅勤務等でのテレワークでは、事業場外で業務を遂行するために、文書やデータを事務所から持ち出す必要が生じたり、社外の情報通信機器を社内のシステムに接続するなどの必要性が生じる。それらにより、テレワークの導入がセキュリティ上のリスクを増大させることが懸念される。

これは主として事業者にとってのデメリットであるが、事故が発生した場合の責任問題まで考えれば労働者にとってのデメリットでもある。

今日、デジタル化にともなうセキュリティ上のリスクは、もともと高まりつつあり、しかるべき対策が必要とされるが、テレワーク導入によりそのリスクが一層高まることとなる（総務省「テレワークセキュリティガイドライン第5版」（2021年5月31日公表。以下、「セキュリティガイドライン」という）。

②コストの増大

通勤費やオフィスのコストを削減できることがテレワーク導入のメリットのひとつに掲げられていることは前述のとおりだが、セキュリティ対策の面から、テレワーク実施に不可欠な情報通信機器の拡充およびシステムの構築などに膨大なコストがかかるおそれがある点が、テレワーク導入によるデメリットとなる。

(2) 労働者にとってのデメリット

①仕事と私生活の区別が曖昧となること

テレワーク従事者にとっての弊害としてよく指摘される点であるが、テレワークでは、どこでも仕事ができることがメリットである反面、仕事と私生活との区別が曖昧になり、ストレスとなりうる等、逆にワークライフバランスが損なわれるおそれがあるというデメリットにもなりうる。

雇用型テレワークの場合、業務量の配分や、その進め方などを適切に管理できなければ、隠れ残業などが誘発され、限度のない長時間労働や、ひいては、それによる健康被害も懸念される。これは、雇用型のテレワーカーが使用者の指揮命令下にあること、そして組織の中では同調圧力がかかること等から、労使双方に無意識のうちに生じかねない問題である。

このような問題は、主として生活者としてのテレワーカーにとってのデメリットと考えられるが、同時に事業者にとっても隠れた大きなデメリットとなりかねない。すなわち、仕事と私生活との区別が曖昧になることは、労働時間ではない時間帯であっても「職務」から意識を切り替えることが難しく、十分なリフレッシュがはかれないために生産性が低下するリスクが高まることを意味する。

　したがって、この問題には働く側の工夫も求められるが、雇用型テレワーカーの労務管理の難しさと相まって、特に事業者側に慎重な対策が求められる。

②自営型テレワーカーの保護の必要性

　自営型のテレワーカーにとっても、契約関係が不明確なために過剰な要求がされたり、労働時間などの規制がないために、特に専門性などが乏しい場合には、注文主による優越的な地位の濫用が生じやすく、その結果の過重な負担により、私生活に支障をきたすおそれがある。

　自営型テレワーカーについては、事業者側に、これを人事問題として捉える意識が弱く、また、専門性が低いテレワーカーはとりわけ、容易に代替がきくと考えられがちであるため、テレワーカー側からも、事業者側からも、自発的な改革は難しい。したがって、行政的な救済措置が講じられる必要があるが、「自営型テレワークの適正な実施のためのガイドライン」（平成30年2月改訂。以下、「自営型テレワークガイドライン」という）や、現状の法規制を見る限りでは、まだまだ不十分である。自営型テレワーカーの増加は今後とも見込まれるところであり、このような問題は、労働法規の適用を拡大するか、優越的地位の濫用の禁止等といった取引規制の充実をはかるなどの方策が考えられる。いずれにしても、これは主として立法・行政の課題といえる。

　事業者としては、このような規制の問題について、コンプライアンスの観点からの潜在的リスクとして捉えることが必要である。

Ⅲ章

雇用型テレワークへの労働法規の適用

本章の概要

　ここまでで、ポストコロナのテレワーク導入についての視点を確認し、テレワークの基本概念および導入のメリット・デメリットを整理したので、以下では、テレワークの中心的な論点である正社員の（雇用型）テレワークに関する法規制について整理を行う。

第1　雇用型テレワークに対する労働法規の適用

1．労働関係法規一般の原則適用

　雇用型テレワーカーに対しては、通常のオフィス勤務の労働者と同様、その労働条件には労働基準法、労働安全衛生法等の労働基準関係法令が適用され、労働契約法による解雇制限、不利益変更の制限等の法理が適用される。さらに、同一労働同一賃金の原則も適用される。また雇用型テレワークという勤務形態の「労働者」を雇用することから、使用者は当該テレワーカーに対し、健康保険、介護保険、厚生年金保険、労災保険および雇用保険などの社会保険を適用しなければならない。

　つまり、これらの労働法規上の義務の適用に関しては、雇用型テレワーカーであろうが通常のオフィス勤務の労働者であろうが違いはない。また、雇用型テレワーカーといえば、通常は正社員が念頭に置かれるが、いわゆる非正規社員（有期雇用労働者、パートタイマー、派遣労働者、契約社員、嘱託など）も含みうることから、それぞれに関する特別法規も、それらの契約類型の通常勤務の労働者に対する場合と同様に適用される。

2．「事業場」の概念

　雇用型テレワーカーの勤務は、在宅勤務、サテライトオフィス勤務、モバイル勤務、およびそれらの組み合わせによるものであることに加え、完全な

フルタイムのテレワークか勤務の一部のみのテレワークか等、その態様もさまざまである。

　しかし、そのいずれにも、労働基準法、労働安全衛生法、労働者災害補償保険法、雇用保険法、労働組合法、最低賃金法等の労働関係法規は、事業場を単位として適用されるので、テレワーク勤務において、就業規則の作成、改定・届出や36協定といった各種労使協定の届出や保険関係の申請等のために、それらの労働法規の適用単位となる事業場を決定する必要がある。

(1) 基本的考え方

　通常の勤務者の場合、所属する事業場がどこかは比較的明確であるが、テレワークのように、その全部または一部をオフィス外で勤務する場合には、当該テレワーカーにとっての「事業場」は、その勤務実態に合わせて決定しなければならない。

　事業場をどのように決定するかについて、関連通達（昭和47年9月18日発基第91号）の第2の3において、労働安全衛生法の施行についての事業場を、「事業場とは、工場、鉱山、事務所、店舗等のごとく一定の場所において相関連する組織のもとに継続的に行なわれる作業の一体をいう」ものとしたうえで、「事業場の範囲」の行政解釈が、以下のように示されている。

◆一の事業場であるか否かは主として場所的観念によって決定すべきもので、原則として同一の場所にあるものを個の事業場とする。

◆場所的に分散しているものは原則として別個の事業場とするが、場所が分散していても規模が小さく独立性のないもの（出張所等）は直近上位の機構と一括してひとつの事業場とする。

◆同一場所にあっても、著しく労働の態様を異にする部門が存する場合に、その部門を主たる部門と切り離して別個の事業場としてとらえることによってこの法律がより適切に運用できる場合には、その部門を主たる部門と切り離して別個の事業場としてとらえる。

(2) 在宅勤務およびモバイル勤務の場合

　在宅勤務にせよモバイル勤務にせよ、その全部または一部の就業場所は、通常勤務者の勤務するオフィス外の、テレワーカーの自宅、または宿泊先のホテル・空港・駅などの出先となるが、上記の通達によれば、それらの自宅等は「相関連する組織のもとに継続的に行なわれる作業の一体」とみなすことはできない。すなわち、当該テレワーカーにとっては、在宅勤務やモバイ

ル勤務の事業場は、勤務の全部または一部を行う自宅や出先ではなく、当該労働者が所属している本社や支店等のオフィスとなると考えられる。したがって、当該テレワーカーは、その事業場の就業規則・労使協定に従うべきこととなる。

　なお全員がフルタイムでの完全なテレワークを行っている場合、自宅等以外の共通の就業場所は存在しないことになるので、この場合は、登記上の本社所在地を事業場として扱うことになる。

(3) サテライトオフィス勤務の場合

　これに対し、サテライトオフィス勤務は、本社や支社などの事業場とは別の場所に設置されるサテライトオフィスで勤務することが原則となる。一口にサテライトオフィスといっても、いろいろな形態があるが、一般的には、「地理的に都合がよいように設けられたワークスペース」であって、人事管理機能を有さないのが通常であり、独立の事業場ではない。特に、シェアオフィスやコワーキングスペースのような他社共用のサテライトオフィスを独立の事業場と見ることはできない。

　また、専用のサテライトオフィスであるとしても、本社のオフィスなどに、他の事業場で勤務している従業員が出張等で利用できるサテライトオフィスをつくったような場合は、当該本社等は独立の事業場であるとしても、当該サテライトオフィスを利用する従業員は、本社以外の他の事業場で人事管理に服しているものであり、本社ではなく、本社以外の事業場に常時雇用される労働者とカウントされる。

　一方、たとえばワーケーションのために、リゾート地などに、恒常的に一定の規模以上のサテライトオフィスを設け、一定数以上の従業員が継続的に勤務を行い、その人事管理のための間接部門等を恒常的にそこに置くとすれば、そのサテライトオフィス自体が、労働関係法規の適用単位となる事業場と考えられ、そこで勤務する従業員は、そのサテライトオフィスにおける就業規則・労使協定に従うべきものとなる。

3. テレワーク勤務に関する就業規則制定の要否

　前述したとおり、コロナ禍の外出自主規制により、多くの企業で、やむをえず実施された在宅勤務は、テレワークに関する就業規則制定等の準備を行う余裕もなく、出勤時の労働条件をそのまま適用しながら、勤務場所のみ自

宅で行うものとした応急措置的な形で実施される場合が多かった。特に中小企業では、何らの規則も定めず、また在宅勤務についての命令権があるのか、一部社員にのみ出社を命令することができるのか、労働時間管理をどのように行うのか等は曖昧なまま、なしくずし的に在宅勤務を行っているところが多かった。

　そこで、テレワーク制度を導入する場合に、就業規則制定の必要があるのか否かを整理しておくこととしたい。これを考えるうえでは、第一に、そもそもテレワーク勤務に関して社内規則を定める必要があるのか、そして第二に、そのような社内規則は、就業規則の一部として労働基準法により制定が必要なものとされ、その制定・変更について労働者の意見を聴取する必要があり、その制定・変更を労働基準監督署に届け出なければならないものであるべきかを検討する。

(1) テレワークに関する規則制定の必要性

　外出自主規制により急遽実施された在宅勤務は、規則制定等がないままであっても、問題なく実施できたことから、あらためてテレワーク勤務規定などを定める必要がないと考えている企業があるかもしれない。

　しかしながら、どのような場合にテレワークを命じることができるのか、どのような場合に出社を命じることができるのか、テレワークにおける労働時間管理をどのように取り扱うのか、テレワークに関する手当等の支給をどのようにするのか、テレワークに関するセキュリティについて留意事項はどのように定めるのかなど、新たに規則を定めておくことが必要となる場合は多々ある。

　それらの規則を策定することなく個別の指示等で実施を続けると、きわめて小規模の企業を除き、テレワーク制度を企業内で統一的に運用するうえでの支障が生じ、社内の公平感の確保にも問題が生じることが予想される。したがって、緊急対応の在宅勤務を見直し、テレワーク制度として導入・運用するには、大企業はもとより、中小企業であっても、これに関する取扱いを決定し、規則の形として制定し、周知することが必要である場合が多い。

(2) 就業規則の一部としての届出の必要性

　それらのテレワーク勤務に関する規則を定める場合、それを就業規則の一部とすべきか否かが問題となる。

　もしも、その定める内容が就業規則の一部となるべきものであるとすれば、

（常時10人以上の労働者を使用する企業では）規則の制定が義務づけられ、またその制定・改廃については、従業員代表または過半数組合からの意見を聞くとともに、制定・改廃した規則を労働基準監督署に届け出る必要がある。そして労働基準法の適用があるか否かは、定める内容が労働基準法89条所定事由であるのか否かで判断されることとなる。

　したがって、たとえば始業および終業の時刻等の、労働基準法89条に個別に列挙されている事項について特別な定めを置くのであれば、その規則は、当然に就業規則の一部とするべきものとなる。また労働基準法89条は、「当該事業場の労働者のすべてに適用される定めをする場合においては、これに関する事項」について、就業規則に定めることを要求しているので、たとえば、従業員がテレワークを行う場合のセキュリティに関する遵守義務に関して一定事項を定めるとすれば、これについても就業規則の一部とすべきこととなる。

（3）社内規定・運用細則等について

　しかし、従業員全体に適用があるのであれば、どのような些細なことについても、すべて就業規則の一部としなければならないわけではない。

　従業員の権利や義務にかかわる内容について定めを行うものであれば、就業規則の一部とするべきであるが、それらの規定の具体的運用についての細則に関しては、就業規則の一部とする必要はない。たとえば、テレワーク勤務を行う場合に会社の定める規則・指示に従い情報セキュリティを確保しなければならないとの義務を課すには、これを就業規則上の義務として定めることが必要であるが、その確保のために行わなければならない具体的手続きや留意事項等の詳細についての定めは、就業規則同様に、これを周知をする必要があるといえるが、就業規則の一部として、従業員代表・過半数組合からの意見聴取および労働基準監督署への届出の手続きをとる必要はない。

　もちろん、社員の注意喚起のために、それらの主要な事項を就業規則の一部とすることは考えられるが、その内容は会社の情報システムのハードおよびソフトの採用状況によっても変化しうると考えられるので、適宜変更していくことが必要であると考えられ、その制定・改廃の都度、従業員代表等の意見を聞き、労働基準監督署に届け出るとすれば、煩雑となる。これらを考慮し、どこまでを就業規則の一部とするのかを決定するべきである。

（4）懲戒処分等との関係

　セキュリティに関する遵守事項等については、就業規則とするか否かによ

り懲戒処分ができるか否かが異なってくるのではないかとの意見もあるが、正確ではない。

　上記の例でいえば、会社の定める規則・指示に従い情報セキュリティを確保しなければならないとの義務を就業規則に明定しておけば、そのような義務を遵守しなかったとみなされる場合に規則違反として懲戒処分することが可能となる。ただし、そのために遵守すべき具体的事項について、就業規則本体ではなく、細則や運用基準などの内部規則で定めていた場合には、その不遵守があった場合、それ自体で当然に懲戒処分対象とすることはできず、それが、就業規則に定められた、セキュリティに関して十分な注意を払わなければならないとの義務の違反とみなすことができるのかにより、懲戒処分の可否が決定されることになる。

　なお、そのような細則や運用基準についての社内周知が行われていない場合は、当該従業員が、そのような事項を個別に指摘されなくとも、セキュリティ確保のために当然に遵守すべき事柄であると認識できたのか否かで、義務違反の有無が判断されることになる。

　このような現実的な運用まで考えて、どこまでを就業規則に盛り込むのかを慎重に決定してゆくことが必要である。

(5) テレワークに関する規則制定・改定の留意事項

　テレワーク制度の導入、またはその改定を行う場合、すでに在職している従業員の労働条件の変更が必要となる場合がある。しかし、そのような労働契約内容の変更は、原則として当事者の合意によるべきものとされており（労働契約法8条）、そのような合意なしに就業規則を変更することによって一方的に不利益な変更を行うことはできないものとされる。不利益な変更を行う場合には、①労働条件の変更の不利益の程度、②変更の必要性、③変更後の規則内容の相当性、④労働組合等との交渉の状況その他の諸事情に照らして合理的である場合についてのみ、個別の同意がなくても変更が有効であるとされている（同法10条）。

　逆に、個別・明示的な同意を取得した場合であっても、就業規則に定められた賃金や退職金に関する労働条件のような重要な「労働条件の変更に対する労働者の同意の有無については、当該変更を受け入れる旨の労働者の行為の有無だけでなく、当該変更により労働者にもたらされる不利益の内容及び程度、労働者により当該行為がされるに至った経緯及びその態様、当該行為

に先立つ労働者への情報提供又は説明の内容等に照らして、当該同意が労働者の自由な意思に基づいてされたものと認めるに足りる合理的な理由が客観的に存在するか否かという観点からも、判断されるべきものと解するのが相当である」（最高裁平成28年2月19日判決：山梨県民信用組合事件）とされている。

　したがって、テレワーク制度の導入が労働者にとって不利益となるおそれがある場合には、労働者からの同意取得以上に、制度の導入に合理性があることが重要であり、それを担保するために、十分な説明をすることで、労働者からの異議を回避し、実質的に同意を得たのと同じ状態とすることも不可能ではないと考えられる。そのような手続きを経ていなければ、同意を得ても、その効力を争われるリスクが残る。

　この点について、実務的にどのように対処すべきであるかについては、Ⅴ章第5の2(3)で整理する。

第2　採用に関する法規制

1．募集の際の労働条件明示

（1）明示内容

　使用者は、労働者の募集に際しては、募集に応じて労働者になろうとする者に対し、当該募集に関する「従事すべき業務の内容及び賃金、労働時間その他の労働条件」を明示しなければならないとされている（職業安定法5条の3第1項）。そこで具体的に明示すべき条件は、職業安定法施行規則4条の2第3項に以下のとおり規定されている。

①労働者が従事すべき業務の内容に関する事項

②労働契約の期間に関する事項

③試用期間に関する事項

④就業の場所に関する事項

⑤始業及び終業の時刻、所定労働時間を超える労働の有無、休憩時間及び休日に関する事項

⑥賃金（臨時に支払われる賃金、賞与及び労基法施行規則8条各号に掲げる賃金を除く）の額に関する事項

⑦健康保険法による健康保険、厚生年金保険法による厚生年金、労働者災害補償

保険法による労働者災害補償保険及び雇用保険法による雇用保険の適用に関する事項

⑧労働者を雇用しようとする者の氏名又は名称に関する事項

⑨労働者を派遣労働者として雇用しようとする旨

⑩就業の場所における受動喫煙を防止するための措置に関する事項

　さらに、令和6年4月1日施行の改正職業安定法施行規則により、明示すべき事項として、従事すべき業務の変更の範囲、就業場所の変更の範囲、有期労働契約を更新する場合の基準（通算期間または更新回数の上限を含む）も追加された。

　したがって、テレワーク勤務者の採用については、上記の明示事項の中で④就業場所に関する事項として、在宅勤務等のテレワーク勤務内容の明示が求められており、令和6年4月1日以降については、上記改正規則において要請される就業場所の変更の範囲についての明示も義務とされる。そして、そのような労働条件明示の義務は、明示の方法や正確性についても、詳細な義務が課せられており、また提示条件に誤まりがある場合には、後述のとおり募集条件に沿った契約の成立が認められる等のリスクもあるため、その義務の遵守に注意が必要である。

（2）明示方法

　上記(1)の労働条件の明示方法は、書面交付の方法によることが原則となるが、交付を受けるべき者が希望した場合にはファクシミリや電子メール等によることも可能とされている（職業安定法施行規則4条の2第4項）。ここで「電子メール等」とは、電子メールのほかLINEやFacebook等のSNS上のメッセージ機能等を利用した電気通信が該当するとされている（厚生労働省職業安定局「募集・求人業務取扱要領」（令和4年12月）11・12頁）。また上記の労働条件明示にあたり遵守すべき事項の詳細については、「職業紹介事業者、求人者、労働者の募集を行う者、募集受託者、募集情報等提供事業を行う者、労働者供給事業者、労働者供給を受けようとする者等がその責務等に関して適切に対処するための指針」（平成11年労働省告示第141号）が定められている。

（3）明示時期

　上記指針では、上記(1)の労働条件の明示について、原則として募集主または募集受託者が応募者と最初に接触する時点までに明示が必要であるとさ

れており、具体的には、面接、メール、電話などにより、応募者との間で意思疎通（面接の日程調整に関する連絡等を除く）が発生する時点をいうものとされている（上記「募集・求人業務取扱要領」13頁）。

　しかし、この段階で示された労働条件が、そのまま最終の労働条件になるとは限らない。そこで、上記(1)の明示後に、その内容を変更、特定、削除、または追加する場合には、労働契約締結前にあらためて明示する必要があるものとされている（職業安定法5条の3第3項ならびに職業安定法施行規則4条の2第1項および第2項）。

(4) 正確かつ最新の情報提供を行う義務

　以上に加え、令和4年10月1日施行の改正職業安定法では、広告等により募集等に関する情報を提供するにあたって、①正確かつ最新の内容に保つための措置を講じること、②虚偽の表示・誤解を生じさせる表示をしてはならないことが義務づけられている（同法5条の4）。

　この①正確かつ最新の内容に保つための措置の具体例について、上記指針の第4の3には、次のように列挙されている。

◆募集を終了・内容変更した場合、速やかに募集に関する情報の提供を終了・内容を変更すること

◆求人メディア等の募集情報等提供事業者を活用している場合は、募集の終了や内容変更を反映するよう速やかに依頼すること

◆求人メディア等の募集情報等提供事業者から、募集情報の訂正・変更を依頼された場合には、速やかに対応すること

(5) 募集時に提示した条件に誤りがある場合

　上述のとおり、募集に際しての労働条件明示には詳細な行政規制がされているが、これに違反して実際とは異なる条件を明示したなら、行政上の義務違反となるだけでなく、明示された条件が労働契約の内容となるとされるリスクがあることに注意が必要である。これについては、テレワークのみならず、採用一般に関する問題でもあり、重要な点なので、その裁判例を整理する。

❶提示された条件どおりの労働契約の成立を認めた裁判例

　問題となった事例としては、退職金規定のない企業において、その求人票に「退職金有り」と記載があったことを根拠として退職金請求権を認めた丸一商店事件（大阪地裁平成10年10月30日判決）や、有期雇用契約を締結した

との企業側の主張に対して、上記の労働条件明示義務を根拠として、「求人票の記載内容は、労働契約締結時にこれと異なる合意をするなどの特段の事情がない限り、当事者の合意により労働契約の内容となると解するのが相当である」として、求人票の「常用」との記載の存在等を根拠に無期労働契約の成立を認めた千代田工業事件（大阪高裁平成2年3月8日判決）など、募集段階で提示された条件どおりの労働契約の成立を認めた裁判例が複数ある。

❷採用後の変更が否定された裁判例

求人票どおりの無期労働契約の成立を認めたうえで、その後に労働者が有期雇用契約であるとする契約内容に同意してこれに署名していたとしても、そのような同意については、「当該変更により労働者にもたらされる不利益の内容及び程度、労働者により当該行為がされるに至った経緯及びその態様、当該行為に先立つ労働者への情報提供又は説明の内容等に照らして、当該行為が労働者の自由な意思に基づいてされたものと認めるに足りる合理的な理由が客観的に存在するか否かという観点からも、判断されるべき」であるとして、有期契約への変更合意は無効であるとした裁判例（京都地裁平成29年3月30日判決）もある。

❸損害賠償義務ありとされた裁判例

募集段階で提示した条件が労働契約内容として認められないとしても、契約締結過程における信義則違反として不法行為に基づく損害賠償責任が認められる場合もある。このような例としては、採用面接および説明会において中途採用者について「給与条件につき新卒採用者と差別をしない」旨の説明をしながら、現実には、新卒同年次定期採用者の現実の格付のうち下限の格付により定めるとの内部運用基準の説明をせず、給与水準について誤信させたことについて、地裁段階では、新卒採用者並みの契約の成立を誤解させたことによる損害賠償請求も否定されたが、高裁段階では、誤信させたことが不法行為であるとして損害賠償責任を認めた日新火災海上保険事件（東京高裁平成12年4月19日判決）がある。

(6) テレワークに関する情報の正確な提供

上記のように、募集時での正確な情報の提供は、行政的に厳格に定められているのみならず、これを前提とした民事責任が企業に課せられており、その遵守については十分な注意が必要である。

テレワークの適切な導入においても、募集情報提供で誤解されることのな

いよう記載を整備することが重要である。

2. 労働契約締結の際の明示事項
（1）明示内容
　募集段階のみならず、労働契約の締結に際しても、使用者は賃金・労働時間その他の労働条件を労働者に明示する義務がある（労働基準法15条１項）。そして明示された労働条件が事実と相違する場合には、従業員は即時に労働契約を解除することができるものとされている（同法15条２項）。

　労働基準法15条１項により必ず明示しなければならない条件は、以下のとおりとされている。
①労働契約の期間に関する事項
②期間の定めのある労働契約を更新する場合の基準に関する事項
③就業の場所及び従事すべき業務に関する事項
④始業及び終業の時刻、所定労働時間を超える労働の有無、休憩時間、休日、休暇並びに労働者を二組以上に分けて就業させる場合における就業時転換に関する事項
⑤賃金（退職手当及び労基法施行規則５条①五に規定する賃金を除く）の決定、計算及び支払の方法、賃金の締切り及び支払の時期並びに昇給に関する事項
⑥退職に関する事項（解雇の事由を含む）
　また、使用者が以下の事項について定めをしている場合には、次の条件も明示する必要があるとされている。
⑦退職手当の定めが適用される労働者の範囲、退職手当の決定、計算及び支払の方法並びに退職手当の支払の時期に関する事項
⑧臨時に支払われる賃金（退職手当を除く）、賞与及び労基法施行規則８条各号に掲げる賃金並びに最低賃金額に関する事項
⑨労働者に負担させるべき食費、作業用品その他に関する事項
⑩安全及び衛生に関する事項
⑪職業訓練に関する事項
⑫災害補償及び業務外の傷病扶助に関する事項
⑬表彰及び制裁に関する事項
⑭休職に関する事項
　また、前記職業安定法施行規則の改正と同様、令和６年４月１日施行の改

正労働基準法施行規則等により、明示すべき事項として、従事すべき業務および就業場所の変更の範囲、有期労働契約を更新する場合の基準（通算期間または更新回数の上限を含む）が追加されるほか、無期転換申込権が発生する契約の更新時には無期転換申込み機会の明示が必要とされている。

　したがって、テレワーク勤務者の雇用契約締結時において、前記の募集時の明示事項の場合と同様、「③就業の場所及び従事すべき業務に関する事項」として、在宅勤務等のテレワーク勤務内容を明示することが必要であり、また令和6年4月1日以降は、上記改正規則において要請される就業場所の変更の範囲についても明示の義務があることとなる。

(2) 明示方法

　上記(1)の明示事項のうち、①から⑤（⑤のうち、昇給に関する事項を除く）について、従来は、必ず書面の交付による必要があるものとされていた（ただし、この書面の交付は、明示事項を記載した就業規則を当該従業員に、その適用される部分を明確にして交付することでも果たすことができるものとされている）が、平成30（2018）年4月1日施行の労働基準法施行規則改正により、労働者が希望した場合には、ファクシミリや電子メール等によることも可能とされている（同施行現則5条4項但し書き）。

　なお、前記(1)の明示事項のうち⑦から⑭の労働条件については、任意の方法により明示すれば足りるものとされている。

(3) テレワーク勤務条件の明示

　以上のとおり、募集・採用手続きの中で、明示されるべき条件については、十分な説明を行うべきである。筆者が取り扱った事案においても、募集時にテレワーク勤務であることが記載されていたが、在宅勤務における不効率や、無許可副業の疑いなどから、出社勤務を命じたところ、募集条項の記載をもとに、出社勤務に応じずに紛争となった事例がある。テレワーク就労や出社勤務の命令・許可も、Ⅴ章第6で後述するとおり、会社に裁量権限を残すとともに、その運用の基準をできる限り客観的に示すなどの工夫が必要であり、そのような制度について、しっかり明示をしておくことが必要である。

第3　労働時間規制のテレワークへの適用

　Ⅱ章第1の2で述べたとおり、テレワーク勤務には場所的な自由さはある

が、雇用型として労働契約関係にある以上、使用者の指揮命令下で業務を行うことにその本質があるというべきであり、労働時間についてまで、当然に自由度が増すものではない。そして、雇用型テレワークのもとでの就労には、それが労務の提供である以上、当然に労働関係法令が適用され、労働時間に関する法規制に関しても、通常のオフィス勤務の場合と異なるものではない。したがって、在宅勤務およびサテライトオフィス勤務はいうまでもなく、モバイル勤務も使用者の指揮命令下にあるものであり、かつ労働時間に関する労働基準法等の規制が通常勤務の場合と同様に及ぶことになる。

とはいえ、業務・人・企業の属性を考慮しながら、適切な内容・方法で、労働時間の柔軟性を高めることは、従業員の Well-Being の観点および業務の効率化の観点から、フレックスタイム制度や裁量労働制度の採用など、通常のオフィス勤務においても、考慮されるべきことであり、就労の場所的な自由さを特色とするテレワーク勤務においては、テレワークという働き方を選択した意味を十分に活かす意味からも、労働時間の柔軟性を高めることに、意味があるといえる。

ただし、テレワークの場合、使用者および管理監督者ならびに同僚から物理的な距離が離れていることにより、質の高い自律的な業務遂行が必要とされる面があるので、やみくもに労働時間の柔軟性を高めれば、業務の効率が低下し、さらには従業員の Well-Being にも悪影響を及ぼしかねない。したがって、労働時間柔軟化の具体的内容の検討はきわめて慎重に行わなければならない。

そこで以下、それらの検討の前提として、テレワークに関する労働時間についての法的な規制を整理した後、労働時間の柔軟化の諸制度に関する整理を行うこととする。

1. テレワーク勤務における労働時間管理の基本

在宅勤務、モバイル勤務、サテライトオフィス勤務といった、各種のテレワーク形態のいずれにおいても、労働時間に関する規制は通常勤務と同様に適用され、使用者にはテレワークを行う従業員の勤務時間を適正に把握する義務がある。これは、形式的には、労働基準法108条および109条において、賃金台帳の作成および保存が義務づけられており、その記載事項として労働基準法施行規則54条により、労働日数・労働時間数の記載が義務づけられて

いることによるものであるが、実質的には、労働時間に関する各種の法規制の遵守および正確な賃金支払いのために、必要不可欠であるためである。

（1）労働時間の適正把握義務のガイドライン

　労働時間の適正把握義務については、平成29年1月20日に厚生労働省から、「労働時間の適正な把握のために使用者が講ずべき措置に関するガイドライン」（以下、「適正把握ガイドライン」という）が公表されている。そこでは、労働時間の適正な把握について使用者が講ずべき措置について具体的な指針が示されている。

　そして、テレワークの時間把握については、令和3年3月に改定された「テレワークの適切な導入及び実施の推進のためのガイドライン」（以下、「新テレワークガイドライン」という）において、上記適正把握ガイドラインに沿って、テレワークにおける労働時間の把握を行うべきとされ、具体的には以下の2つの方法が掲げられている。

❶客観的な記録による把握

　労働時間の把握につき、新テレワークガイドラインは、以下のように記載している。

　適正把握ガイドラインにおいては、使用者が労働時間を把握する原則的な方法として、パソコンの使用時間の記録等の客観的な記録を基礎として、始業及び終業の時刻を確認すること等が挙げられている。情報通信機器やサテライトオフィスを使用しており、その記録が労働者の始業及び終業の時刻を反映している場合には、客観性を確保しつつ、労務管理を簡便に行う方法として、次の対応が考えられる。

①労働者がテレワークに使用する情報通信機器の使用時間の記録等により、労働時間を把握すること

②使用者が労働者の入退場の記録を把握することができるサテライトオフィスにおいてテレワークを行う場合には、サテライトオフィスへの入退場の記録等により労働時間を把握すること

❷労働者の自己申告による把握

　また、新テレワークガイドラインは、労働者の自己申告による労働時間の把握も許容されるものとしており、そのために以下の条件を満たす必要があるとしている。

　テレワークにおいて、情報通信機器を使用していたとしても、その使用時間の

記録が労働者の始業及び終業の時刻を反映できないような場合も考えられる。

このような場合に、労働者の自己申告により労働時間を把握することが考えられるが、その場合、使用者は、

①労働者に対して労働時間の実態を記録し、適正に自己申告を行うことなどについて十分な説明を行うことや、実際に労働時間を管理する者に対して、自己申告制の適正な運用等について十分な説明を行うこと

②労働者からの自己申告により把握した労働時間が実際の労働時間と合致しているか否かについて、パソコンの使用状況など客観的な事実と、自己申告された始業・終業時刻との間に著しい乖離があることを把握した場合には、所要の労働時間の補正をすること

③自己申告できる時間外労働の時間数に上限を設けるなど、労働者による労働時間の適正な申告を阻害する措置を講じてはならないこと

などの措置を講ずる必要がある。

(2) 適正把握義務の対象外の労働者
❶管理監督者や裁量労働制度適用者等
①労働時間適正把握義務の対象外であること

管理監督者や裁量労働制度適用者[*2]および高度プロフェッショナル制度適用者等は、上記の労働時間適正把握義務の適用対象外となる。

ちなみに、専門業務型および企画業務型裁量労働制度対象業務、および高度プロフェッショナル制度適用対象業務、ならびに研究開発業務は、「仕事の属性」のところでも触れたとおり、テレワークになじむ業務である。これに対し、管理監督者については、その管理監督者が管理監督を行う対象の従業員がどのような業務に従事しているのかにより、テレワークになじむか否かが異なるものと考えられる。たとえば、管理監督を行わなければならない従業員が、一定の現場・施設において業務に従事することが必要となる現場作業員等である場合、管理監督者がテレワークでその管理監督にあたることは困難であるが、その対象となる労働者もテレワークを行うものであれば、管理監督者がオフィス勤務をする必要性は乏しく、その業務もテレワークになじむものと考えられる。

---

2 「新たな技術、商品又は役務の研究開発に係る業務」については、専門業務型裁量労働制度の導入の有無とは別に、労働基準法36条11項により、36協定の上限である月45時間年間360時間の規制の対象外とされている。

そして、これら管理監督者等の労働者については、テレワークで勤務する場合も、労働時間に柔軟性が認められることになる。

　これらを含めた労働時間関係規定の適用等について、厚生労働省の検討会で整理したものが図表２である。

②労働時間の状況把握義務

　このように、労働基準法41条に定められる管理監督者ならびに事業場外労働や専門業務型および企画業務型の裁量労働等で事業場外みなし労働時間制が適用される労働者の労働時間は、その限度で労働時間規制の対象外であり、労働時間把握義務の対象外とされる。しかし、加重労働の健康被害の問題に対処するため、働き方改革関連法により、平成31（2019）年に労働安全衛生法66条の８の３の規定が新設・施行され、それまで労働時間把握の対象から除外されていた、これら管理監督者の労働時間や裁量労働制で働く労働者の労働時間などを含め、（高度プロフェッショナル制度で従事する労働者以外の労働者の）労働時間は、厚生労働省令で定める方法により、その状況を把握しなければならないものとされた。

　そして、このような労働時間の状況把握の義務は、雇用型テレワーカーにも同様に適用されるので、裁量労働制で働く労働者や管理監督者がテレワーク勤務を行う場合にも、労働時間の状況の把握が必要となった。[*3]

❷上記以外の労働者について

　上記❶の労働時間の状況把握義務の対象となる業務は、テレワークになじむ業務であることが多いといえるが、それら以外の一般の労働者については、原則どおり、使用者に、労働時間の適正把握義務がある。

　それら一般の労働者のうち、①一定の現場・施設において従事することが要求されるもの、②業務提供が移動をともなうもの、③対人的な業務などのテレワークを行うことが困難な業務については、仕事の属性として、テレワークが困難な業務であり、通常の勤務に関する労働時間の適正把握が行われ

3　働き方改革関連法で新しく導入された高度プロフェッショナル制度については、時間単位で労働するという考え方になじまないとして、その制度下で働く労働者は、使用者の労働時間状況把握義務についても、その対象外とされている。しかしその一方で、使用者は、当該労働者の「健康管理時間」を把握し、法定労働時間を超過する時間が月100時間を超える場合には、医師の面接指導を行わなければならない。健康管理時間とは、休憩時間や組合活動時間等の仕事以外の時間も含めて、労働者が事業場内にいる時間、および事業場外で勤務した時間の合計であり、その意味では、「健康管理時間」は、労働基準法上の労働時間より長いものとなる。

図表 2 ● 労働時間関係規定の適用等

	一般労働者	専門業務型裁量労働制	企画業務型裁量労働制	研究開発業務従事者	高度プロフェッショナル制度	管理監督者
労働時間 （32条、36条）	○	（※1）		○	－	－
休憩（34条）	○	○		○	－	－
休日（35条）	○	○		○	－ （ただし、下記＊参照）	－
割賃（37条）　時間（25%）	○	（※2）		○	－	－
割賃（37条）　休日（35%）	○	○		○	－	－
割賃（37条）　深夜（25%）	○	○		○	－	○
年次有給休暇（39条）	○	○		○	○	○
時間外・休日労働の上限規制	○	（※1）		－ 労働時間を延長して労働させることができる時間を定めるに当たっては、限度時間（月45時間、年360時間）を勘案することが望ましいことに留意する必要	－ ただし、下記※3の「健康管理時間の上限措置」参照	－
健康・福祉確保措置等	時間外・休日労働の限度時間（月45時間、年360時間）を超えて労働させる労働者には、健康・福祉確保措置を実施	健康・福祉確保措置の実施		時間外・休日労働の限度時間（月45時間、年360時間）を超えて労働させる労働者には、健康・福祉確保措置を定めるように努めなければならない	・年間104日以上、かつ4週間を通じ4日以上の休日付与（＊） ・選択的措置の実施（※3） ・健康・福祉確保措置の実施	
医師の面接指導（安衛法）	○ （※4）	○ （※4）		○ （※4、5）	○ （※6）	○ （※4）
労働時間の状況の把握（安衛法）	○	○		○	－ （労基法上、健康管理時間の把握義務あり）	○
導入手続	法定労働時間を超えて労働させる場合は労使協定（36協定）	労使協定	労使委員会決議	－ 法定労働時間を超えて労働させる場合は労使協定（36協定）	労使委員会決議	－
本人同意			○（※7）		○（※7）	

※1）法定労働時間を超える「みなし労働時間」に対しては、36協定の締結が必要であり上限規制が適用
※2）法定労働時間を超える「みなし労働時間」に対しては、割増賃金の支払いが必要
※3）「勤務間インターバルの確保（11時間以上）＋深夜業の回数制限（月4回以内）」「健康管理時間の上限措置（1週間当たり40時間を超えた時間について、月100時間以内又は3か月240時間以内とすること）」「1年に1回以上の連続2週間の休日の付与」又は「臨時の健康診断」のいずれかの措置を実施
※4）1週間当たりの労働時間のうち40時間を超える時間が月80時間超の場合、労働者本人の申出に基づき実施（罰則なし）
※5）1週間当たりの労働時間のうち40時間を超える時間が月100時間超の場合、労働者本人の申出なしに実施（罰則あり）
※6）1週間当たりの健康管理時間のうち40時間を超える時間が月100時間超の場合、労働者本人の申出なしに実施（罰則あり）
※7）企画業務型裁量労働制では、本人同意を得なければならないことについて労使委員会決議が必要。高度プロフェッショナル制度では、制度適用要件として本人同意が必要
出所：厚生労働省「これからの労働時間制度に関する検討会第14回資料」

るべきものとなる。

　そのようなテレワークを行うことが困難な業務以外の業務に従事する者については、仕事の属性においてその業務内容および人の属性や企業の属性を考慮して、テレワーク勤務を指示または許容するか否かを決定することとなる。この場合に、裁量労働制などの適用がない中で、テレワークにおいて、労働時間適正把握の義務を現実的にどのように果たしていくのかについては、使用者・管理監督者との物理的な距離の存在により、通常勤務者よりも労働時間の把握が困難になる場合も予想されること、また、テレワークは、その多くが事業場外勤務であることから、事業場外みなし労働時間制を適用したほうがよいのではないかとの議論がされることがある。

　そこで、この問題について次に検討する。

2．テレワーク勤務と事業場外みなし労働時間制

　事業場であるとみなされるサテライトオフィスでの勤務の場合を除き、在宅勤務、モバイル勤務、サテライトオフィス勤務等でのテレワーク勤務は、いずれも事業場外での勤務となる。そこで、事業場外みなし労働時間制は、テレワークになじみやすい労働時間の柔軟化措置ではないかといわれることが多い。しかし、そのように単純に考えることはできない。

（1）テレワークと事業場外労働の関係

　事業場外みなし労働時間制とは、「労働者が労働時間の全部又は一部について事業場外で業務に従事した場合において、労働時間を算定し難いときは、所定労働時間労働したものとみなす」ことができるとする制度（労働基準法38条の2第1項）であり、例外的に「当該業務を遂行するためには通常所定労働時間を超えて労働することが必要となる場合」は、事業場の過半数を代表する組合、そのような組合がない場合には過半数を代表する労働者との協定により、「当該業務の遂行に通常必要とされる時間労働したものとみなす」ことができる（同項但し書き）とするものである。

　サテライトオフィス勤務においては、勤務場所であるサテライトオフィスがテレワーカーの事業場であると認められる例外的な場合があるが、そのような場合を除いて、テレワーク勤務を行う場所は、原則として事業場外である（事業場概念については前述のとおり）ということができる。したがって、テレワーク勤務は、多くの場合、事業場外みなし労働時間制の適用のための

「事業場外」の要件を満たしていることとなる。

　しかし、それだけでは事業場外みなし労働時間制を適用することはできない。事業場外みなし労働時間制が適用されるためには、当該事業場外勤務が「労働時間を算定し難いとき」に該当しなければならない。ここで問題となるのは、テレワークの本質が「情報通信技術を利用した」事業場外勤務であるため、情報通信技術の利用により、事業場外であっても、必ずしも労働時間が算定不能とはいえないことである。

（2）新テレワークガイドラインの基準

　この点について、新テレワークガイドラインでは、次のように記載されている。

　事業場外みなし労働時間制は、労働者が事業場外で業務に従事した場合において、労働時間を算定することが困難なときに適用される制度であり、使用者の具体的な指揮監督が及ばない事業場外で業務に従事することとなる場合に活用できる制度である。テレワークにおいて一定程度自由な働き方をする労働者にとって、柔軟にテレワークを行うことが可能となる。

　テレワークにおいて、次の①②をいずれも満たす場合には、制度を適用することができる。

　①情報通信機器が、使用者の指示により常時通信可能な状態におくこととされ
　　ていないこと

　この解釈については、以下の場合については、いずれも①を満たすと認められ、情報通信機器を労働者が所持していることのみをもって、制度が適用されないことはない。

　・勤務時間中に、労働者が自分の意思で通信回線自体を切断することができる
　　場合
　・勤務時間中は通信回線自体の切断はできず、使用者の指示は情報通信機器を
　　用いて行われるが、労働者が情報通信機器から自分の意思で離れることがで
　　き、応答のタイミングを労働者が判断することができる場合
　・会社支給の携帯電話等を所持していても、その応答を行うか否か、又は折り
　　返しのタイミングについて労働者において判断できる場合
　②随時使用者の具体的な指示に基づいて業務を行っていないこと
　以下の場合については②を満たすと認められる。
　・使用者の指示が、業務の目的、目標、期限等の基本的事項にとどまり、一日

のスケジュール（作業内容とそれを行う時間等）をあらかじめ決めるなど作業量や作業の時期、方法等を具体的に特定するものではない場合

　この新テレワークガイドラインを旧ガイドラインと比較すると、①については、旧版では「『情報通信機器が、使用者の指示により常時通信可能な状態におくこととされていないこと』とは、情報通信機器を通じた使用者の指示に即応する義務がない状態であることを指す。なお、この使用者の指示には黙示の指示を含む。」との説明を置いたうえでこれを説明していたのが、このような一般的な記述が省略されている。また、②では、「『具体的な指示』には、例えば、当該業務の目的、目標、期限等の基本的事項を指示することや、これら基本的事項について所要の変更の指示をすることは含まれない。」との説明が、上記の具体例に置き換えられている。

　そして、旧ガイドラインでは、①の「使用者の指示に即応する義務」については、明示的な指示のみならず、黙示のものを含むとされていた部分が、新ガイドラインでは省略され、②の、適正把握ガイドラインや、労働時間の状態の把握の義務についても言及が省略されているなど、事業場外みなし労働時間制の適用について、慎重さを求めていたところが失われているように思われる。

　したがって、新テレワークガイドラインは、テレワークにおいて、事業場外みなし労働時間制の適用には慎重であるべきとする姿勢が薄れているものと評価できる。

（3）事業場外みなし労働時間制についての裁判例

　しかし、上記各ガイドラインの記述の仕方から、規制が緩んでいる行政の姿勢が読み取れるとしても、なお曖昧さは残るものであり、個別具体的な事案において労働時間を算定しがたい場合に該当するか否かの判断には、さらに踏み込んだ検討が求められる。

　また、そもそも上記はあくまでガイドラインであり、これに従っていれば、問題がないというものでもない。事業場外みなし労働時間制の要件を満たしているのか否かの最終的な判断は、司法的に下されることになるからである。

❶海外旅行添乗員の事例（最高裁平成26年1月24日判決）

　事業場外みなし労働時間制についてのリーディングケースとしては、海外旅行ツアーの添乗員に対して事業場外みなし労働時間制が適用できるか否かを判断した阪急トラベルサポート事件（最高裁平成26年1月24日判決）があ

る。この事件で最高裁は、労働時間の把握に関し、ツアー開始前、ツアーの実施中およびツアー終了後のそれぞれについて、次のように認定している。

◆ ツアーの開始前に会社は、添乗員に対し具体的な目的地およびその場所において行なうべき観光などの内容や手順などを示すとともに、添乗員用のマニュアルにより具体的な業務の内容を示し、これらに従った業務を行なうことを命じ、添乗員は事前に詳細に取り決められたツアーの旅行日程につき、変更補償金の支払いなど契約上の問題が生じうる変更が起こらないように、旅程の管理等を行なうことが求められており、その結果、添乗員が自ら決定できる事項の範囲およびその決定に係る選択の幅が限られていたこと

◆ ツアーの実施中会社は、添乗員に対し携帯電話を所持して常時電源を入れておき、ツアー参加者との間で契約上の問題や、クレームが生じうる旅行日程の変更が必要となる場合には、会社に報告して指示を受けることが求められていたこと

◆ ツアーの終了後において会社は、添乗員に対し旅程の管理などの状況を具体的に把握することができる添乗日報によって、業務の遂行の状況などの詳細かつ正確な報告を求めており、その報告の内容については、ツアー参加者のアンケートを参照することや関係者に問い合わせをすることによって、その正確性を確認できるものになっていたこと

そのうえで、以上のような業務の性質、内容やその遂行の態様、状況、本件会社と添乗員との間の業務に関する指示および報告の方法・内容やその実施の態様、状況などに鑑みると、本件添乗業務は、これに従事する添乗員の勤務の状況を具体的に把握することが困難であったとは認めがたく、労働基準法38条の2第1項にいう「労働時間を算定し難いとき」に当たるとはいえないと結論づけた。

この事例では、ツアーの実施中に携帯電話が常時接続できる状況となっているだけでなく、ツアー実施前に旅行スケジュールが詳細に取り決められ、添乗員はこれをできる限り維持することが求められ、かつ、ツアーの終了後に報告書を提出することが義務づけられ、その報告内容も、それが実態に基づくものであるかをツアー参加者から確認することが可能であったという事情までの認定を行ったうえで、「労働時間を算定し難いときには当たらない」との結論を導いている。

つまり、単に携帯電話の常時接続のみで、当然に「労働時間を算定し難いときには当たらない」ことになるとはしていないのである。

❷営業担当者の事例（東京高裁平成30年6月21日判決）

　営業社員の場合についても、営業活動前、営業活動中、営業活動終了後に分けて検討することが可能である。

　上記の海外旅行添乗員についての最高裁判所判決の後に、営業担当者に関して事業場外みなし労働時間制の適用が可能かについて判断された東京高裁判決では、営業担当者の業務遂行状況について、地裁の認定判断を若干補正し、営業活動前、営業活動中、営業活動終了後について、次のように認定している。

　まず営業活動前について、

　「訪問のスケジュールは、チームを構成する一審原告を含む営業担当社員が内勤社員とともに決め、スケジュール管理ソフトに入力して職員間で共有化されていたが、個々の訪問スケジュールを上司が指示することはなく、上司がスケジュールをいちいち確認することもなく、訪問の回数や時間も一審原告ら営業担当社員の裁量的な判断に委ねられていた。」

とし、営業活動中について、

　「個々の訪問が終わると、内勤社員の携帯電話の電子メールや電話で結果を報告したりしていたが、その結果がその都度上司に報告されるというものでもなかった。」

とし、最後に営業活動終了後について、

　「帰社後は出張報告書を作成することになっていたが、出張報告書の内容は極めて簡易なもので、訪問状況を具体的に報告するものではなかった。」

として、

　「上司が一審原告を含む営業担当社員に業務の予定やスケジュールの変更について個別的な指示をすることもあったが、その頻度はそれ程多いわけではなく、上司が一審原告の報告の内容を確認することもなかった。」

と認定して、

　「そうすると、一審原告が従事する業務は、事業場外の顧客の元を訪問して、商品の説明や販売契約の勧誘をするというものであって、顧客の選定、訪問の場所及び日時のスケジュールの設定及び管理が営業担当社員の裁量的な判断に委ねられており、上司が決定したり、事前にこれを把握して、個別に指

示したりすることはなく、訪問後の出張報告も極めて簡易な内容であって、その都度具体的な内容の報告を求めるというものではなかったというのであるから、一審原告が従事していた業務に関して、使用者が労働者の勤務の状況を具体的に把握することは困難であったと認めるのが相当である。」と判断している。

ちなみに、「携帯電話等の情報通信機器の活用や労働者からの詳細な自己申告の方法によれば労働時間の算定が可能」であった点については、「事業場外労働みなし制の適用のためには、労働時間の算定が不可能であることまでは要さないから、その方法の実施（正確性の確認を含む。）に過重な経済的負担を要する、煩瑣に過ぎる、といった合理的な理由があるときは『労働時間を算定し難いとき』に当たる」との原審（東京地裁平成30年1月5日判決）の判断を是認している。

❸外国人技能実習者の指導員の事例（最高裁令和6年4月16日判決）

さらに、最近出された最高裁判決でも、労働時間把握が可能であったとしても容易であるとはいいがたい場合に事業場外みなし労働時間制の適用可能性があるとの判断が示されている。これは、外国人技能実習者の指導員の事業場外勤務が問題となった事案である。

当該指導員は、実習者への訪問の予約を行うなどして自ら具体的なスケジュールを管理しており、月末に、就業日ごとの始業時刻、終業時刻および休憩時間のほか、訪問先、訪問時刻、およびおおよその業務内容等を記入した業務日報を会社に提出し、その確認を受けていた。これに対して高裁は、労働時間把握は容易ではなかったものの、業務日報については、実習生に確認するなどもできたのであるから、「労働時間を算定し難いとき」には当たらないとした。

しかし、最高裁は、この勤務が、実習実施者に対する訪問指導のほか、技能実習生の送迎、生活指導や急なトラブルの際の通訳等、多岐にわたるものであり、また、訪問の予約を行うなどして自ら具体的なスケジュールを管理しており、所定の休憩時間とは異なる時間に休憩をとることや自らの判断により直行直帰することも許されていたものといえ、随時具体的に指示を受けたり報告をしたりすることもなかったとして、「このような事情の下で、業務の性質、内容やその遂行の態様、状況等、業務に関する指示及び報告の方法、内容やその実施の態様、状況等を考慮すれば、」指導員が担当する実習

実施者や1ヵ月当たりの訪問指導の頻度等が定まっていたとしても、「従業員の事業場外における勤務の状況を具体的に把握することが容易であったと直ちにはいい難い。」とし、また、業務日報の正確性についても、「原審は、業務日報の正確性の担保に関する具体的な事情を十分に検討することなく、業務日報による報告のみを重視して、本件業務につき本件規定にいう『労働時間を算定し難いとき』に当たるとはいえないとしたものであり、このような原審の判断には、本件規定の解釈適用を誤った違法がある」として、高裁判決を破棄して差し戻している。

❹判決の分析

上記の判決から、現在の裁判所のスタンスとしては次のように理解できる。

まず、上記の2つの最高裁判例は、「労働時間を算定し難いとき」に当たるかについての結論こそ異なるものの、「業務の性質、内容やその遂行の態様、状況等、業務に関する指示及び報告の方法、内容やその実施の態様、状況等」を考慮して検討すべきであるとする点は一致している。そして、情報通信機器の活用や労働者からの業務報告により、労働時間の算定が不可能ではないとしても、その具体的な内容を精査して、勤務の状況を具体的に把握することが容易であったといえるかを精査すべきであるとしている。

この点については、上記平成30年の高裁判決が言及する「事業場外労働みなし制の適用のためには、労働時間の算定が不可能であることまでは要さないから、その方法の実施（正確性の確認を含む。）に過重な経済的負担を要する、煩瑣に過ぎる、といった合理的な理由があるときは『労働時間を算定し難いとき』に当たる」との判断も参考にすべきところである。

ちなみに、上記の令和6年最高裁判決には林道晴裁判官の補足意見があるが、その中で「近時、通信手段の発達等も背景に活用が進んでいるとみられる在宅勤務やテレワークの局面も含め、その在り方が多様化していることがうかがわれ、被用者の勤務の状況を具体的に把握することが困難であると認められるか否かについて定型的に判断することは、一層難しくなってきているように思われる。こうした中で、裁判所としては、上記の考慮要素を十分に踏まえつつも、飽くまで個々の事例ごとの具体的な事情に的確に着目した上で、本件規定にいう『労働時間を算定し難いとき』に当たるか否かの判断を行っていく必要があるものと考える。」とされている点は重要な指摘である。この指摘では、個別の事案ごととされているが、その個別の検討をする

うえで、着目すべきと考えられる点について、以下に整理を行う。

（4）テレワーク勤務と事業場外みなし労働時間制との親和性

そこで、もう一度原点に戻り、そもそもテレワーク勤務において、事業場外みなし労働時間制の適用が適切といえるか否かの検討を行いたい。

❶事業場外みなし労働時間制と業務の親和性

事業場外みなし労働時間制の適用の可能性を職務内容との関係で再度検討する。

最初に、①一定の現場・施設において従事することが要求される業務、②業務提供が移動をともなう業務、③対人的な業務に従事する労働者については、テレワーク勤務が困難であると考えられるので、テレワークに対する事業場外みなし労働時間制検討の対象とする必要性はないことから、この検討対象からは除外し、それらの業務以外の業務に従事する労働者を検討することとする。具体的には、①オフィスワークに従事する一般労働者のほか、②管理監督者や専門業務型・企画業務型裁量労働制度および高度プロフェッショナル制度の適用対象となる業務に従事する労働者が考えられる。

②のグループのうち、労働基準法41条の管理監督者に該当するものについては、特段の手続き等をとることなく、深夜勤務以外の時間規制の適用を排除できるので、事業場外みなし労働時間制の適用は不要である。しかし、裁量労働制度の適用対象となる業務等については、それに対して、手続き的な要件等を必要とする裁量労働制の適用をしない場合も多いと考えられる。そのような場合は、その業務の性格から厳格な時間管理にはなじまないものとして、事業場外みなし労働時間制を適用することが適当な場合が多いと考えられる。ただし、その具体的な適用等については、後述する。

そこで、上記以外の、主としてオフィスワークに従事する一般労働者について、事業場外みなし労働時間制の適用妥当性を見ていくことにする。

❷事業場外みなし労働時間制適用の妥当性

オフィスワークに従事する一般労働者について、テレワーク勤務をする場合、管理監督者が目の前にいないという状況があり、出社の場合に比較して時間管理が容易ではないことは事実であるが、単にそれだけの理由で、始業・終業の時刻、中抜けの時間などを考慮することなく、現実の労働時間とは無関係に勤務できるとすれば、業務における独立性・自由度を、特段の必要性・合理性なく高めてしまうだけになりかねない。

特に、業務の一部分だけをテレワークにする場合、たとえば１週間のうち２日程度を在宅勤務とするような例を考えれば、通常の勤務はオフィスに出て行い、通常の時間管理に服しているのに、それと同様の業務を行うにもかかわらず、勤務場所が異なるという理由で「みなし時間」を適用するのは、業務の進め方およびその管理方法として不自然である。

　また、それらの労働者が、テレワークを行う場合、自ら業務・労働時間管理を自律的に行うことが必ずしも期待できるともいいがたい。これは、当該業務の具体的な内容にもよるが、前述したとおり、従業員の自己管理能力にも個人差があることから、これを無視して一律に、在宅勤務等のテレワークにおける自律的な業務遂行を期待するなら、逆に業務効率の低下やストレスの増加などマイナス面が生じることも多いと考えられる。それゆえ、このような労働者については、みなし労働時間制を適用するのではなく、情報通信技術を使用して、適切な形での時間管理を行うことを考えるべきである（逆にいえば、そのような管理が可能である場合には、（その容易性の程度にもよるが）事後的に事業場外みなし労働時間制度の適用ができない場合であったと認定されるリスクがあるともいえることへの注意が必要である）。

　したがって、管理監督者や専門業務型・企画業務型裁量労働制度の適用対象業務等に従事する労働者以外である通常のオフィスワークに従事する一般労働者については、事業場外みなし労働時間制度を適用することが適当でない場合が多く、適用には、慎重であるべきと考えられる。

❸時間管理の工夫

　とはいえ、勤務状況を監視するために、常時モニターをオンにして、勤務状況が管理監督者から見えるようにするなど、上司が部下の仕事を過干渉に管理する、いわゆるマイクロマネジメントの状況になるとすれば本末転倒である。

　通常のオフィス勤務においては、簡単に勤務状況が観察できるような状態ではあるものの、たとえば狭い部屋の中で、上司と１対１で勤務するとなれば、かえって業務効率が低下することが考えられる。情報通信技術を使用してのマネジメントの場合に、上司との１対１でのモニターをオンにした状況の継続は、これと同様のものともいえる。

　通常の労働時間管理を行う場合、そのような極端なやり方ではなく、短時間の進捗確認を行うとか、随時にチーム全体の状況が見える形にするなどの

工夫が必要になる。

❹ テレワーク勤務の時間管理

したがって、テレワーク勤務については、本章第3の1で前述した方法を基本とし、さらに、情報通信技術の使用に工夫をこらし、適切な業務・時間管理を行うことが必要である。そして、仮に、事業場外みなし労働時間制度の適用が可能な場面であるとしても、これを適用するべきか否かは、業務の内容および業務を行う人の管理能力を慎重に検討して、その適用の有無を決定するべきである。

なお、この点を踏まえ、どのように制度（契約規則）を整えるべきかの具体的な方策については、中抜けの問題、労働時間の柔軟化の問題等を検討したうえで、Ⅴ章で後述する。

(5) 事業場外みなし労働時間制適用のテレワーク勤務者が社内で勤務した場合

裁量労働制対象業務の場合や、一般のオフィス業務に従事する労働者であっても、その職務内容、業務遂行方法および業務遂行能力に鑑み、在宅勤務等のテレワークに対して事業場外みなし労働時間制度を適用する場合、それらの労働者が業務の一部を出社して行った際の処理については注意を要する。

もちろん、裁量労働制度対象業務に従事する労働者等に対して、後述する裁量労働制度等を適用する場合は、その労働者が行う業務がテレワークであろうが、出社しての勤務であろうが、その労働時間は、みなし時間で算定されることになるが、そのような制度を適用せずに事業場外みなし労働時間制度を適用している場合には、出社して行う業務部分は、事業場外みなし労働時間制の対象外となる。

したがって、その場合の事業場外みなし労働時間と、出社して行った勤務の時間数の合計が、1日の法定労働時間である8時間を超過する場合には、法律上時間外割増手当の支払いが義務づけられることになる。また、法定労働時間数を超過しないとしても、就業規則における所定労働時間を超える場合には、就業規則に定める時間外勤務手当を支払う必要が生じる。

このことから、在宅勤務等のテレワークを指示または許可する場合、その1日の業務の一部を、出社して行うことを可能とするのか否か、可能とする場合にはその処理をどのようにするのかについての定めを置いておく必要がある。この点についても就業規則の定め方の問題として後述する。

3. テレワーク勤務における労働時間管理

　上記では、在宅勤務等のテレワーク勤務が事業場外労働であり、テレワーク勤務者が管理監督者の目の前にいないという特殊性があることから、事業場外みなし労働時間制度の適用の可否および当否について検討した。しかし、テレワーク勤務においては、それ以外にも、時間管理で考慮するべき、いくつかの特徴的な性格がある。

(1) いわゆる「中抜け」問題

　育児や介護などの必要による、在宅勤務の形でのテレワークは、自宅において即時かつ随時に仕事を中断して育児や介護に対応できる点で、労働者にとって大きなメリットとなる。このことに限らず、在宅勤務等のテレワークは、出社の場合よりも業務から離れる時間が生じやすいと考えられる。これが、テレワークにおける「中抜け時間」の問題とされる。

　ただし、中抜けの問題を考えるうえでは、それと類似する、短時間の業務中断との区別をしておく必要がある。

❶短時間の業務中断

①問題の所在

　短時間の業務の中断や業務時間中の待機の時間等は、「中抜け時間」として業務外とすべきか否かが曖昧な場合がある。これらは、必ずしもテレワークに特有の問題ではないが、中抜けの場合と同様、在宅勤務などのテレワーク勤務の場合には、私的な生活空間での業務遂行であるために、私的な事情により業務が中断されることも多いと考えられるだけでなく、管理者や同僚との距離があることにより、それらの目が届きにくいという事情があるので、テレワークの場合、特に問題になりやすい。

　しかしながら、そのような短時間の業務の中断は、たとえばオフィス勤務の場合でも、手洗いに立ったり、コーヒーを入れたり、周囲と雑談をしたり、喫煙をしたり等、日常的に生じるものであるところ、通常は労働時間外との処理はされていない。したがってこのような短時間の業務中断については、「中抜け」とは区別して考えるべきものである。

②短時間の業務中断に関する裁判例

　短時間の業務中断に関しては、コピーライターの労働時間が争われた東京地裁平成19年6月15日判決（山本デザイン事務所事件）で、「作業と作業の合間に一見すると空き時間のようなものがあるとしても、その間に次の作業

に備えて調査をしたり、次の作業に備えて待機していたことが認められるのであり、なお被告の指揮命令の下にあるといえるから、そのような空き時間も労働時間と認めるべきである。したがって、そのような時間を利用して原告がパソコンで遊んだりしていたとしても、これを休憩と認めるのは相当ではない」と判示されていることが参考になる。

③短時間の業務中断に関する取扱い

この判決でも示されているとおり、業務時間内での短時間の中断については、通常勤務においても、賃金カットなどは行われず、不問に付されていることが多い。というよりも、テレワークの場合、周囲との雑談などがないことによって、コミュニケーション不足が問題とされることがあるほどであり、生産性向上のためのポモドーロ・テクニック[*4]の使用等、短時間の業務中断は、むしろ円滑かつ効率的な業務遂行のために必要であるともいえる。

ただし、テレワーク勤務の場合、勤務者が管理監督者と同じ場所において勤務をしているわけではないため、その業務の中断の様子などをリアルタイムに把握することは、通常勤務に比べて困難が予想されるため、短時間の業務中断として無視すべきか、中抜けとして処理すべきかが不明確になりがちな点が問題になる。

しかしこれについて、厳格に時間管理を行おうとすれば、いわゆるマイクロマネジメントの問題が発生しかねない。したがって、通常勤務の場合との対比を考えながら、適切な指揮命令・労務管理を行うことが肝要となる。これについては、Ⅴ章第6の4で後述するとおり、業務遂行状況の適切な報告を得て、勤務状況の合理的な把握を行う等の工夫により対処すべきものである。

❷中抜け時間の問題

いわゆる中抜けの問題は、育児や介護などの必要性からテレワークを在宅勤務の形で行う場合等に、自宅で身近にいて、即時かつ随時に仕事を中断して育児や介護に対応する等のために、随時に取得する、まとまった時間での業務中断である（なお、同様の状況は、程度の差こそあれ、モバイル勤務やサテライトオフィス勤務でも生じると考えられるが、主として問題になるの

---

4 ポモドーロ・テクニックとは、フランチェスコ・シリロ氏により提唱された勉学や作業タスクの効率化のための時間管理術であり、タイマーを使用して、25分の作業と短い休息を1セットとして、これを繰り返すことにより、長い時間集中できる仕事のリズムをつくり、時間と能力のバランスを高めることができるとするものである。

は在宅勤務である)。

　このように、中抜け時間は、業務以外の必要性に基づく、まとまった時間の業務からの離脱であり、短時間の業務中断とは異なり、労働時間の一部として取り扱うことは困難である。そのため、「私用の一時外出」等として、賃金カットをすることが通常といえる。しかし、テレワーク勤務においては、通常勤務の場合以上に中抜け時間の発生が見込まれるので、何らかの制度的手当を設けることを検討する価値のある問題である。

　このような中抜け時間は、業務効率の低下を招きかねず、使用者にはデメリットとなる面があるが、中抜け時間に対する取扱い、およびそれを含めた適切な待遇などを設定し、従業員間の公平をはかることができるなら、有能な人材を確保し、また、育児への便宜等女性の活躍推進にも資する可能性があり、大きなメリットも期待できる。そこで、中抜け時間をどのように処理するのかを以下に整理したい。

　①時間単位の年次有給休暇の付与

　ひとつの方策として、中抜け時間に相当する時間について、時間単位の年次有給休暇を付与する方法がある。この場合、半日単位での付与とは異なり、労使協定の締結が必要であり、年５日が限度とされている（労働基準監督署への届け出は不要）。このような制限はあるが、給与を失うことなく中抜け時間を使用できることで、労働者側のメリットが大きいと考えられる。

　時間単位の年休付与のための労使協定では、

◆時間単位年休の対象労働者の範囲

◆時間単位年休の日数（繰り越し分があっても年間５日以内）

◆時間単位年休１日の時間数（１時間に満たない端数がある場合には時間単位に切り上げる）

◆１時間以上の時間を単位とする場合はその時間数

等を決める必要がある。

　このような形での年休の付与を行うことは、働き方改革関連法にともなう労働基準法の改正により、10日以上の年休を有する者には最低５日間の年休の消化をさせることが使用者の義務となったことから、年次有給休暇の利用促進をはかることにもつながり、使用者にとっても意味がある（時間単位の付与により、その合計時間が１日の労働時間未満である場合には、これを１日分とはカウントできないが、１日分を超える場合は、５日の付与義務のう

ちの１日分とすることができる）。

②私用一時外出または休憩時間としての処理

年次有給休暇の時間単位の付与は、労使協定締結の必要があるだけでなく、使用についての上限があるので、時間単位付与を行うにせよ行わないにせよ、それ以外の処理方法も定めておく必要がある。その方法としては、私用一時外出とするか、休憩時間とすることが考えられる。

私用一時外出とすることは、それに対する届出を義務づけるとともに、所定の時間控除を行うことになる（規程については、Ｖ章第６の４（3）参照）。これに対して、休憩時間を付与する場合については、一斉付与との関係で整備が必要となる。

労働基準法上は、６時間を超え８時間までは45分、８時間を超える場合は60分の休憩時間を事業場単位で一斉に付与しなければならないこととされている（労働基準法34条２項）。ただし、運送事業、販売・理容の事業、金融・保険・広告の事業、映画・演劇・興行の事業、郵便・電気通信の事業、保健衛生の事業、旅館・飲食店・娯楽場の事業、官公署の事業については一斉付与の例外が認められており、それ以外の事業でも、労働者代表との労使協定（届出不要）により一斉付与の例外とすることができる。このような例外処理をして、休憩時間を取得する時間帯を調整することが考えられる。

ただし、上記時間を超える休憩時間は一斉付与の対象とはならないため、それについては個別に取得を認める方法もあり、その場合には、上記の私用一時外出の処理とすることが簡明である。

③休憩時間中の出社指示

なお、新テレワークガイドラインでは、「例えば、テレワーク中の労働者に対して、使用者が具体的な業務のために急きょオフィスへの出勤を求めた場合など、使用者が労働者に対し業務に従事するために必要な就業場所間の移動を命じ、その間の自由利用が保障されていない場合の移動時間は、労働時間に該当する。」としている。このように、休憩時間中に出社指示等、移動を命じる場合には、労働時間となることについても注意が必要である。

加えて、旧ガイドラインでは、「本来休憩時間とされていた時間に使用者が出社を求める等具体的な業務のために就業場所間の移動を命じた場合（中略）別途休憩時間を確保する必要があることに留意する必要がある」とされていたところであり、この点も留意が必要である。

❸労働時間の柔軟化による対応

　以上は、中抜け時間が発生した場合の処理についてであるが、そうではなく、労働時間の柔軟化により、中抜け時間の処理を不要とすることができないかを次に検討する。

　まず、労働時間の弾力的運用のための仕組みとして変形労働時間制が考えられる。1週間単位や1ヵ月単位、1年以内等の一定の期間について、労使協定の締結を行い、それらの期間内で週平均労働時間を40時間以内とすること等の要件を満たすことで、閑散期には1日8時間や1週間40時間の法定労働時間を下回る労働時間とし、繁忙期にはそれらを超える労働時間を設定することを可能とする制度である。しかし、就業時間中の休憩時間の取り方などについて、特別な取扱いを許容するものではないので、テレワークにおける中抜け時間の問題に対しては、年次有給休暇の時間単位の付与や労使協定等による休憩時間の一斉付与の例外などの対応をとる必要が残る。

　そのような対応を不要とするためには、フレックスタイム制度や裁量労働制など、労働時間の決定について労働者に一定の裁量を認める制度を考える必要がある。しかし、テレワーク導入と絡めて、労働時間の決定に労働者の裁量を認める制度を導入することには、中抜け問題以外にも留意すべき点が多いので、項をあらためて整理する。

(2) フレックスタイム制度

　フレックスタイム制度（労働基準法32条の3）とは、就業規則にフレックスタイム制度に関する定めを置き、かつ所定の労使協定を締結することにより、3ヵ月以内の期間（清算期間）を定め、当該清算期間において一定の時間数労働することを条件として、始業・終業の時刻および1日の労働時間を労働者が決定できるとする制度である(清算期間が1ヵ月を超える場合には、清算期間内の1ヵ月ごとに1週間当たり平均時間が50時間を超えないこと、および労使協定を労働基準監督署に届け出なければならないことが必要とされる)。

❶中抜け時間の処理

　フレックスタイム制度では、仕事の開始および終了は1日のうちに複数回行うこともできるので、テレワーク勤務における上記の中抜け時間は、労働者が業務の中断を含め、自ら始業・終業時刻および一定期間内についての労働時間の管理をすることにより処理できる。

通常時間勤務で育児や介護等の中抜け時間について、年次有給休暇の使用や休憩時間、一時外出処理などを行って対応した場合に、それを補塡するべく、所定の時間数を一定期間内に働こうとすれば、その余分の時間数は時間外または休日勤務としなければならない場合が生じかねず、その時間に対して、割増賃金の支払いが必要となる。このため、育児や介護などを行うことにより、余分な費用支払いも発生しうるために、使用者側だけでなく、テレワーク就労をする側としても、（割増手当の取得による収入の増加はあるが）会社の評価との関係で無用にマイナス評価を受けかねないという不安が生じうる。

　そこで、テレワーク勤務において育児・介護の必要のある労働者や、ワークライフバランスを重視する労働者に関しては、フレックスタイム制度とすることにより、このような労使の不便を解消することが期待できる。このような意味で、フレックスタイム制度はテレワークと親和性が高い制度といえる。

　また、労働時間について、完全に労働者の裁量によらなければならない裁量労働制とは異なり、（出社日に）コアタイムを設定することにより、一定時間は出社のうえ業務を行ってもらうことが可能となり、コミュニケーションの維持、チームワークの維持などの観点からも、使用者側にとって使い勝手がよい制度といえる。

❷フレックスタイム制度導入の留意点

　しかしながら、フレックスタイム制度は、始業・終業時刻および1日の労働時間の長さを労働者の自己決定に委ねるものであるため、業務の自己管理ができる労働者でなければ、業務効率を上げて業務を継続的に遂行することは期待できない。また通常勤務であれば、先輩・同僚の目もあり、また管理職の目も行き届きやすいが、テレワーク勤務の場合には、使用者・管理監督者・同僚との距離があるため、就労者に対してきめ細かな目配りができにくいという問題があり、業務効率の低下や Well-Being 低下の懸念がある。それでも、労働時間全体の中でテレワークの部分が少ないのであれば、通常勤務の場合のフレックスタイム制度と大差はないが、業務の多くがテレワークであるなら、上記のような弊害が生じることが特に懸念される。

　したがって、フルタイムの在宅勤務であるとか、在宅で勤務するか否かを労働者が自由に選択できる形のテレワークとする場合には、仕事内容やプロジェクトの進捗状況等について、しっかりとした打ち合わせを行い、労務管理および進捗管理に十分に配慮することが必要となる。また、自己管理がで

きるような従業員にのみ、フレックスタイム制度のあるテレワークの利用を限定するといった工夫が必要となり、そのために、フレックスタイム制度を利用できる従業員の範囲をどのように定めるのか、またその変更をどのように可能にするのかなど、制度的な工夫も必要となる。この点については後述する。

(3) 裁量労働制および高度プロフェッショナル制度

　裁量労働制および高度プロフェッショナル制度の対象とすることが可能な業務がテレワークと親和性が高いことについては、Ⅰ章第4の1(2)で前述したとおりである。それらの業務に関して、実際に裁量労働制および高度プロフェッショナル制度を適用した場合には、労働者が労働時間を自主的に決定できることとなるため、中抜けについての、休憩や年休適用などの処理は不要となる。その場合、フレックスタイム制とは異なり、始業・終業の時刻だけでなく、一定期間の労働時間量についても労働者が決定できることとなり、労働者の自由度がより高いこととなる。

　なお、現実には、以下に見るとおり裁量労働制や高度プロフェッショナル制度の利用は低迷しており、それらの対象業務についても、通常時間管理とするか、労働基準法41条の管理監督者として時間規制の対象外とするか、事業場外みなし労働時間制を適用するかなどの対応もあわせて検討する必要がある。

❶専門業務型裁量労働制

①テレワークとの親和性

　専門業務型裁量労働制は、前述したとおり、新商品の開発や情報処理システムの分析・設計等の19種類の対象業務に従事する労働者について、現実の労働時間にかかわらず、労使協定であらかじめ定めた時間を働いたものとみなす制度である。これらの業務に裁量労働制の適用が認められる理由は、「業務の性質上その遂行の方法を大幅に当該業務に従事する労働者の裁量にゆだねる必要があるため、当該業務の遂行の手段及び時間配分の決定等に関し使用者が具体的な指示をすることが困難」なものであるとされるほか、労働時間と成果が必ずしも結びつくものではないことにある。

　そして、前記19種類の対象業務は、通常のオフィス業務よりも、テレワークに対する親和性が高いものであり、在宅勤務等のテレワークのほうが、通勤時間の節約や周囲と切り離されて業務に集中することができるという意味

でのメリットも大きいと考えられる。

②出社勤務を必要とする場合の問題

とはいえ、これらの業務においても、会議や日常の意見交換等を通じて業務遂行の品質を上げることが必要とされる場合もあり、「出社」をすることのメリットは小さくないと考えられる。そのため、完全なテレワークとして全く出社を要しない制度とすることは、適当でない場合が多い。

ただし、業務の一部のみをテレワーク勤務とするとしても、専門業務型裁量労働制を適用した場合には業務遂行時間を労働者が自由に決定できることとなるため、特定の日時に出社を命じることはできない。したがって、特定の日時に出社をしての業務や会議が必要となる場合には、事前に業務遂行方法等についての十分な打ち合わせを行い、会議等の業務設定をしておかなければならない点に留意が必要である。

このように考えると、専門業務型裁量労働制適用対象となる19種の業務について、現実に裁量労働制を適用することによるメリットがどの程度あるのかは疑問も残るところである。現実にどの程度、裁量労働制が適用されているのかは、厚生労働省が令和3（2021）年6月に公表した「裁量労働制実態調査」（裁量労働制の適用事業場6489社および非適用事業場7746社から回答を得て分析）において、非適用事業場における、専門業務型裁量労働制対象業務従事労働者がいる事業場の割合は82.9％とされている。これらから推定すると、40％以上の企業では、裁量労働制適用対象業務従事者がいても、制度を適用していない。また、適用事業場においても、裁量労働制適用対象業務に従事する労働者のすべてに裁量労働制が適用されているか否かは不明であり、その点も考慮すれば、相当数の裁量労働制適用可能業務従事者について、制度適用がされていないものと推定される。

③事業場外みなし労働時間制の利用

しかし、専門業務型裁量労働制の対象業務は、テレワークと親和性が高く、また、このような業務について、通常のオフィスワークに比べて具体的な業務上の指揮命令を行わなければならない程度は低いと考えられるので、短時間の業務中断や中抜けの生じやすい在宅勤務等のテレワークにおいては、指揮命令や時間管理をしっかりと行うよりも、労働者の自主性に委ねたほうがよい場合も多いと考えられる。そこで、それらの業務について、裁量労働制を適用していなくても、在宅勤務等のテレワーク勤務を指示または許容する

場合は、事業場外みなし労働時間制度を適用することが考えられる。

　上記令和3年の「裁量労働制実態調査」でも、専門業務型裁量労働制について、実施企業において業務遂行に関して労働者側の意向が考慮されている割合は70%となっており、業務遂行において、労働者の主体性を尊重している企業が多いことが見てとれる。

　また、このような業務に関しても、完全なるテレワークとせず、出社とのバランスをとった勤務とすることにより、業務の管理も適切に行うことができると期待される。このような観点で、専門業務型裁量労働制の対象業務に対して、裁量労働制を利用している場合は不要となるが、裁量労働制の適用をしない場合は、事業場外みなし労働時間制度の適用を積極的に検討する価値があると考えられる。

　④自営型テレワークとの境界の問題

　なお、上記の各業務は、裁量労働制の対象業務とされていることからも明らかなとおり、労働時間と成果が必ずしも結びつかず、労働時間管理をするよりも労働時間を労働者の裁量に委ねることが適当な場合があることから、雇用ではなく、業務委託や請負で発注することも考えられる。

　しかし、その業務遂行に対して時間単価で支払うこととして、継続的に在宅等で行うことを前提に発注し、その業務執行の状況を監督等するような場合、それが雇用契約であるのか請負・業務委託契約であるのかが不明確となるおそれもある。したがって、この点は、それらの契約締結および業務上の指示等で留意しておく必要がある（これらの点については後述する）。

❷企画業務型裁量労働制

　①テレワークとの親和性

　企画業務型裁量労働制（労働基準法38条の4）の対象業務は、「事業の運営に関する事項についての企画、立案、調査及び分析の業務であって、当該業務の性質上これを適切に遂行するにはその遂行の方法を大幅に労働者の裁量に委ねる必要があるため、当該業務の遂行の手段及び時間配分の決定等に関し使用者が具体的な指示をしないこととする業務」であり、上司からの具体的な指揮命令を受けて行う業務とは異なり、テレワーク勤務とも親和性が高い。

　このような業務は、専門業務型裁量労働制の対象業務と同様、在宅勤務等のテレワークのほうが、通勤時間の節約や周囲と切り離されて業務に集中することができるという意味でのメリットも多い一方で、実際の業務遂行にお

いては、検討のための情報収集などのため、社内の各関係者とのコミュニケーション・会議等の必要性があり、それは、オンラインによる会議だけではなく、出社をしての勤務のほうが望ましい場合も多いと考えられる。

このように一定の出社が必要である場合、これら業務に対して企画業務型裁量労働制を適用し、それをテレワークと併用することには、専門業務型裁量労働制と同様の問題があるようにも見える。しかし、これら業務に携わる労働者は、主体的に業務の管理ができることが期待でき、出社をするのかテレワークをするのかの判断も、労働者の自主的な判断に委ねることができると期待されるので、テレワーク勤務を許容しても問題となることは少ないと考えられる。

②制度利用の困難さ

とはいえ、企画業務型裁量労働制を利用している企業は全企業の0.4%、全労働者に占める割合は0.2%でしかない。このような低い数字は、これら業務に従事する労働者自体が専門業務型裁量労働制対象業務よりも少ないことに加え、企画業務型裁量労働制の導入には、労使委員会を設置し、その5分の4以上の決議を行い、かつそれを届け出ることを必要とするなど、手続き的に厳格な要件が課されていることによる利用の低迷にもよるものと考えられる。

また、このような労働者をスタッフ管理職として労働基準法41条の管理監督者と扱い、労働時間規制の適用除外とされることが多かった点も、制度利用が少ない理由のひとつと考えられる。そして現在でも管理監督者としている企業が多いと考えられるが、後述のとおり、管理監督者性が認められるか否かは不明確な部分があり、事後に問題になるおそれもあることに留意する必要がある。そのため、そのような取扱いのままでよいのかは、個別の状況に応じて慎重に決定する必要がある。

③事業場外みなし労働時間制の利用

このように、企画業務型裁量労働制の適用が可能な業務を行う労働者について、テレワーク制度の適用を指示・許可する場合は、企画業務型裁量労働制や管理監督者としての取扱いではなく、テレワークについて事業場外みなし労働時間制度を適用することも考えられる。

④自営型テレワークとの境界の問題

ちなみに、企画業務型裁量労働制の対象業務はその性格上雇用契約のもと

で行われることが原則であると考えられるが、いわゆるコンサルティングの形で業務委託・請負として実施することもありうる。そして、このような企業経営の中枢にかかわる事項についてのコンサルティング業務の性格上、その契約関係が、雇用契約であるのか業務委託・請負契約であるのかについて契約上疑義が生じることは少ないと予想される。

❸高度プロフェッショナル制度

高度プロフェッショナル制度（労働基準法41条の2）とは、金融商品の開発、資産運用の業務、有価証券の価値等の分析・評価の業務および新技術商品または役務の研究開発の業務等の高度な専門知識等を必要とし、従事した時間と成果との関連性が高くない業務について、労使委員会決議のもとで、24時間について11時間以上の継続した勤務インターバル制度や健康管理時間に基づく長時間労働の防止や健康診断実施などの健康確保措置を施すことにより、労働基準法等の労働時間規制の適用対象外とするものである。

この健康管理時間に基づく長時間労働の防止については、労働基準法および労働安全衛生法ならびにそれらの規則により、1週間当たりの健康管理時間（事業場内にいた時間と事業場外において労働した時間の合計時間）を上記と同様の方法で把握し、それが40時間を超える場合、その超えた時間数について1ヵ月100時間、3ヵ月で240時間を上限とするとともに、その時間数が1ヵ月80時間を超え、かつ当該労働者から申し出があった場合には一定の健康診断の実施が義務づけられている。

このように、きわめて厳格な規制のもとでの実施が求められるため、対象業務に従事する労働者が少ないこともあり、高度プロフェッショナル制度の利用は非常に少なく、令和5年3月段階で高度プロフェッショナル制度に関する労使委員会決議の受理件数に基づくと、適用事業者はわずか26事業場、対象労働者数は823人でしかない。

したがって、高度プロフェッショナル対象業務もテレワークとは親和性が高いものの、現実に制度適用対象とされることは少なく、通常の時間管理を行い、テレワークについては事業場外みなし労働時間制度を適用することが考えられる。また、企画業務型裁量労働制対象業務を行う労働者と同様に、スタッフ管理職として労働時間規制の外に置くことも考えられるが、これについては以下のような問題が残ることが懸念される。

❹管理監督者

①労働基準法41条の管理監督者とは

　管理監督者とは、労働基準法41条が「監督もしくは管理の地位にあるもの」について、自らの労働時間はその裁量で決定することができるものとして、休憩、休日、深夜労働等を除き、労働時間規制を適用しないとするものである。そのため、企画業務型裁量労働制および高度プロフェッショナル制度適用対象の業務を行う労働者について、事業場外みなし労働時間制度の適用や通常の時間管理を行うのではなく、管理監督者として処遇している企業も多いと考えられる。

　管理監督者については、労働基準法の労働時間、休憩および休日に関する規定は適用されないため、その労働時間に関して、使用者には労働時間適正把握の義務はなく、また、「1日8時間、1週間40時間」という労働時間の上限規制も、時間外労働は1ヵ月最大45時間、年間320時間以内とすべきとの規制も受けないこととなる（しかし、深夜勤務に関する規定の適用があること、および労働安全衛生法66条の8の3の規定により、裁量労働時間制適用労働者の場合と同様、労働時間の状態の把握義務が定められており、労働安全衛生規則52条の7の3で、タイムカードによる記録、パーソナルコンピュータ等の電子計算機の使用時間の記録等の客観的な方法により労働時間の状態の把握が義務づけられていることに留意が必要である）。

②管理監督者該当性の判断

　しかしながら、このような管理監督者は、名称にとらわれず、実態に即して判断しなければならないもの（昭和22年9月13日発基17号、昭和63年3月14日基発150号）とされており、また裁判例においても、

◆事業主の経営に関する決定に参加し、労務管理に関する指揮監督権限を認められている

◆自己の出退勤をはじめとして、労働時間について裁量権を有している

◆一般の労働者に比べて、その地位と権限にふさわしい賃金上の処遇を与えられている

ことなどを基準として、個別具体的に判断すべきものとされている。

③スタッフ管理職の問題

　そして、部下を持たないスタッフ職が、処遇の面でライン管理職と同等に取り扱われる場合について、上記通達（昭和22年9月13日発基17号、昭和63

年 3 月14日基発150号）では、「(5)スタッフ職の取扱い」として

「法制定当時には、あまり見られなかったいわゆるスタッフ職が、本社の企画、調査等の部門に多く配置されており、これらスタッフの企業内における処遇の程度によっては、管理監督者と同様に取扱い、法の規制外においても、これらの者の地位からして特に労働者の保護に欠けるおそれがないと考えられ、かつ、法が監督者のほかに、管理者も含めていることに着目して、一定の範囲の者については、同法第41条第 2 号該当者に含めて取扱うことが妥当であると考えられること。」

とされている。この通達からすれば、企画業務型裁量労働制および高度プロフェッショナル制度適用対象の業務を行う、部下のいないスタッフ職についても、管理監督者性が認められる余地があり、労働時間規制の対象外として取り扱うことも可能であるように見える。

　しかし、その適用にはグレーの部分が多く、事後的に問題となった場合には残業代の遡及的な請求を受ける等深刻な問題となりうるので、その適用については、実体を踏まえ慎重に行う必要がある点に留意しなければならない。

　ただしこの点は、個別事案において慎重に決定すべき問題であること、およびテレワーク特有の問題ではないことから、本書では、これ以上踏み込まないこととする。

(4) 就労場所の移動時間に関する問題

　テレワークは、情報通信技術を使用してオフィス等の通常の業務遂行場所以外で勤務をする就労形態である。通常勤務の場合は、自宅と勤務先である事業者等とを往復することが通勤となるが、在宅勤務などのテレワークの場合、それは通勤ではなく職場間の移動として労働時間と扱われることがある。

　またモバイル勤務においては、自宅やサテライトオフィスまたは会社オフィスとの間の移動中においてテレワーク勤務が行えることになる。

　そこで、就業場所間の移動が労働とみなされる場合について、移動中の労働時間および労働災害の観点から整理を行い、さらに、それらと通勤災害の関係も検討する。

❶就業場所間の移動の労働時間性

①勤務者本人の意思による移動

　在宅勤務中の勤務者本人が、自己の意思により、サテライトオフィスに移動したり、カフェやワークスペースに移動したりした場合には、その移動時

間中にモバイル勤務をするのでなければ、これを労働時間とすることはできず、中抜け時間とすることになる。したがって、この時間の処理については、前述のとおり、私用一時外出や休憩時間等とするか、フレックスタイム制度の中で処理するか、または裁量労働制や事業場外みなし労働時間制の適用により特別な処理をせずに済ませるか等の方法がある。

このうち、1日の間での自宅からオフィスの往復移動については、もともとオフィスでの勤務が予定されていた場合に、たとえば午前中のみ在宅で勤務し、午後に出社して勤務をしたなど、その日オフィスで勤務することが定められていたのであれば、この移動を通勤とみなす余地がある。しかし、いずれにしてもこの移動時間は労働時間ではないので、労働時間の算定については、中抜け時間としての処理が必要となる。

②移動中に業務を行った場合

自分の意思に基づく執務場所間の移動であるとしても、その移動途中にPC等を使用して業務を行ったとすれば、その時間は労働時間とされることになる。これについては、効率性やセキュリティの観点などから望ましくない場合も考えられるので、後述するとおり、在宅勤務等の指示・許可を行う際に、移動中に業務を行うことが許されるかは明確にしておく必要がある。

たとえば、「在宅勤務を許可する」とのみ定められている場合は、移動中の勤務や、カフェやワークスペース等での勤務は許容されないと解釈するのが一般的であると考えられるが、必ずしも明確ではない。したがって、そのような曖昧さはなくすべきである（Ⅴ章第6の3(2)❹参照）。

ただし、仮にモバイル勤務が許容されていなかったとしても、現実にモバイル勤務が行われ、使用者がそれを知りながら黙認していた場合は、これを労働時間としてカウントしないとの取扱いは許されないものと考えられる点には注意が必要である。

③使用者の指示による移動

在宅勤務者であっても、特定の日について、オフィスで勤務することが契約や規則に基づいて定められていた場合には、その日の自宅とオフィス間の移動は通勤時間であり、労働時間ではない。しかし、それ以外の在宅勤務日について、突然出社が求められた場合の移動は、その指示に従って行われる労務の提供と考えられ、その移動時間は、モバイル勤務を行っているか否かにかかわりなく、当然に労働時間になると考えられる（ただし、事前の出社

指示により当該在宅勤務日が出社日に変更されたと考えられる場合には、自宅と就業場所間の移動は通勤となる）。

これは、自宅からサテライトオフィスへの移動、またはカフェやワークスペース等への移動についても同様である。たとえば、在宅で勤務中に顧客との打ち合わせの必要が生じ、カフェで待ち合わせをするよう指示された場合や、サテライトオフィスを使用して打ち合わせをするように指示された場合などが考えられる。

ただし、この移動に長時間を必要とする場合には、これをすべて労働時間とカウントしなければならないのかについては問題がある。

❷移動に長時間が必要な場合

①労働時間性

テレワークにおける就業場所間の移動において、長時間の移動は考えがたいが、たとえば、在宅勤務を行っている場所が日帰りが困難な遠隔地である場合に、社内で行う会議への出社を求められた場合などでの移動時間は、出張と同様に考えるべきことになる。

この場合、長時間の移動中にモバイル勤務を行っていた場合は、これを労働時間とすべきことは明らかである。次に、そのようなモバイル勤務を行っていないとしても、たとえば書類や荷物等の運搬を義務づけられていたり、管理監督者と同行しているなど、使用者の指揮命令から離れているとはいえない場合は、これも労働時間とすべきである。しかし、それらのいずれにも当たらない長時間の移動時間で、自由に時間を利用することができる場合には、これを労働時間とする必要はない。

②給与支払いの必要性

ただし、通常勤務において、このような長時間の移動が使用者の指示により所定労働時間内に行われた場合は、労働者は賃金請求権を失わないものと考えられる。これは、使用者の都合により、労務の提供を受けないものとしたことになるので、民法536条２項「債権者の責めに帰すべき事由によって債務を履行することができなくなったときは、債権者は、反対給付の履行を拒むことができない。」により、労働者の賃金請求を拒否することはできないと考えられるからである。

ちなみに、裁量労働制や事業場外みなし労働時間制がとられている場合は、たとえ長時間の移動中の自由な時間は労働時間でないとしても、そのことに

よりみなし時間数が減少することはないと考えられる。したがって、使用者は所定の賃金の支払い義務を免れない。

③移動費用

一方、移動の費用については別異の考慮が必要であり、ワーケーションの場合（下記❹①）と同様に検討すべきものと考えられる。

これについて何も規定がない場合は、当該出社命令が有効である以上、原則として労務の提供が持参債務であることから従業員の負担となるのが原則と考えられるが、現実的には出社指示の経緯等を踏まえ、個別に定める以外にない。しかしそれでは、公平性・一貫性のうえで問題が生じうるので、遠隔地勤務を許可する場合等、長時間の移動が予想される場合にはしかるべく規則化しておくべきである。

❸通勤

このように、テレワークの場合、就労場所間の移動時間の労働時間性や費用負担について特殊な問題が生じるが、その移動が通勤とされる可能性もある。その場合も通常勤務とは異なる問題が生じるので、関連する問題としてここで検討する。

①100％のテレワークの場合

完全なテレワーク勤務を行っている場合は、そもそも通勤を行う必要はないのであり、このことがテレワークの大きなメリットのひとつである。しかしながら、たとえば１週間のうちの２日間だけを在宅勤務とするといった一部のみのテレワーク勤務の場合には、残りの出社日については通常どおり通勤を行う必要がある。

②一部だけを在宅勤務した場合

さらに、勤務日の一部のみを在宅で勤務し、残りを出社して勤務をするといった場合には、検討を要する。

これが会社からの指示によるのであれば、その移動時間が労働時間になることは上述のとおりである。しかし、出社は義務づけられておらず、１日のどの部分を在宅勤務とするのか等が従業員の裁量に委ねられている場合に、本人の意思により、上記と同様、業務の一部を在宅で、残りを出社して行った場合は、その移動時間は労働時間ではなく、休憩や一時外出等として処理すべきである。

ただし、その移動中に事故に遭遇した場合、これを通勤災害とできるのか

は別の問題である。

　③テレワーク就業場所間の移動

　平成18（2006）年の労働者災害補償保険法の改正により、

◆住居と就業の場所との間の往復

◆就業の場所から他の就業の場所への移動

◆住居と就業の場所との間の往復に先行し、または後続する住居間の移動

も通勤として取り扱うものとされている（図表3）。

　なお、図表3の2（複数就業者の場合）の就業場所について、平成18年3月31日基発第0331042号では、「具体的な就業の場所には、本来の業務を行う場所のほか、物品を得意先に届けてその届け先から直接帰宅する場合の物品の届け先、全員参加で出勤扱いとなる会社主催の運動会の会場等がこれにあたることとなる。」とされており、このような考え方からすれば（もちろん個別具体的に決定するべき問題とはなるが）、在宅勤務の場所である自宅やモバイル勤務におけるワークスペースなどについても、就業場所として認められる可能性はあると思われる。そうであるとすれば、上述した在宅勤務の一部を出社する場合だけでなく、在宅勤務からサテライトオフィス勤務への移動等の場合についても、その移動が通勤とみなされる余地があることになる。

　④通勤と労働時間・通勤災害の関係

　テレワークの就労場所間の移動が通勤と認められる場合は、その移動中の事故は通勤災害とされることになるが、その通勤時間は労働時間とはされない。これとは逆に、通勤中にモバイル勤務等を行っている場合は、通勤時間ではなく労働時間であるとみなされることになり、その移動中に遭遇した事故に対しては業務遂行性が認められ、特段の事情のない限り労働災害とされ

図表3 ●通勤の形態

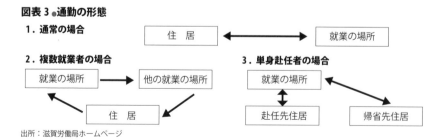

出所：滋賀労働局ホームページ

ることになる。

いうまでもないが、情報通信技術の発達により、飛行機や新幹線の中はもとより、運転中でなければ乗用車の中でも勤務することが可能となっている今日、出発地から目的地までの間の移動時間、出発地および目的地での勤務等を含めてモバイル勤務とすれば、それらについては若干の業務中断や中抜け時間を含んだ一連の勤務であると見ることができ、その間に就労場所を移動していても、これについて通勤とする余地はないことになる。

❹ワーケーション、リゾートサテライトオフィス勤務

以上と関連して、ワーケーションやリゾートサテライトオフィス勤務における、移動の問題についても検討しておきたい。

ワーケーションとは、「ワーク」（Work）と「バケーション」（Vacation）を組み合わせた造語であり、観光地やリゾート地など、普段のオフィスとは離れた場所で休暇を楽しみながら働くスタイルとされ、テレワークの広がりの中で、可能な働き方の選択肢のひとつとして注目されている。これと類似する働き方として、リゾートにサテライトオフィスを設け、長期間の出張等としてリゾート地での業務を行う働き方も存在する。

いろいろな類型が考えられるが、図表4のような分類が可能である。

①ワーケーション

従業員が自らの選択においてリゾート地等で、居住場所および働く場所を確保してテレワークを行うものであり、居住場所および就業場所の双方を従

図表4●ワーケーション、リゾートサテライトオフィス勤務

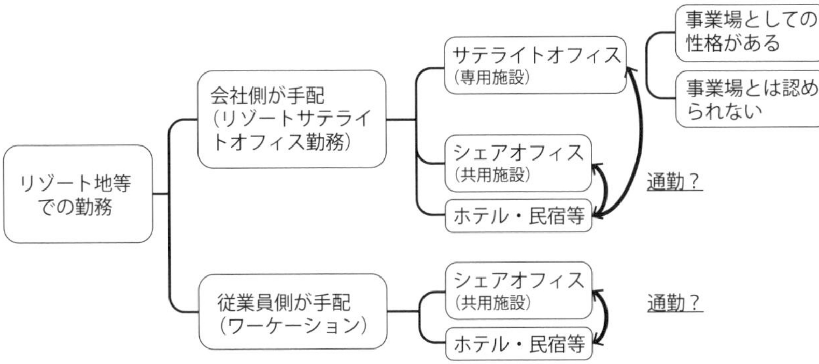

出所：滋賀労働局ホームページ

業員が手配するものである。これに対する会社の補助のある／なしは福利厚生の制度により決められることとなる。

　この場合に、在宅勤務のように居住場所であるホテル・民宿等で勤務を行うことも、現地においてシェアオフィスなどを手配して勤務することも考えられる。このような勤務形態において、居住場所と勤務の場所との行き来が通勤として通勤手当支払いの対象となるか、また移動中の事故が通勤災害とされるか否かは、通勤手当の規定および通勤災害における通勤の概念により決められることとなる。ただし、本来の居住場所からこのようなリゾート地までの移動の費用は、私的な旅行と捉えるべきもので、費用補助のある／なしは、上述と同じく福利厚生のあり方により決められるものと考えられる。

　このような場所からの出社を業務命令として指示する場合の処理、すなわち、その移動に要する費用を出張費と見て使用者が支出するか、従業員個人の負担になるのかについては、上記❷③でも触れたが、通常の出張とは異なり、上述のような勤務を会社が制度として認めているか否かにより変わってくるものと考えられる。たとえば、リフレッシュのためや従業員のモチベーションを上げるため、もしくは有益な人材の獲得・維持のためにこれらの制度を設けるのであれば、その趣旨も踏まえて、必要が生じた場合の出社費用についても取り決めをしておくべきである。

　規定が何もない場合は、当該出社命令が有効である以上、原則として労務の提供が持参債務であることを考えれば、従業員側の負担となるのが原則と考えられるが、現実的には出社指示の経緯等を踏まえ、個別に定めるべきである。

②リゾートサテライトオフィス勤務

　リフレッシュのためや従業員のモチベーションを上げるため、もしくは有益な人材の獲得・維持のために、会社側で、リゾート地などに一定期間の勤務場所および居住場所を提供することも考えられる。そして会社がそのような勤務を指示する場合には、勤務場所および居住場所について、そのための費用を負担することが原則となると考えられる（これについては、税務会計上も財務会計上も会社側の経費とすることができると考えられるが、そのような支払いが従業員側にとって課税所得となるのか、ならないのかについては、実態に応じて判断されるべきものと考えられる）。

　このような場合に、ホテル・民宿等の居住場所において勤務する場合は少

なく、会社が準備するシェアオフィスやサテライトオフィス等の勤務場所へ移動して勤務することになると考えられるが、この場合の移動は通勤と見ることができるであろう。したがって、このような通勤に費用がかかる場合、会社の通勤手当の規定が適用され、またその間の事故は通勤災害となるものと考えられる。

　なお、サテライトオフィスの場合は、それが事業場としての性格を有するのか、有さないのかの違いがあるが、この違いにより、当該サテライトオフィスにおいて就業規則や労使協定の締結をすべきであるのか否かの違いが生じるものの、この違いは、居住場所からそれらのオフィスへの移動が通勤とみなされるか否かの問題とは関係しない。

(5) 不活動時間の取扱い

　電話対応のコールセンター業務や、個別随時の指示に対応するような業務を考えると、その業務のためにコールセンターやオフィスに出社しているのであれば、その出社している間は待機時間中も、使用者の指揮命令下にあるものとして業務遂行中であることが明らかである。しかし、自宅をはじめとして日常生活を営む場所で業務を遂行する場合は、その待機などの時間も労働時間とみるべきか否かが、とりわけ在宅勤務の場合に問題となる。

　これについては、住込管理人の待機時間に関し、最高裁判所の平成19年10月19日判決（大林ファシリティーズ事件）で、「労働基準法32条の労働時間（以下、「労基法の労働時間という。」）とは、労働者が使用者の指揮命令下に置かれている時間をいい、実作業に従事していないいわゆる不活動時間が労基法上の労働時間に該当するか否かは、労働者が不活動時間において使用者の指揮命令下に置かれていたものと評価することができるか否かにより客観的に定まるものというべきである」とされ、「不活動時間であっても労働からの解放が保障されていない場合には労基法上の労働時間に当たるというべきである。そして、当該時間において労働契約上の役務の提供が義務付けられていると評価される場合には、労働からの解放が保障されているとは言えず、労働者は使用者の指揮命令下に置かれているというのが相当である」として、居住場所における不活動時間の労働時間性が肯定されている。

　このように、自宅等での不活動・待機時間の労働時間性の有無は、労働からの解放の有無により変わってくるものであるから、在宅勤務における不活動・待機時間についても、業務指示および現実の業務遂行状況を明確にし、

これを労働時間として扱うか否かを検討すべきこととなり、その判定が微妙な場合は、専門家の意見なども徴しながら、慎重に決定する必要がある。

（6）休憩・休日に関する規制

❶36協定

　通常、労働時間制はもとより、管理監督者・裁量労働制や高度プロフェッショナル制度の適用においても、一定の範囲で、時間外・休憩・休日および深夜労働等についての規制の適用があることは、上述のとおりである。このうち、時間外勤務および休日労働については、それを行うために、労働者の過半数代表または事業場内の過半数の従業員を代表する労働組合との、労働基準法36条に定める労使協定（36協定）の締結が必要となる。

　この場合の事業場については、サテライトオフィスが事業場と認められる場合を除き、当該テレワーカーが所属する事業場は、テレワークにおいて勤務をする場所以外の場所となる（Ⅲ章第1の2参照）。

❷休憩時間

　通常、時間管理を行う以上、テレワークにおいても、6時間を超える勤務の場合には45分、8時間を超える勤務の場合には少なくとも1時間の休憩を実労働時間の途中に一斉に与えなければならないとする休憩時間に関する規定（労働基準法34条）が通常どおり適用される。オフィスなどでの勤務であれば、休憩時間管理も容易だが、テレワークの場合は、現実に休憩に入っているのか否かを目視することはできない。したがって、始終業のみでなく、休憩時間についても、情報通信機器を使って休憩の開始および終了についての連絡を求めることが考えられる（Ⅴ章第6の4（3）参照）。

　また、テレワークの場合、中抜け時間の問題などもあるので、テレワーカーが所属する事業場で労使協定を締結して、一斉付与の例外を定めることが考えられる。しかしその場合でも、上記の休憩時間は与えなければならず、休憩時間についての報告を求める必要はある。

　フレックスタイム制度や裁量労働制をとっている場合も休憩に関する規定は適用されるため、上記のとおりの休憩を与える義務が使用者にはある。もちろん、これらの労働者については、労働時間管理を自主的に行うことを可能としているため、一斉休憩を実施することは困難である。そのため、一斉付与の除外の労使協定の対象としておくべきである。

　管理監督者および高度プロフェッショナル制度適用対象労働者について

は、休憩の規定は適用されないが、労働時間の状態の把握義務や健康管理時間に関する厳格な規制の適用がある点に注意が必要である。

❸休日

労働基準法41条該当の管理監督者、および同法41条の2に定める高度プロフェッショナル制度適用労働者以外であれば、通常勤務の場合はもとより、フレックスタイム制度、裁量労働制および事業場外みなし労働時間制の適用対象労働者であっても、テレワーク勤務においては、休日に関する規定は通常の労働者と同様に適用される。

また年次有給休暇については、管理監督者および高度プロフェッショナル制度適用労働者を含め、いずれの労働者にも同様に適用される。

(7) 長時間労働対策

❶使用者の義務

使用者には、労働契約法5条により安全配慮義務が定められているが、さらに労働時間に関して、高度プロフェッショナル制度適用対象労働者には、健康管理の面から、厳密な労働時間管理が必要であり、裁量労働制適用対象者および管理監督者については、労働時間の状況把握を行う義務がある。そして、それらの労働者が月80時間を超える時間外・休日労働を行い、疲労の蓄積が認められる者から申し出があった場合には、労働安全衛生法および同規則により、医師による面談を受診させる義務がある。それ以外の労働者については、労働時間の適正把握を行わなければならないものとされている。

❷新テレワークガイドラインの内容

情報通信技術を使用した業務遂行においては、通常の業務時間外であっても、容易に使用者・管理監督者から労働者に対して業務指示・連絡等を行うことができ、それがたとえ短時間であるとしても、業務から完全に解放されていないことによる問題が生じうる。これはテレワークのみの問題ではないが、新テレワークガイドラインでは次のように整理されている。

オ　長時間労働対策

テレワークについては、業務の効率化に伴い、時間外労働の削減につながるというメリットが期待される一方で、

・労働者が使用者と離れた場所で勤務をするため相対的に使用者の管理の程度が弱くなる

・業務に関する指示や報告が時間帯にかかわらず行われやすくなり、労働者の仕

事と生活の時間の区別が曖昧となり、労働者の生活時間帯の確保に支障が生ず
る
といったおそれがあることに留意する必要がある。
　このような点に鑑み長時間労働による健康障害防止を図ることや、労働者のワ
ークライフバランスの確保に配慮することが求められている。
　テレワークにおける長時間労働等を防ぐ手法としては、次のような手法が考え
られる。
（ア）メール送付の抑制等
　テレワークにおいて長時間労働が生じる要因として、時間外等に業務に関する
指示や報告がメール等によって行われることが挙げられる。このため、役職者、
上司、同僚、部下等から時間外等にメールを送付することの自粛を命ずること等
が有効である。メールのみならず電話等での方法によるものも含め、時間外等に
おける業務の指示や報告の在り方について、業務上の必要性、指示や報告が行わ
れた場合の労働者の対応の要否等について、各事業場の実情に応じ、使用者がル
ールを設けることも考えられる。
（イ）システムへのアクセス制限
　テレワークを行う際に、企業等の社内システムに外部のパソコン等からアクセ
スする形態をとる場合が多いが、所定外深夜・休日は事前に許可を得ない限りア
クセスできないよう使用者が設定することが有効である。
（ウ）時間外・休日・所定外深夜労働についての手続
　通常のオフィス勤務の場合と同様に、業務の効率化やワークライフバランスの
実現の観点からテレワークを導入する場合にも、その趣旨を踏まえ、労使の合意
により、時間外等の労働が可能な時間帯や時間数をあらかじめ使用者が設定する
ことも有効である。この場合には、労使双方において、テレワークの趣旨を十分
に共有するとともに、使用者が、テレワークにおける時間外等の労働に関して、
一定の時間帯や時間数の設定を行う場合があること、時間外等の労働を行う場合
の手続等を就業規則等に明記しておくことや、テレワークを行う労働者に対して、
書面等により明示しておくことが有効である。
（エ）長時間労働等を行う労働者への注意喚起
　テレワークにより長時間労働が生じるおそれのある労働者や、休日・所定外深
夜労働が生じた労働者に対して、使用者が注意喚起を行うことが有効である。具
体的には、管理者が労働時間の記録を踏まえて行う方法や、労務管理のシステム

を活用して対象者に自動で警告を表示するような方法が考えられる。

（オ）その他

このほか、勤務間インターバル制度はテレワークにおいても長時間労働を抑制するための手段の一つとして考えられ、この制度を利用することも考えられる。

❸使用者が留意すべきこと

上記において、時間外の業務指示・アクセス制限等に関しては、緊急性・重要性の低い内容のメールを時間外に頻繁に送付する場合など、パワーハラスメントなどに関連して問題とされることも多く、業務上やむをえないものか否かを適正に判断することが必要である。

これは、単に規則化すればよいという問題ではなく、普段からマネジメントの教育・研修が必要な事項である。また、上記新テレワークガイドラインは、業務に関する労働者への過剰なコンタクトを避けようとするものだが、労働者には、十分な自己管理能力がない者もおり、そのような場合には、業務遂行に関しての適切な指導・管理が必要とされるところである。これについても、適切な教育・研修などを通じて、マネジメントの能力向上が必要とされる。このような労働者の業務遂行に関連して、業務に関してどこまでのモニタリングが可能であるのかについては本章第5で後述する。

第4　テレワークにおける賃金の取扱い

1．通勤手当

（1）原則

在宅勤務等のテレワークにおいては、原則的に通勤という事態は発生しないが、勤務の一部のみをテレワークとする場合、出社は通勤として取り扱われる。また、自宅からサテライトオフィスへの移動や、サテライトオフィスからワークスペースへの移動等の就業場所間の移動も通勤として取り扱われる余地がある。したがって、これらに対する通勤手当支払いについて検討する必要がある。

しかしながら、労務の提供は持参債務であるとされており、労務提供場所までの移動の費用は債務者が負担するべきであり、法律上、使用者に通勤手当支払いの義務はない。したがって、もともと通勤手当の支払いなど全く行っていない企業があるとすれば、テレワークに関連しても通勤手当に関する

問題は生じない。しかし通常は、企業の規則により通勤手当を支払うとしている場合がほとんどであり、そのような取扱いがある中でテレワークを実施した場合に、通勤手当に関してどのように取り扱うのかが問題となる。

(2) テレワーク中の出社の場合の通勤手当

出社の場合、合理的な経路による公共交通機関の使用による交通費について実費支弁とすることが多いものと想定されるが、一定期間の通勤定期代等として支給している場合、出社日数が少なければ、これを実際に通勤に要する実費支払いに変更することが考えられる。これは、実態の変更に基づく規則の変更であり、合理的な範囲での制度変更である以上は、就業規則の不利益変更とはならないものと考えられる。公共交通機関によるのではなく、自動車による通勤を認め、ガソリン代等の支給をしている場合も、実際の通勤の割合に応じて減額支給しても、実態を適正に反映しているものであれば、不利益変更とはならないと考えられる。

問題となるのは、コロナ禍での外出自粛により、緊急に導入された在宅勤務等において、通勤手当の支払いを実費払い等に変更していなかった場合に、事後的な変更は、すでに確立した支払い方法を不利益に変更することになるのではないかとの点である。確かに、いったん従前どおりに通勤手当を計算して支払うとの取扱いを継続したうえで、あらためて制度を見直して実態に応じた支払いを行うことになれば、不利益な変更といわれる余地はある。しかしながら、実態に照らした合理的な制度変更であれば、それに関する十分な説明や実施時期についての猶予等を設けることにより、合理的な変更として、個別の同意がなくても実施が可能であると考えられる。

(3) 通勤途中のモバイル勤務

ちなみに、通勤時間中にモバイル勤務を行うことが可能とされている場合に、現実にモバイル勤務を行ったときは、その時間に対して賃金が発生することとなり、また、モバイル勤務中に事故に遭遇した場合は、通勤災害ではなく業務上災害として取り扱われることとなる。

しかし、通勤手当に関しては、通勤中にモバイル勤務を行う場合を通勤に関する定義から除外することは困難である。そして、就業規則等で、通勤手当の支払いは通勤時間が労働時間に該当する場合を除外するといった規定を置く例もほとんどないものと推測される。そうであるとすれば、通勤中のモバイル勤務により、通勤時間が労働時間とされ賃金支払いの対象となる場合

についても、通常どおり所定の通勤手当の支払い義務があるものと考えられる。

（4）就労場所の間の移動費用

自宅からサテライトオフィスへの移動や、サテライトオフィスからワークスペースへの移動等の就業場所間の移動等、テレワークにおける就労場所間の移動が通勤災害上の通勤とされうることはあるが、そのような通勤の費用を通勤手当として支給するか否かは、就業規則の通勤の定義および通勤手当支払いの規定により定められるべきものとなる。

そして、通常、このような就業場所間の移動については通勤手当支給の対象外になるものと考えられ、このような移動の費用に対する支払いを行うとするのであれば、別途、就業規則に定めを置く必要があると考えられる。

なお、遠隔地勤務の場合の移動費用の処理については、本章第3の3（4）❷および同❹①を参照されたい。

2. テレワーク手当

（1）在宅勤務手当

❶手当支給の根拠

テレワークを実施するについて、在宅勤務の場合、従業員が所有・賃借する住宅を就労場所として使用するとともに、水道光熱費・通信費など生活費以外の費用が発生することに鑑み、一定の在宅勤務手当を支給することがある。これに対して、サテライトオフィス勤務の場合は、会社側が提供する施設での勤務であれば、同様の費用負担は発生しないので、このような手当支給は考えがたい。モバイル勤務では、在宅勤務の延長上として発生する場合など多様なものがあるが、情報通信機器の貸与等を越えて、特別な手当が考えられることは少ないと見られる。

❷手当支給金額および形態

上記のような趣旨から、在宅勤務手当は、在宅勤務に通常必要な費用の実費相当分を精算するとの考え方で支給されるものであり、通常月額3000〜5000円程度といわれている。このような支払いは、会社の経費として計上できることはいうまでもなく、また、実費支弁として従業員側の所得（給与）として課税されることもない（「在宅勤務に係る費用負担等に関するFAQ」問1。国税庁令和3年5月31日更新）。

なおこれら費用負担や手当支給・経費の支給については、会社規則に定め

を置く必要がある。この点はV章第6の5で述べる。

❸在宅勤務に必要となる経費支給の税務

　税務上の取扱いについては、上記のような定額の手当の場合はもとより、在宅勤務手当に必要な消耗品等の購入費用の支給でも同様に扱われる（同問4）。また、在宅勤務に通常必要とされる費用を計算して支払いを行う場合についても同様に取り扱われる（同問5）。物品については、業務遂行に必要なものの貸与の価格とし、通信費や電気料金は、業務終了部分を合理的に計算した部分が給与以外として取り扱われることになる（同問6、問7、問8）。

　しかし、業務に使用するPCや環境整備に関する物品（間仕切り、カーテン、椅子、机、空気清浄機等）は業務遂行のための貸与を原則とし、貸与ではなく支給する場合は、これらが業務にのみ使用されるものではないため、その物品の価格が給与として課税されることとなる（同問2、問3）。

　また、在宅勤務を行うのに十分なスペースが自宅にない場合、自宅近くのレンタルオフィスなどを使用する費用は、業務遂行のために使用したものについて精算がされる限りにおいて、給与等として扱われるものではないとされる（同問9）。

　なお、在宅勤務中の従業員の昼食代の補助については、企業が従業員に食事の支給をする場合に、その従業員から実際に徴収している対価の額がその食事の価額の相当額以上であり、かつ、企業の負担額（食事の価額からその実際に徴収している対価の額を控除した残額）が月額3500円（消費税および地方消費税（以下、「消費税等」という）の額を除く）を超えないときは、その従業員が食事の支給により受ける経済的利益はないものと取り扱うこととされている（所得税基本通達36-38の2。同問12および問13）。

（2）出社手当

　在宅勤務手当については、外出自粛の結果として半ば強制的に行われた在宅勤務による負担を軽減する目的で導入された事例が多く、また、企業の側としても通勤費や事務所経費の減少などとバランスのできるものであった。

　そもそも、在宅勤務は、従業員が所有・賃借する住宅を就労場所として使用することになるため、そのような命令はできないとの議論もあるが、これらの問題を少しでも解消するためにも、相当額の手当支給は有意義なものであったと考えられる。しかし、コロナ禍が収束し、テレワークから出社が原則となるにつれ、労働者の中には、出社よりもテレワークを希望する者もあ

ることから、テレワークは通勤負担の減少を中心として、従業員側にもメリットのある制度であり、出社を命じる場合との均衡を考える必要も生じてきている。その際、在宅勤務に対して給与の減額を行うことは困難であるため、出社をすることに対する手当の支給も検討の対象となりうるところである。

　このようなテレワーク（在宅勤務）と出社とのバランスをどのように考えるかは、人事評価とも絡んだ難しい問題である。

3. 人事評価
(1) 新テレワークガイドラインの記述内容
　テレワークにおける人事評価について、新テレワークガイドラインでは次のように述べられている。

　テレワークは、非対面の働き方であるため、個々の労働者の業務遂行状況や、成果を生み出す過程で発揮される能力を把握しづらい側面があるとの指摘があるが、人事評価は、企業が労働者に対してどのような働きを求め、どう処遇に反映するかといった観点から、企業がその手法を工夫して、適切に実施することが基本である。

　例えば、上司は、部下に求める内容や水準等をあらかじめ具体的に示しておくとともに、評価対象期間中には、必要に応じてその達成状況について労使共通の認識を持つための機会を柔軟に設けることが望ましい。特に行動面や勤務意欲、態度等の情意面を評価する企業は、評価対象となる具体的な行動等の内容や評価の方法をあらかじめ見える化し、示すことが望ましい。

　加えて、人事評価の評価者に対しても、非対面の働き方において適正な評価を実施できるよう、評価者に対する訓練等の機会を設ける等の工夫が考えられる。

　また、テレワークを実施している者に対し、時間外、休日又は所定外深夜（以下「時間外等」という。）のメール等に対応しなかったことを理由として不利益な人事評価を行うことは適切な人事評価とはいえない。

　なお、テレワークを行う場合の評価方法を、オフィスでの勤務の場合の評価方法と区別する際には、誰もがテレワークを行えるようにすることを妨げないように工夫を行うとともに、あらかじめテレワークを選択しようとする労働者に対して当該取扱いの内容を説明することが望ましい。（テレワークの実施頻度が労働者に委ねられている場合などにあっては）テレワークを実施せずにオフィスで勤務していることを理由として、オフィスに出勤している労働者を高く評価すること

等も、労働者がテレワークを行おうとすることの妨げになるものであり、適切な人事評価とはいえない。

（2）人事評価において留意すべき事項

　上記新テレワークガイドラインでは、テレワークを普及するために必要とされる配慮の観点から、あるべき人事評価について整理をしているものと考えられ、この点は、各企業においても、考慮するべき問題であるといえる。

　しかし人事評価については、それ以外にも種々の考慮が必要である。在宅勤務を中心としたテレワーク実施のための人事評価制度に関して以下に考察する。

❶評価対象業務

　人事評価一般については上記のとおりであるとしても、現実には、どのような業務に対する評価を行うかにより、人事評価のあり方は大きく異なってくる。これまで、業務の属性に関しては、「テレワークを行うことが困難な業務」「テレワークになじむ業務」「それら以外の業務」と大きく3つに分けて考察を行ってきているが、ここでもその観点から整理をしておきたい。

　①テレワークを行うことが困難な業務

　テレワークを行うことが困難な業務として、「一定の現場・施設において従事することが要求される業務」「業務提供が移動をともなう業務」「対人的な業務」を取り上げているが、これらがテレワークで行われることは考えがたいため、通常の業務遂行の評価として考えるべきものであり、ここでは議論の対象の外に置く。

　②テレワークと親和性の高い業務

　本書では、テレワークと親和性が高い業務として、「専門業務型裁量労働制対象業務」「企画業務型裁量労働制対象業務」「高度プロフェッショナル制度対象業務」を取り上げているが、これらは労働時間と成果が必ずしも結びつくものではなく、組織の中で協調性をもって行わなければならないとする性格も、その他の業務よりは強くはないと考えられる。

　③それら以外の業務

　上記①②以外の業務としてⅠ章第4の1（3）に掲げた「専門的な業務」「マネジメント業務」「一般的オフィス業務」の中の専門的な業務については、上記②と同様に考えることができる。これらは、その業務の評価が業務遂行の態様により左右される部分が少なく、対面で行う場合と非対面で行う場合

とで、概して大きな違いが生まれにくいからである。「マネジメント業務」についても、それが労働基準法41条の管理監督者に該当するような、経営者と一体的地位にある労働者である場合、その評価は、対面であるのか非対面であるのかにより大きな違いが生じるとは考えがたい。

これに対して、「一般的オフィス業務」は、いわゆるメンバーシップ型雇用の中で、業務遂行の態様等も評価の対象となりやすいという意味で、対面であるのか非対面であるのかにより、評価に大きな違いが生じるのではないかとの懸念がある。上記の新テレワークガイドラインでは、この一般的オフィス業務に従事する労働者に関しての評価の問題が暗黙のうちに前提とされていると推測される。そこでこの点についてさらに検討する。

❷人事評価上の問題

対面・非対面の問題に限らず、人事評価のあり方は 企業経営の根幹にかかわる、きわめて重大な課題である。したがって、テレワークにより生じる対面・非対面の問題のみを取り出して議論することは適当ではない。

日本企業は外国の企業に比べた場合、ジョブ型雇用ではなくメンバーシップ型雇用であるといわれるが、これは、採用から配属・昇進、そして退職に至るまで、雇用の全側面を観察しての結果であり、いわゆる job description（職務記述書）の使用の有無や人事評価の方法のみを指していることではないので、それらの一部のみを取り出して「ジョブ型」といわれる方法を採用することは困難である。

たとえば、新人一括採用・社内教育・長期雇用を前提としている日本企業においては、職務自体に、各企業共通の客観的な評価指標が存在するわけではないため、労働市場における職種による評価ではなく、所属企業内での人的な相対評価が人事評価の中心となりやすく、客観的な職務評価が困難との問題がある。

この点について、いみじくも新テレワークガイドラインが「特に行動面や勤務意欲、態度等の情意面を評価する企業は、評価対象となる具体的な行動等の内容や評価の方法をあらかじめ見える化し、示すことが望ましい」と述べているとおり、客観的な成果とともに、またはそれ以上に、「協調性」「頑張り」といった部分の評価がなされやすい。そのような傾向は、本来の意味での管理監督者および裁量労働制対象業務従事者等、業務時間と成果とが一致しない労働者では若干弱いといえるものの、一般的なオフィスワーカーで

は強いと考えられる。この点は、特に大企業においては、新卒一括採用から定年退職に至るまで日本の人事制度全体にかかわる問題であり、単に人事評価の方法のみについて検討・実施が可能とはいいがたい。そのため、メンバーシップ型雇用といわれる雇用実態を踏まえたうえで、どのような人事評価を行うべきであるのかを考えなければならない。

　以上を前提としたうえで、テレワークに関連して考慮すべき要素を整理しておきたい。

(3) テレワーク勤務を踏まえた人事評価制度見直しの考慮要素

　在宅勤務等のテレワークを行う場合の業務評価に関して、一般的な留意事項として次のような点が考えられる（通常は、一般的オフィス業務の一部のみをテレワークで遂行する場合が多く、出社での勤務とともに全体としての評価となることが多いと考えられるため、すべてを出社している場合の評価との適切なバランスをとることが必要とされる）。

❶目標設定の明確化

　これは評価のためだけでなく、当該労働者の担当職務に対し、使用者として何を期待しているのかを明確に示し、理解を求めることである。テレワークでは、出社しての対面での業務遂行と異なり、労働者の自己管理能力の高さが重要となるが、どのようなことを期待されているのかの十分な認識がなければ、適切に業務遂行を行うことは困難となる。

❷成果に基づく評価の重視

　出社しての対面での業務遂行場面が減少することと関連するが、業務遂行態度・方法よりも、どのような成果を上げているのかにより評価を行わざるをえなくなることが考えられ、そのような成果に対する評価方法等は、評価者および労働者との間で十分に認識のすりあわせをすることが重要となる。

❸公平・公正の観点

　完全な出社も、完全なテレワークもむしろ例外であり、業務の一部をテレワークとすることが通常であると考えられるので、業務遂行の方法としては、テレワーク勤務における成果の評価だけでなく、業務遂行を出社して行ったのか、テレワークで行ったのかにより、暗黙のうちに評価の違いが生じることが予想される。もちろん、新テレワークガイドラインも指摘する「行動面や勤務意欲、態度等の情意面を評価する」場合に、このような点も評価対象となりうるが、これをどのように評価するのかは、テレワークに対する各社

の考え方によるところが大きく、この点については、労働者の認識と離齬が生じることがないよう注意が必要である。

第5　テレワーク勤務のモニタリング

　テレワークは、情報通信機器を使用して本来の勤務場所でない場所で、非対面で勤務を行うものであるため、その業務遂行状況を知るためには情報通信機器による情報伝達が不可欠となる。これに関して、人事評価においては、メンバーシップ型雇用の中で、「協調性」「頑張り」といった行動面や、勤務意欲、態度等の情意面を評価する傾向があり、単に業務遂行状況の客観的な把握を超えて、業務遂行態様についてまでの情報を取得して評価しようとする傾向がないとはいえない。

　このような情報収集の手段として、電子的なコミュニケーションを超えて、情報通信機器を利用したモニタリングが行われることがありうるため、それがどこまで法的に許容されるか、またどのような点に留意をしなければならないのかは、通常の勤務の場合よりも、テレワーク勤務のほうが、より検討の必要性が高い。そこで以下、テレワークを念頭に置きつつ、労働関係におけるモニタリングの問題点を整理したい。

1．使用者のモニタリングの権利とその限界

　雇用契約は使用従属関係であり、労働者は労働契約に基づき使用者の指揮命令下にある。使用者としては、その指揮命令を適切に行うために、従業員の業務遂行状況を正確に認識することが必要となる。したがって、労働契約を締結し、従業員が労務を提供するうえで、その労務について必要な情報を使用者が取得することは、労働契約の内容として認められる使用者の指揮命令権に付随する権利であると考えられる。逆にいえば、使用者は業務遂行に関係がない情報を取得する権利はなく、従業員の私的生活などに関する情報の取得は認められない。

　ただし、上述のとおり、どこまでが業務遂行上必要な情報なのかグレーな部分も存在する。そのようなグレーな部分に対しては、使用者のモニタリングの権利についての内在的な制約の側面だけでなく、労働者のプライバシーの権利、個人情報保護法や電気通信事業法などの行政法規など、使用者のモ

ニタリングを制限する法律や権利の側面からの検討も必要である。以下では、まず個人情報保護法との関連を整理していく。

2．個人情報保護法の規制
（1）個人情報保護法の基本的規制
　使用者は、賃金台帳等の作成保存義務があるため、これを遵守する以上、個人情報データベース等を事業の用に供している者として、個人情報取扱事業者に該当（個人情報保護法2条5項）し、個人情報保護法の適用を受けるため、モニタリングにおいては、個人情報保護法上の義務を遵守する必要がある。そして、モニタリング等で取得する情報は、個人情報保護法上の個人情報に該当するものである場合が多い。

　個人情報とは、生きている個人に関する情報で、氏名や生年月日、住所、顔写真などによって特定の個人を識別できるもの、または指紋等の身体の特徴データやマイナンバー等の個々人に対して割り当てられる公的な番号等である個人識別符号が含まれるものである（同法2条1項）。個人情報を取得する際に同意は不要であり、利用目的を通知または公表すれば足りる（同法21条1項）。そしてこの通知は、その旨の社内規則を作成して周知することでも足りるものとされる。

　ただし、その個人情報が、同法2条3項所定の要配慮個人情報、つまり「本人の人種、信条、社会的身分、病歴、犯罪の経歴、犯罪により害を被った事実その他本人に対する不当な差別、偏見その他の不利益が生じないようにその取扱いに特に配慮を要するものとして政令で定める記述等が含まれる個人情報」に該当する場合には、そのような個人情報を取得する際は同意が必要となる（同法20条2項）。

（2）モニタリングに関する個人情報保護委員会の解釈
　個人情報の適正な取扱いを保証するために設けられた行政機関である個人情報保護委員会は、従業員に対するモニタリングの実施について、次のような解釈を示している。

（個人情報保護法Q＆A）

A5-7　個人データの取扱いに関する従業者の監督、その他安全管理措置の一環として従業者を対象とするビデオ及びオンラインによるモニタリングを実施する場合は、次のような点に留意することが考えられます。なお、モニタリング

に関して、個人情報の取扱いに係る重要事項等を定めるときは、あらかじめ労働組合等に通知し必要に応じて協議を行うことが望ましく、また、その重要事項等を定めたときは、従業者に周知することが望ましいと考えられます。

○モニタリングの目的をあらかじめ特定した上で、社内規程等に定め、従業者に明示すること

○モニタリングの実施に関する責任者及びその権限を定めること

○あらかじめモニタリングの実施に関するルールを策定し、その内容を運用者に徹底すること

○モニタリングがあらかじめ定めたルールに従って適正に行われているか、確認を行うこと

　上記解釈では、「社内規程等に定め」るものとされているが、情報の取扱いについては、就業規則に定めるべき法定事項（労働基準法89条）には該当しないので、そのような社内規程には、労働者代表からの意見聴取や労働基準監督署への届出等は不要であると考えられる。

　なお、個人情報保護法上の義務に加え、労働者には就業時間外はもとより、たとえ出社中またはテレワークでの就業時間中であっても、プライバシーの権利が認められるため、その尊重が必要であることにも留意しなければならない。

3. 具体的なモニタリングの可否の検討

(1) 貸与 PC の使用状況のモニタリング

　たとえば、労働者に貸与しているパソコン等の情報機器の情報をリアルタイムで取得することは技術的に可能であり、使用しているアプリケーションやマウスの操作記録、キーストローク等までの情報も収集できるが、業務上の正当な必要性がないにもかかわらず収集することは不当なプライバシー侵害となりうる。もしそのような情報を収集する場合には、従業員にその必要性を理解させ、真意に基づく同意のもとで収集をすることが必要となる。

(2) PC カメラの情報

　PC カメラを遠隔操作し、情報を取得することも可能であるが、在宅勤務中の労働者の同意なくそのような情報を取得することは、特に在宅勤務中については、明らかにプライバシーの侵害として違法となる。また、労働者の同意によるとしても、業務上の必要性がないのに、バーチャル背景を使用させ

ずに常時カメラオンを求めたりすることも、不当なプライバシーの侵害として違法となるものと考えられる。

（3）社内システムを使用したメールの調査

社内システムを使用したメールの調査については、社内システムを使用した労働者個人の発する電子メールの調査がどこまで可能か、プライバシー保護の関係で問題とされた例がある。

❶社内メールのモニタリング

裁判例では、社内メールのモニタリングについて、「従業員が社内ネットワークシステムを用いて電子メールを私的に使用する場合に期待し得るプライバシーの保護の範囲は、通常の電話装置における場合よりも相当程度低減されることを甘受すべきであ」るとしたうえで「職務上従業員の電子メールの私的使用を監視するような責任ある立場にない者が監視した場合、あるいは、責任ある立場にある者でも、これを監視する職務上の合理的必要性が全くないのに専ら個人的な好奇心等から監視した場合あるいは社内の管理部署その他の社内の第三者に対して監視の事実を秘匿したまま個人の恣意に基づく手段方法により監視した場合など、監視の目的、手段及びその態様等を総合考慮し、監視される側に生じた不利益とを比較衡量の上、社会通念上相当な範囲を逸脱した監視がなされた場合に限り、プライバシー権の侵害となる」（東京地裁平成13年12月3日判決）とされた例がある。

この判決からすれば、業務遂行または社内秩序の維持の観点から合理的な必要性に基づいて行う社内サーバー内の電子メールのモニタリングは、社会通念上の相当性を逸脱しない限りにおいて認められるものと理解される。むろん、かかる調査が行われる可能性があることは、従業員に周知しておくべきである。

❷会社のファイルサーバーにある私用メールの調査

裁判例では、社内で誹謗中傷メールが送られた事件を調査する過程で、その送信者ではないかと疑われる労働者について、会社側が2回にわたる事情聴取で30分ないし1時間にわたって質問を行ったが、当該労働者が送信者であるとの疑いが払拭されなかったため、会社のファイルサーバーに保存されていた当該労働者の通信データを調査し、その結果大量の私用メールが発見されたため関係者にそれを閲覧させ、かつこれを本人に返還しなかったことについて、「会社が行った調査は、業務に必要な情報を保存する目的で被告

会社が所有し管理するファイルサーバー上のデータの調査であり、かつ、このような場所は、会社に持ち込まれた私物を保管させるために貸与されるロッカー等のスペースとは異なり、業務に何らかの関連を有する情報が保存されていると判断されるから、上記のとおりファイルの内容を含めて調査の必要が存する以上、その調査が社会的に許容しうる限界を超えて原告の精神的自由を侵害した違法な行為であるとはいえない」とし、また「上記調査目的に照らして、結果としては誹謗中傷メール事件にも、私用メール事件にも関係を有しない私的なファイルまで調査される結果となったとしても、真にやむを得ないことで、そのような情報を入手してしまったからといって調査自体が違法となるとはいえない」として、違法性はないものとしている（東京地裁平成14年2月26日判決）。

❸社内システムを使用したメールの調査

以上の判決例からすれば、社内システムを使用しての電子メールに関する調査については、合理的な必要性があれば、社会通念上の相当性を逸脱しない方法により調査をすることは可能であり、テレワークの場合であっても、社内のメールシステムを使用してのメールの送受信についての調査は、同様に許容されるものと考えられる。

(4) 個人的に利用するメールシステムの調査

一方、たとえば gmail など、個人で使用するメールについては、たとえその中に業務に関連するものが含まれている可能性があるとしても、データを無断で閲覧することはできない。

業務に関連するデータが含まれていると信じる合理的な理由がある場合は、労働契約に基づいて業務命令として開示を求めることができるにとどまるものと考えられる。これに合理的な理由なく応じない場合は、懲戒処分の対象とはできるが、それを超えて、本人の同意なく強制的に調査を行うことは、プライバシーの侵害だけでなく、電気通信事業法における通信の秘密を侵害することにもなるため、許容されない（電気通信事業法4条）。

(5) 位置情報

労働者に貸与しているモバイル機器の GPS 機能を使用して位置情報を取得することについても、プライバシーとの関係で配慮が必要である。

たとえば、従業員が当該端末を紛失したときに場所を特定したりするなどのために、その位置情報を確認することは問題ないが、その端末を保有する

労働者が在宅での勤務を行っているかを確認するために位置情報を用いるなどは、個人情報の取得にも該当することから、事前の明示が最低限必要である。また、そのような情報の収集は、業務上の必要性に基づき最低限度のものとするべきであり、これを超えて位置情報を収集することは、違法となると考えられる。

　この点については、使用者がナビシステムを使用して従業員の居場所を把握していた事案につき「早朝、深夜、休日、退職後のように、従業員に労務提供義務がない時間帯、期間において本件ナビシステムを利用して原告の居場所確認をすることは、特段の必要性のない限り、許されないというべきであるところ、（中略）で認定したとおり、Ｂは、早朝、深夜、休日、退職後の時間帯、期間において原告の居場所確認をしており、その間の居場所確認の必要性を認めるに足りる的確な証拠はないから、Ｂの上記行為は、原告に対する監督権限を濫用するもので違法であって、不法行為を構成するというべきである」とした裁判例（東京地裁平成24年５月31日判決）がある。

4．テレワークにおける就労状況の監視

　上記は、限界事例または明らかに違法となる事例だが、実際のテレワーク勤務の労務管理がこのような違法行為に該当しない場合であっても、過度の監視を行うことは、いわゆるマイクロマネジメントとして不適切なものとなりえることに注意が必要である。また、パワハラとして苦情の対象となることも多く、業務の効率化ではなくむしろトラブルを招きかねない。

　したがって、人事評価同様、目標値設定の明確化、成果に基づく評価の重視、公平・公正の観点に基づき、労使の間の信頼関係が構築できるような配慮が必要である。またそのようなことができない労働者には、テレワークを指示したり許可したりすることがないよう、規則の整備および運用に留意をするべきである。

第6　テレワークと副業・兼業

1．副業・兼業に対する政府方針

　兼業とは、複数の業務に従事することであり、副業とは、本業と別に副次的業務を持つことで、ニュアンスの違いはあるが、いずれも、雇用であるの

か、その雇用の形態がどのようなものであるのか、また請負・業務委託など自営業的な働き方であるのか等は問わないものとされる。

政府は、「働き方改革実行計画」（平成29（2017）年）の中で、「希望者は、原則として、副業・兼業を行うことができる社会にする」との目標を掲げている。そして、平成30年には「副業・兼業の促進に関するガイドライン」を策定し、その中で副業については届出で認めることができるとするモデル就業規則案を示している。このような政府の方針は、高齢化社会・人口減少に対する対策、経済活性化、多様なキャリア形成等をめざすものと考えられる。

2. 副業・兼業の実態

このような、政府の推進策がとられている中で、副業・兼業がテレワークとの関係でどのような問題があるのかを検討するにあたり、まずは、その実態について、独立行政法人労働政策研究・研修機構（JILPT）が実施し、令和5年9月に取りまとめた「副業者の就業実態に関する調査」から、副業・兼業がどのように行われているのかを見ていきたい。

①副業・兼業の理由

上記調査によれば、副業・兼業の理由としてもっとも多いのが、「収入の増加を目指す」（54.9％）である（複数回答）。そのため、本業が正社員で副業・兼業を行っている者はそれほど多くなく、収入で見ても、本業のみの者、および副業・兼業を行っている者の月収の対比からは、副業・兼業を行う者の本業収入は高くないことがうかがえる。しかしながら、副業・兼業収入を加えると月収で50万円を超える者も一定程度（13.1％）いることから、このような層は、収入のため以外の理由で副業・兼業を行っているものと推測される。

②副業・兼業希望状況

同調査の中で、今後副業・兼業したいと思うかについては、4割近くが副業・兼業の希望を持っているとされている。その理由としては、「収入を増やしたい」が多いが、複数回答で回答を求めたところ、「自分が活躍できる場を広げたいから」（19％）、「様々な分野の人とつながりができるから」（13.4％）、「現在の仕事で必要な能力を活用・向上させるため」（8.5％）など、収入以外の目的も掲げられている点が注目される。したがって個別状況によっては、副業・兼業が本業との関係でプラスになる場合も一定程度は認められるのではないかと考えられる。

③副業・兼業の就業形態

　副業・兼業の就業形態としては、「パートやアルバイト」（41.4％）が多いが、これ以外にも、「自由業・フリーランス・個人請負」（24.9％）や「自営業主」（9.1％）などもあり、これらは一定程度、在宅での仕事も行われているものと推測される。

④副業・兼業の仕事内容

　副業・兼業の仕事内容としては、「専門的技術的職業」（26.3％）が多いことが注目される。そのような職業においては、副業・兼業が本業に「大いに役立っている」（専門的・技術的職業で33.2％、管理的職業で33.4％）、「やや役立っている」（専門的・技術的職業で40％、管理的職業で34.7％）ことから、本業への貢献も一定程度あるとの認識がされていることがうかがえる。

⑤副業・兼業の頻度および就労場所

　副業・兼業の頻度は、「不定期または週の半分以下」が86.3％と多く、労働時間も、「週10時間未満」が49.2％と、約半分を占めており、「20時間未満」で見ると、75％程度となっている。

　副業・兼業を行う場所については、約3割が「自宅」または「自宅外で自分で用意した仕事場」としている。したがって、副業・兼業は短時間のものが多く、一定程度はテレワーク（在宅）で行われていると推測される。

⑥副業・兼業の届出状況

　副業・兼業を行っている雇用者のうち、15％については、社内で禁止されているにもかかわらず、副業・兼業を行っている状態であり、「会社に副業・兼業を知らせている」も4割程度でしかない。そして「会社に知られることは問題ない」が6割程度にのぼる一方で、「知られたくない」も3割を超えており、一定程度については、問題を認識しながら、雇用主に知られることなく副業・兼業を行っていることが見てとれる。

⑦調査結果から推測されること

　副業・兼業の問題を考えた場合、低所得のため収入増加をめざして副業・兼業を行うものが中心ではあるが、専門的・技術的な仕事や管理監督的な仕事についてもテレワークで行われており、それらは副業・兼業が本業に役立つとされる部分もあると推測される。しかし雇用者でありながら、会社に告げないまま、自宅で副業・兼業を行っている層も一定程度あることがうかがえ、また副業・兼業がテレワークで行われているところも一定程度あると推

測される。

　これらを踏まえて、副業・兼業について、どのような管理を行うべきであるのかを検討する。

3. 副業・兼業を認めるべきか

(1) モデル就業規則の規定

　厚生労働省の令和5年7月時点でのモデル就業規則においては、副業・兼業について次のような規定例を掲げている。

（副業・兼業）

第70条　労働者は、勤務時間外において、他の会社等の業務に従事することができる。

2　会社は、労働者からの前項の業務に従事する旨の届出に基づき、当該労働者が当該業務に従事することにより次の各号のいずれかに該当する場合には、これを禁止又は制限することができる。

① 　労務提供上の支障がある場合

② 　企業秘密が漏洩する場合

③ 　会社の名誉や信用を損なう行為や、信頼関係を破壊する行為がある場合

④ 　競業により、企業の利益を害する場合

(2) モデル就業規則の検討

　上記規定例では、副業・兼業ができることを規則上明示するとともに、許可制ではなく届出制とするものとされている。もちろん、業務に支障がある等の一定の場合に副業・兼業を禁止することができるとの規定を置くこととされているので、労働者が希望すれば全く自由に副業・兼業ができるとのスタンスには立っていない。

　しかしながら、このような規定ぶりとした場合、届出があった際にこれを禁止するためには、使用者側で問題点を指摘しなければならないことになる。ところが、どのような副業・兼業が行われるのかの詳細は、労働者からの申告がなければ知りえないところであり、また上述したとおり、使用者に申告せずに副業・兼業を行っている者も一定程度あるとの上記実態を踏まえた場合、労働者からの届出に基づいて、このような問題点の有無を使用者が調査・把握し問題を指摘できなければ副業・兼業ができてしまうのは、いささか使用者に酷ではないかと思われる。

したがって、副業・兼業は許可制とし、許可を受けるために、その希望する副業・兼業の内容を労働者側が積極的に開示する制度とすることが適切であると考えられる。そのような開示を求めても、問題のない副業・兼業であれば、労働者側としても支障はないはずであり、また使用者側も、副業・兼業の内容がどのようなものであり、本業との間で問題がないか否かを確認する機会が得られ、副業・兼業の適否をより適切に判断することが可能になると考えられる。

　なお、副業・兼業を許可するか否かを使用者側として判断するうえでは、副業・兼業の制限に基づく解雇を無効とした多くの裁判例もあるので、副業・兼業についての不合理な制約に関しては一定の制限があることを踏まえて、副業・兼業を希望する従業員と十分に話し合うべきである。なお、副業・兼業の内容について労働者側からの詳細な報告を受ける必要性は、労働時間管理の点からも要請されるところである。

4．副業・兼業の労働時間規制上の問題

　副業・兼業先が、本業同様に、雇用である場合が一定程度あることは前述のとおりである。その場合、労働基準法38条1項により労働時間の通算が行われるため、労働時間管理、特に残業割増手当支払いの必要性の有無および支給方法が問題となり、原則的に次のように処理されることになる。

（1）時間外割増手当の具体的計算方法

　まず、所定内労働時間を通算した結果、法定外労働時間が発生する場合には、その部分について、後に契約をした雇用主が残業割増を支払うべきとされる。次に、所定時間を超えて労働した部分については、本業および副業・兼業先での、それぞれの所定外時間を所定内時間と合算して、それが法定時間を超えた部分のうち、それぞれ自らが労働させた部分の時間外労働割増賃金を支払うべきとされる。これら計算の詳細は、厚生労働省が令和4年7月に改定した「副業・兼業の促進に関するガイドライン」（以下、「副業・兼業ガイドライン」という）および「副業・兼業の場合における労働時間管理に係る労働基準法第38条第1項の解釈等について」（令和2年9月1日基発0901第3号）が参考となる。

　この通達では、副業・兼業についての労働時間の通算および時間外割増手当の支払いにあたり、雇用契約締結の前後で所定労働時間を通算したうえで、

所定外労働時間は発生の順に通算をして、自らの事業場の労働時間制度における法定労働時間を超える部分のうち、自ら労働させた時間について、時間外労働の割増賃金を支払う必要があるものとする。ただし、この通算にあたっては、労働者からの申告等がなかった場合や申告にかかる労働時間が事実と異なっていた場合でも、労働者からの申告等により把握した労働時間によって通算すれば足りるものとするとともに、週の労働時間の起算日、または月の労働時間の起算日が副業・兼業先とで異なる場合であっても、自社の労働時間制度における起算日をもとに、そこから起算した各期間の労働時間を通算するものとして、副業・兼業先における労働時間とを通算して、法定労働時間を超える部分が、時間外労働となるとしている。

　しかし、時間外労働を通算する場合、他の就業における労働時間に関する情報の取得だけでなく、その計算について（労働契約締結の先後・所定外労働時間の発生順等）は、きわめて複雑となる。そこで上記通達では、「簡便な労働時間管理の方法」として、副業・兼業を行う労働者および副業・兼業先の企業との間で連携をはかり、労働時間管理および割増賃金の支払い方法について合意を行う場合の取決めの仕方などの具体例を示している。しかし、現実にそのような取決めを行える保証もなく、それにもかかわらず、時間外上限規制・時間外割増賃金支払い義務などの法的規制は厳格に適用されることになるため、副業・兼業の場合の時間管理はきわめて困難であるといわざるをえない。

　このような問題を考えた場合、副業・兼業の許可をどのように与えるかについては、正社員には副業・兼業を認めるとしても、雇用型のものは認めにくく、また本業に影響のないものであることの確認が必要であると考えられる。そこで、そのような場合に対処できる形での規則類の整備をすることが必要となる。

(2) 労働時間のみなしが適用される場合

　上記副業・兼業ガイドラインでは、管理監督者や高度プロフェッショナル制度適用対象労働者については、このような時間管理の外であり、労働時間通算の対象外であるとされている。

　本業で裁量労働制をとり、副業・兼業先が通常労働時間制をとっている場合、本業のみなし時間と副業・兼業の実労働時間の合算において法定労働時間を超過する場合は、副業・兼業の使用者に割増賃金の支払い義務があるも

のと考えられる。その限度では、本業の使用者は上記の問題を回避できるともいえるが、副業・兼業ガイドラインには事業場外のみなし労働時間制度を適用している場合の記載はない。そして事業場外のみなし労働時間制度のもとで、事業場内労働部分等の把握できる労働時間分については、そのみなし労働時間にプラスされると考えられるので、本業および副業・兼業においてみなし労働時間との合算により法定時間を超過する場合には、それぞれの使用者において、残業割増部分を支払うべきであると考えられる点に留意する必要がある。

5. 副業・兼業における安全配慮義務

　時間外割増支払い問題について処理ができたとしても、さらに長時間労働による健康被害は起こりうるのであり、使用者に安全配慮義務の問題が生じることはいうまでもない。これについて、「副業・兼業ガイドライン」でも、管理監督者について、労働時間通算の対象外としながら、健康管理の義務があることに念押しがされている。しかし、上述のとおり、副業・兼業の申告がなされないなど、使用者が事実を知りえない場合等のやむをえない事情がある場合には、使用者に責任を問うこともできないと考えられる。

（1）長時間勤務のメンタル問題についての裁判例

　これに関して、大阪地裁令和3年10月26日判決では、「兼業副業先との合計時間では、欠勤前4ヶ月以降、総労働時間が1ヶ月あたり約270時間になる月が連続しており、欠勤前1か月は303時間45分に至っており、長時間労働による労働者の健康障害の防止を図るべく労働時間の上限について定めた労働基準法32条の趣旨に照らし、問題のある状態が現出しているということができる」としたうえ、それぞれの会社が互いに問合せをするなどして、労働日数及び労働時間についてある程度を把握できる状況にあったことがうかがわれるとしたものの、このような長時間勤務については、当該労働者が積極的に希望して行っており、これについて、兼業先の社員から、労働時間を短くするように注意されていたにもかかわらず、自ら進んで長時間勤務を継続しており、また、使用者としても、他方の会社の労働契約関係に直接介入して労働日数を減少させることができる地位までは認められない」として、精神疾患を発症した労働者からの損害賠償請求に対し、安全配慮義務違反を否定して、請求を棄却している。

この判決に見られるとおり、副業・兼業の結果として発症した精神疾患に長時間労働との因果関係があり、労働災害となるとしても、それについて使用者の損害賠償責任を問うためには、使用者がそのような長時間勤務を認識できたか否か、認識できたとしてそれを是正することが可能であったのか否かを踏まえて判断されることが示されている。

(2) 会社の認識可能性

　このような判決の判断からは、在宅での雇用型テレワークの副業等により長時間勤務となり、精神障害を発症したような場合であっても、会社がそれを知りえなければ、会社の賠償責任は否定されるものと考えられる。

　逆に、副業・兼業の結果としての長時間勤務を容易に知りえたにもかかわらず、そのような注意義務を果たさず、またそれを認識しながら放置したとすれば、民事上の損害賠償請求責任が発生するものと考えられるのであるから、使用者側として合理的な配慮を行わなければならないことはいうまでもない。

6．テレワーク特有の問題とその対処

　テレワークにおいては、非対面での業務遂行であるがゆえに、就業時間外のみならず、時間中であっても、職務専念義務に違反しての副業・兼業をしやすい状況にあり、この点に通常勤務との違いがある。もちろん、前述したとおり、一定の制約があるとはいえ、業務遂行内容の報告・連絡・相談を求めるだけでなく、PC内容のモニタリング等も可能である。しかし、あまり詳細に報告を求め、また就労情報を取得することは、前述のとおりプライバシー侵害のおそれもあり、またマイクロマネジメントとならないのかについても問題がある。このような中で、副業・兼業における問題発生を防止するとともに、本業にも役に立つような形で、適正な副業・兼業が行われるように配慮しなければならない。

第7　テレワークにおける安全衛生、災害補償

1．労働安全衛生法の適用

　労働安全衛生法は事業場単位に適用され、テレワーカーの健康管理の責任は、その所属する事業場を管理する使用者にあるとされる。テレワークは事

業場外労働であるが、使用者はテレワーク従事者が所属する事業場において、通常勤務の労働者と同様に労働安全衛生法上の義務を負うこととなる。ただし、テレワークの中でも在宅勤務については、その就労場所が労働者の所有・賃借する労働者の住宅であるため、労働安全衛生法の義務の履行に特段の配慮が必要となる。

（1）労働安全衛生関係法令の適用

テレワークにおける労働安全衛生関係法令の適用に関して、新テレワークガイドラインは次のように述べている。

労働安全衛生法等の関係法令等においては、安全衛生管理体制を確立し、職場における労働者の安全と健康を確保するために必要となる具体的な措置を講ずることを事業者に求めており、自宅等においてテレワークを実施する場合においても、事業者は、これら関係法令等に基づき、労働者の安全と健康の確保のための措置を講ずる必要がある。

具体的には、

・健康相談を行うことが出来る体制の整備（労働安全衛生法第13条の３）

・労働者を雇い入れたとき又は作業内容を変更したときの安全又は衛生のための教育（労働安全衛生法第59条）

・必要な健康診断とその結果等を受けた措置（労働安全衛生法第66条から第66条の７まで）

・過重労働による健康障害を防止するための長時間労働者に対する医師による面接指導とその結果等を受けた措置（労働安全衛生法第66条の８及び第66条の９）及び面接指導の適切な実施のための労働時間の状況の把握（労働安全衛生法第66条の８の３）、面接指導の適切な実施のための時間外・休日労働時間の算定と産業医への情報提供（労働安全衛生規則（昭和47年労働省令第32号）第52条の２）

・ストレスチェックとその結果等を受けた措置（労働安全衛生法第66条の10）

・労働者に対する健康教育及び健康相談その他労働者の健康の保持増進を図るために必要な措置（労働安全衛生法第69条）

等の実施により、労働者の安全と健康の確保を図ることが重要である。その際、必要に応じて、情報通信機器を用いてオンラインで実施することも有効である。

なお、労働者を雇い入れたとき（雇入れ後にテレワークの実施が予定されているとき）又は労働者の作業内容を変更し、テレワークを初めて行わせるときは、テレワーク作業時の安全衛生に関する事項を含む安全衛生教育を行うことが重要

である。

　また、一般に、労働者の自宅等におけるテレワークにおいては、危険・有害業務を行うことは通常想定されないものであるが、行われる場合においては、当該危険・有害業務に係る規定の遵守が必要である。

　テレワーク特有の問題は、非対面であること、および労働者の住居など、その就労場所に係るところにあるので、上記指摘事項について、その個別具体的問題を見ていくこととする。

(2) テレワークを行う際の作業環境整備

❶在宅勤務以外のテレワークの作業環境整備

　サテライトオフィス勤務の場合、そのサテライトオフィスが事業場である場合には、事業主として労働安全衛生法の遵守が必要となり、また使用者が事業場でないシェアオフィス・レンタルオフィスをサテライトオフィスとして使用させる場合については、そのサテライトオフィスでの作業環境が適切なものであるのかどうかに配慮する義務がある。

　これに対して、いわゆるモバイル勤務として、労働者が自らの判断で、シェアオフィスやレンタルオフィスを使用する場合、または移動途中にモバイル勤務を行う場合などについては、使用者として作業環境を整えることは困難であるため、以下に述べる自宅における在宅勤務の場合に準じて、作業環境において適切に配慮することが求められるものと考えられる。

❷在宅勤務の作業環境整備

　在宅勤務の作業環境について、新テレワークガイドラインでは、以下のとおり、チェックリストの整備や手順が定められている。

(3) 自宅等でテレワークを行う際の作業環境整備の留意点

　テレワークを行う作業場が、労働者の自宅等事業者が業務のために提供している作業場以外である場合には、事務所衛生基準規則（昭和47年労働省令第43号）、労働安全衛生規則（一部、労働者を就業させる建設物その他の作業場に係る規定）及び「情報機器作業における労働衛生管理のためのガイドライン」（令和元年7月12日基発0712第3号）は一般には適用されないが、安全衛生に配慮したテレワークが実施されるよう、これらの衛生基準と同等の作業環境となるよう、事業者はテレワークを行う労働者に教育・助言等を行い、別紙2の「自宅等においてテレワークを行う際の作業環境を確認するためのチェックリスト（労働者用）」を活用すること等により、自宅等の作業環境に関する状況の報告を求めるとともに、必

要な場合には、労使が協力して改善を図る又は自宅以外の場所（サテライトオフィス等）の活用を検討することが重要である。

(4) 事業者が実施すべき管理に関する事項

　事業者は、労働者がテレワークを初めて実施するときは、別紙1及び2のチェックリストを活用する等により、(1)から(3)までが適切に実施されることを労使で確認した上で、作業を行わせることが重要である。

　また、事業者による取組が継続的に実施されていること及び自宅等の作業環境が適切に維持されていることを、上記チェックリストを活用する等により、定期的に確認することが望ましい。

　そして、「テレワークを行う労働者の安全衛生を確保するためのチェックリスト【事業者用】」として、「1 安全衛生管理体制について」「2 安全衛生教育について」「3 作業環境」「4 健康確保対策について」「5 メンタルヘルス対策」等、使用者の留意事項を具体的に示すとともに、「自宅等においてテレワークを行う際の作業環境を確認するためのチェックリスト【労働者用】」（従業員が自宅での作業環境を整備するうえでのチェックリスト）を定めている。

　これらは、安全衛生の観点のみならず、作業環境整備のうえでも非常に有益な内容となっており、積極的に活用することを考えるべきである。

2. 使用者のメンタルヘルス対策の留意点と配慮義務
（1）新テレワークガイドライン

　新テレワークガイドラインでは、作業環境の問題に加えて、自宅等でテレワークを行う際のメンタルヘルス対策の留意点にも言及している。

(2) 自宅等でテレワークを行う際のメンタルヘルス対策の留意点

　テレワークでは、周囲に上司や同僚がいない環境で働くことになるため、労働者が上司等とコミュニケーションを取りにくい、上司等が労働者の心身の変調に気づきにくいという状況となる場合が多い。

　このような状況のもと、円滑にテレワークを行うためには、事業者は、別紙1の「テレワークを行う労働者の安全衛生を確保するためのチェックリスト（事業者用）」を活用する等により、健康相談体制の整備や、コミュニケーションの活性化のための措置を実施することが望ましい。

　また、事業者は、事業場におけるメンタルヘルス対策に関する計画である「心

の健康づくり計画」を策定することとしており（労働者の心の健康の保持増進のための指針（平成18年公示第3号））、当該計画の策定に当たっては、上記のようなテレワークにより生じやすい状況を念頭に置いたメンタルヘルス対策についても衛生委員会等による調査審議も含め労使による話し合いを踏まえた上で記載し、計画的に取り組むことが望ましい。

（2）裁判例の検討

テレワークのメンタルヘルスの問題については、上記新テレワークガイドラインにおいて適切に整理がされていると考えられるが、まず第一にテレワークにおけるメンタルヘルス対策は困難な問題であると認識することが重要である。そして、これに適切に対処するために、継続的なマネジメントの教育などが重要であることが重ねて強調されるべきである。この点に関して、2件の裁判例を紹介する。

❶労働者からの申告がない場合でも免責されないこと

実際に問題が発生した場合の、使用者の行うべき配慮について、最高裁平成26年3月24日判決（東芝事件）は次のように述べている。

「上告人が被上告人に申告しなかった自らの精神的健康（いわゆるメンタルヘルス）に関する情報は、神経科の医院への通院、その診断に係る病名、神経症に適応のある薬剤の処方等を内容とするもので、労働者にとって、自己のプライバシーに属する情報であり、人事考課等に影響し得る事柄として通常は職場において知られることなく就労を継続しようとすることが想定される性質の情報であったといえる。使用者は、必ずしも労働者からの申告がなくても、その健康に関わる労働環境等に十分な注意を払うべき安全配慮義務を負っているところ、上記のように労働者にとって過重な業務が続く中でその体調の悪化が看取される場合には、上記のような情報については労働者本人からの積極的な申告が期待し難いことを前提とした上で、必要に応じてその業務を軽減するなど労働者の心身の健康への配慮に努める必要があるものというべきである。」

このように、使用者は、労働者からの申告がなくても、その健康にかかわる労働環境等に十分な注意を払うべき安全配慮義務を負っているとされており、本人の申し出がないからといって、配慮を怠ることがないよう、この問題に真摯に向き合うことが必要である。

❷過剰な干渉の問題

　これとの関連で、仮に事業場外みなし労働時間制度をとるにしても、時間管理以外の適切なコミュニケーションをどのようにはかるのかなど、きめ細かい配慮が必要であるが、あまりにコミュニケーションをとりすぎることが問題となる場合もある。たとえば、東京高裁平成28年2月25日判決（日本ヒューレットパッカード事件）の中で、原告を診察した医師が会社に提出した意見書では、次のように述べられていたことが指摘されている。

　「原告が標準的な作業環境で就労することには障害があると判断する。職場復帰において最大限の安全配慮を払うとすると、社員との接触を最小限にする作業場所であり、かつ、閉鎖空間ではないような環境を用意する必要があるが、現在の社内でこのような作業環境は存在しない。社内制度上では認められていないが、在宅で勤務するということも考えられる。」

❸使用者に求められる対応

　このように、メンタルに問題のある従業員について、テレワーク勤務をすることで、コミュニケーションが制限されることによるメリットを活かすことも考慮されうるところであるが、他方でテレワークについては、労働者と管理者との距離があることにより、メンタルの問題に気づきにくいとの問題もある。

　そして上述のとおり使用者には、従業員からの申告がなくても従業員の心身の健康への配慮に務める義務があることから、従業員のメンタル状況に関しての懸念がある場合には、専門家の助言も得ながら、早期かつ慎重に対応するべきである。

3. テレワーク中の労働災害

　労働基準法、労働安全衛生法の適用がある雇用型テレワーカーの場合は、長時間労働によるうつ病などの職業病や労働災害に関しても、通常の労働者と同様、使用者が補償責任を負い、またそれらは労災保険の適用対象となる。そして、そのような健康被害について、使用者に過失があった場合には、安全配慮義務違反として、損害賠償義務がある。

　ちなみに、労働災害については、厚生労働省の「テレワーク導入のための労務管理等Q&A集」に在宅勤務における労働災害の事例が記されており、「自宅で所定労働時間にパソコン業務を行っていたが、トイレに行くため作

業場所を離席した後、作業場所に戻り、椅子に座ろうとして転倒した事案。これは、業務行為に付随する行為に起因して災害が発生しており、私的行為によるものとも認められないため、業務災害と認められる」とされている。

　もちろん立証の問題などが残るが、理論的には、在宅勤務での事故も労働災害となる場合がありうる。この点について、新テレワークガイドラインでは次のように述べられているので、参考までに引用する。

　テレワークを行う労働者については、事業場における勤務と同様、労働基準法に基づき、使用者が労働災害に対する補償責任を負うことから、労働契約に基づいて事業主の支配下にあることによって生じたテレワークにおける災害は、業務上の災害として労災保険給付の対象となる。ただし、私的行為等業務以外が原因であるものについては、業務上の災害とは認められない。

　在宅勤務を行っている労働者等、テレワークを行う労働者については、この点を十分理解していない可能性もあるため、使用者はこの点を十分周知することが望ましい。

　また、使用者は、7（2）を踏まえた労働時間の把握において、情報通信機器の使用状況などの客観的な記録や労働者から申告された時間の記録を適切に保存するとともに、労働者が負傷した場合の災害発生状況等について、使用者や医療機関等が正確に把握できるよう、当該状況等を可能な限り記録しておくことを労働者に対して周知することが望ましい。

4．テレワークにおける通勤災害

　テレワークは、事業場外労働であるため、通常の労働者（オフィスに通勤する労働者）とは通勤の概念に違いが生じうるところであり、どのような場合が通勤とされるのかについては、テレワークの形態ごとの個別具体的な状況に関して、本章第3の3（4）で前述したところである。

　以下では、それに加えて、通勤経路からの逸脱・中断等、それらの適用に関する基本的考え方について、付加的に整理をしておきたい。

（1）通勤災害

　通勤災害とは労働者が通勤により被った負傷、疾病、障害または死亡をいい、この場合の「通勤」とは、

　「就業に関し、

　・住居と就業の場所との間の往復

・就業の場所から他の就業の場所への移動

・住居と就業の場所との間の往復に先行し、または後続する住居間の移動
（転任にともない配偶者等の居住する以前の住居との間の移動等）

を合理的な経路および方法により行なう、業務の性質を有するものを除くもの」
とされている。したがって、「在宅勤務→サテライトオフィス勤務→オフィ
ス勤務→帰宅の移動」の場合は、それぞれの移動が、上記の最初の2項目に
該当することから、原則として通勤災害の対象となる通勤とみなされる。

　上記にある「業務の性質を有するものを除く」とは、業務の性質を有する
移動は業務上災害となるからであり、出社命令や、サテライトオフィス間の
移動命令などに基づき移動を行っている場合には、その間の災害は、原則と
して労働災害に該当すると考えられる。また、そのような指示に基づく移動
でない場合であっても、移動途中のモバイル勤務による業務遂行中に事故に
あったときなどに業務上の災害となるかは、当該具体的な状況によりケース
バイケースで判断されることになる。

(2) 通勤経路からの逸脱・中断

　通勤途中で移動の経路を逸脱し、または移動を中断した場合には、①逸脱
または②中断の間、および③その後の移動は、「通勤」ではないとされる。
ただし、逸脱または中断が日常生活上必要な行為であって、厚生労働省令で
定めるやむをえない事由により行う最小限度のものである場合は、逸脱また
は中断の間を除き「通勤」となるとされている。

　具体的に省令に定められているものは、次のとおりである。

◆日用品の購入その他これに準ずる行為

◆職業能力開発促進法に規定する公共職業能力開発施設において行なわれる
職業訓練、学校教育法に規定する学校において行なわれる教育、その他こ
れらに準ずる教育訓練であって職業能力の開発に資するものを受ける行為

◆選挙権の行使その他これに準ずる行為

◆病院または診療所において、診察または治療を受けること、その他これに
準ずる行為

　なお、喫茶店などに立ち寄り、モバイル勤務を行った場合は、上記のいず
れにも該当しないため、それが逸脱または中断となるのか、それとも「就業
の場所から他の就業の場所への移動」に該当するかは、ケースバイケースで
定められるものと考えられる。たとえば、モバイル勤務を行うために喫茶店

などに向かっている途中での災害や事故であれば、これは原則として通勤災害になると考えられる。

　以上のとおり、通勤災害について、通勤経路の問題だけでなく、通勤経路からの逸脱・中断についても、テレワークの実態を踏まえた判断が必要となる点に留意が必要である。

第8　遠距離テレワークの裁判管轄

　通常勤務においては、勤務場所と住所地が日常の通勤圏内にあるのが通常であるため、雇用関係の紛争が発生した場合についても、その裁判管轄について問題となることは少ない。しかし、テレワークは事業場外勤務であり、就労場所が通勤可能圏にあるとは限らない。たとえば、遠方の就業場所に配属となった場合、単身赴任をする代わりに、テレワークで遠方の就業場所の勤務を行うことも可能である。逆に、従業員の Well-Being または優秀な従業員の引止めやリフレッシュによるモチベーションアップ等のために、当該従業員の選択で、きわめて遠方に住居を移すことを企業が許容し、普段はテレワークで仕事を行い、出社の必要がある場合には、出張と同様に取り扱うなどの事例もある。

　これらは、どれほど遠方であるにしても、テレワークが国内で行われる以上、その契約に適用される法律や各種の行政上の規制等の適用については、特殊な問題が生じることはない。しかし、解雇などの紛争が起こった場合は、その裁判管轄を、従業員の居住場所、就業場所のいずれとするのかといった問題が生じうる。

1．普通裁判籍を判断する場合の原則

　テレワーク関連訴訟に限らず、民事一般の訴訟管轄として原則となるのは、被告の住所地（普通裁判籍）である（民事訴訟法4条1項）。したがって、テレワーカーが使用者を訴える場合は使用者の住所地を、使用者がテレワーカーを訴える場合はテレワーカーの住所地を管轄する裁判所に対して訴えを提起すべきこととなる。

　被告が会社の場合には、普通裁判籍は、その主たる事務所または営業所とされ、事務所または営業所がないときは、代表者その他主たる業務担当者の

住所とされている（同条4項）。また、被告に主たる事務所・営業所以外にも事務所・営業所がある場合、特にその事務所・営業所における業務に関する訴えは、その事務所・営業所の所在地が特別裁判籍となる（民事訴訟法5条5号）ので、テレワークに関する紛争では、テレワークを行っている場所を事務所・営業所として、その場所を管轄する裁判所に訴訟を起こせるかが問題となりうる。

　しかし、モバイル勤務はいうまでもなく、在宅勤務であっても、勤務をしている自宅等を事務所または営業所とみなすことはできないと考えられるため、下記の事情がない限り、管轄を認めることは難しい。サテライトオフィスも、その実態により事務所もしくは営業所に該当するかが判断されると考えられるが、サテライトオフィスであることを理由として、そこに管轄があると考えるのは難しいであろう。

2. 賃金支払い債務の義務履行地

　賃金支払い請求等の財産権上の訴えは、義務履行地でも訴訟管轄が認められる（民事訴訟法5条1号）こととの関係で、賃金の支払い場所（賃金支払い債務の義務履行地）がどこかが問題となる。

　賃金支払い場所は、労働者が労務を提供する場所であるとするのが、その合理的意思に沿うものと考えられるため、通常勤務であれば、義務履行地は所属事業場の所在地となる。しかし、フルタイムでのサテライトオフィス勤務や在宅勤務の場合は、労務提供地はその就業場所とされるものと考えられる。そのため、使用者側から考えた場合、在宅勤務が遠方で行われている事案では、事務所や営業所から遠く離れた地の裁判所に管轄があるとして提訴され、それに応訴しなければならなくなることもありうる点に注意を要する。

3. 安全配慮義務違反や不法行為損害賠償請求

　ハラスメントや長時間労働を理由とする労災などについて、雇用契約に付随する安全配慮義務の違反を理由とする訴訟は、通常勤務の場合、義務履行地として労務提供場所に管轄がある。そのため、実態にもよるが、サテライトオフィス勤務や在宅勤務の場合は、それらの就業場所が義務履行地とされる可能性がある。

これに対してモバイル勤務は、事実上頻繁に利用されているカフェなどがあったとしても、その場所を義務履行地として管轄があるとすることは難しく、義務履行地としては、使用者の普通裁判籍所在地に管轄があるとされるものと考えられる。

しかし、それらの請求を、不法行為を根拠として行うのであれば、不法行為が行われた場所に管轄があるとされるため、在宅勤務やサテライトオフィス勤務では、それらの就業場所に管轄があるとされる場合がある。モバイル勤務も、特定のカフェなどがハラスメントなどの不法行為地であると認められるのであれば、その場所を管轄する裁判所にも訴訟管轄がある可能性がある。また、不法行為による損害賠償の義務履行地は、債権者である被害者の住所地と考えられるので、その観点からは、テレワーカーの住所地に管轄があるとされることが想定される。

これらに関しては、上述のとおり通常勤務の場合、従業員の住所地や勤務場所は通勤可能圏にあるので問題とはなりがたいが、テレワークでは、それらがきわめて遠方の可能性もあるため、問題となることがありうる点に注意が必要である。

第9 海外におけるテレワーク勤務

従前は、日本から海外出張する場合や、日本人の駐在員が海外の現地法人等に勤務する場合に、雇用に関する渉外問題が発生していたが、テレワークの普及により、これまでにはなかった新しい問題が生じうる。

1. 海外でのテレワーク勤務

海外におけるテレワーク勤務としては、次のような場合が考えられる。

(1) 日本で採用した従業員の海外でのテレワーク就労の場合

日本で雇用した従業員が配偶者の外国赴任にともない外国に居住することとなった場合等に、当該従業員の雇用を継続するために、海外に居住しながら日本の会社にテレワークでの勤務を認めることが考えられる。

この場合には、当該現地に自社の子会社や支店があり、そこで当該従業員を雇用する場合とは異なり、後述するとおり、テレワーク勤務を行う国の就労ビザや税務上で困難な問題が生じるほか、雇用に関する法規制遵守および

紛争が生じた場合の裁判管轄についても、国内とは異なる配慮が必要となるので、それらについて、現地関係法令に関しての十分な調査・対応が必要となる。

(2) ワーケーション等の場合

それでも、上記のように外国でテレワーク勤務をすることが明確な場合には、現地の法制度等、確認すべき事項が多いとはいえ、それに対応することは可能である。しかし、モバイル勤務やワーケーション等を無制限に認めるならば、従業員が外国旅行や外国滞在中に海外で仕事をすることも考えられる。その場合に、国内勤務と異なる問題が発生しうるにもかかわらず、これに気がつかないという事態も起こりうる。

したがって、そのようなことがないよう、モバイル勤務等のテレワークを認める場合には、テレワーク勤務の場所について事前に個別または包括的な許可を得ることを義務づけるなど、制度上の十分な配慮が必要となる。

(3) 外国での雇用およびテレワーク勤務

テレワークを活用し、外国に居住している労働者をその居住地で採用し、テレワーク勤務させることも可能である。

この場合、準拠法は当事者が指定できるものの、外国における労働については、日本の労働関係法令ではなく、労務を行う国の労働関係法令の規制に従うことになる。一般に労働関係法令は、従業員保護の観点から遵守が容易でない場合が想定されるので、外国におけるテレワークでは、雇用契約ではなく業務委託・請負での契約が望ましいと考えられるが、当該業務内容に関する現地法規制や就労形態によっては、業務委託等の自営型テレワーク契約はできないことも考えられる。

したがって、それらに関する現地の関係法令等については、現地の弁護士等の法律専門家に十分に相談することが必要となる。

2. 海外でのテレワーク勤務に関する法律問題

以下では、海外のテレワーク勤務に関する法律問題や裁判管轄について検討する。

(1) 現地での適正な就労ビザや納税の問題

国内採用の従業員が、たとえばワーケーションとして、海外に長期滞在しながらテレワークを行う場合や、配偶者の海外派遣に同行した従業員が、海

外からテレワークで業務を行う場合等は、渉外法律問題が発生しうる。この場合、最初に問題となるのは、そのように海外で居住して勤務をする場合に、当該現地において、適法な勤務ができるのかということである。

　就労ビザについては、滞在する国の使用者との契約に基づく就労を予定しており、海外に所在する使用者に対して労務を提供して収入を得ることは想定していない。したがって、そのような就労にふさわしいビザがないのが通常であり、このような場合に、海外で秘密裏に勤務を行うことは、現地の出入国管理法等に違反するおそれがあり、そのような従業員を雇用する事業主も、その違法行為に加担することになりかねない。また、そのような業務で得られる収入についても、滞在する国の居住者として納税をする義務が発生することが考えられるが、就労を現地政府に秘して行う場合に、これを適正に申告しないことも考えられ、その場合には、脱税の問題も発生しうる。

　このように、従業員がテレワークで海外において勤務を行う場合、現地で適法に勤務ができるのか否かについては、現地の法律の専門家に必ず確認をとることが必要となる。

(2) デジタルノマドビザ

　このような長期の滞在者について就労を認めるビザは、令和6年時点ではほとんどないが、近時韓国において、一定の要件のもとに、デジタルノマドビザ（ワーケーションビザ）として、一定以上の所得を証明できる海外からのテレワーカーが最長2年間、韓国に滞在してテレワークを行うことができるとのビザを試験的に導入していることが報道されている。これは同伴家族も申請が可能であり、このような流れが広がるとすれば、日本の従業員が域外で勤務をすることも多くなってくることが予想され、このような場合の法律問題への対応を準備しておくことが必要となる。

　この問題については筆者も、外国企業の従業員に同伴してきた配偶者から、本国の企業に専門職としてテレワークで業務を行うに関しての、日本国でのビザ取得の相談を受けた経験がある。日本人との婚姻をした者に与えられる配偶者ビザであれば、就労の制限はないものの、配偶者が外国人である場合には、就労制限を免れない。また、日本の企業への就労ではないため、通常の就労ビザは取得できない。したがって、その外国人の赴任者の配偶者として家族滞在ビザを取得し、「資格外活動許可」を取得することとなるが、この許可では、週28時間を超える労働はできないものとされており、本人が希

望するテレワーク勤務はできない状況であった。したがって、このような労働者を受け入れるには、わが国での法律の整備が必要となる。

(3) 雇用に関する法律の適用関係

このような、日本国内採用の従業員の海外での勤務のケースだけでなく、海外で採用した従業員の海外勤務の場合などで、解雇などの労働紛争が発生した場合には、準拠法がどの国の法律になるのかについて、次のように考えられる。

❶当事者の合意

わが国では、準拠法は当事者間で合意により選択することができる（「法の適用に関する通則法」7条）とされ、同様の取扱いがされる国は多いので、テレワークが海外で行われる場合には、契約に準拠法の定めを置くことを検討すべきである。

❷密接関係地

この選択がない場合には、「当該法律行為の当時において当該法律行為に最も密接な関係がある地の法による」（同法8条1項）ものとされる。そして、このような取扱いを行う国も多い。ここでいう「最も密接な関係がある地の法」とは、「法律行為において特徴的な給付を当事者の一方のみが行うものであるときは、その給付を行う当事者の常居所地法（その当事者が当該法律行為に関係する事業所を有する場合にあっては当該事業所の所在地の法、その当事者が当該法律行為に関係する二以上の事業所で法を異にする地に所在するものを有する場合にあってはその主たる事業所の所在地の法）」であり（同法8条2項）、テレワークが国外で行われる場合は、テレワークが行われる国の法律が準拠法になる場合が多いと考えられる。

❸労働契約の特例

なお、同法12条には「労働契約の特例」があり、テレワークが雇用型である場合、この特例の適用を受ける。したがって、テレワークによる労務が国外で提供されている場合、労働契約の成立および効力について、当事者間の労働契約で合意がされていない限り、労務を提供すべき地の法（その労務を提供すべき地を特定することができない場合にあっては、当該労働者を雇い入れた事業所の所在地の法）を当該労働契約にもっとも密接な関係がある地の法と推定して、その契約の準拠法とすることとなる（同法12条3項）。

しかし上述のとおり、通常はテレワークが行われる国の法律が「最も密接

な関係がある地の法」として適用されるので、この特例は確認的な意味しかないと考えられる。

❹雇用に関する強行規定

大きな違いがあるのは、労働契約の準拠法についての合意の効力に関する規定である。

わが国において、労働契約に関して準拠法を合意した場合、「労働者が当該労働契約に最も密接な関係がある地の法中の特定の強行規定を適用すべき旨の意思を使用者に対し表示したときは、当該労働契約の成立及び効力に関しその強行規定の定める事項については、その強行規定をも適用する」（同法12条1項）とされている。通常、日本法は労働者に対する保護が厚いと考えられ、特に外資系企業にあっては、使用者が日本法の適用の排除を試みることが多いものの、強行法規については、これが認められない場合が多い。

しかし、労務の提供場所が外国であるテレワーク勤務では逆に、テレワーク勤務を行う国の雇用保障は、日本よりも薄い場合が多いと考えられる一方で、きわめて雇用保障の厚い制度の国もある。ベトナムなどが該当するといわれているが、事業者側から考えると、テレワーク勤務が国際的にも拡大した場合には、準拠法を日本法とし、管轄を日本の裁判所としても、労働者がテレワーク勤務地の強行法規の適用を求める場合には、そのような、なじみのない法律を準拠法とした紛争が生じるリスクがあることになる。このように、労働契約について管轄に関する特則が置かれうることを考えると、準拠法についても当該テレワークが雇用型か自営型かで大きな違いが生まれる可能性がある点に注意をすべきである。

したがって、テレワーカーが海外で就労する場合の契約関係については、当該テレワークが雇用型か自営型かも踏まえ、管轄や準拠法の取扱いに関しても十分に注意をし、必要に応じて、専門家の助言を受けることが望ましい。

（4）労災

さらに困難な問題は、海外勤務の従業員に労働災害が発生した場合、たとえば長時間労働でのメンタルヘルスの問題、うつ病発症後の自殺の問題など深刻な労働問題に至ったとした場合の労働者災害補償保険法の適用関係である。

海外に居住している労働者を現地で採用し、現地でテレワーク勤務をしてもらう場合であれば、日本の労災補償制度ではなく、海外現地の労災補償制

度によることとなるが、日本国内で採用した従業員が海外で勤務する場合については、日本国内の労災補償制度の適用を受けることができる場合がある。これに関する制度は次のように整理される。

❶特別加入制度

労災保険は行政法律関係であって、原則的に属地主義的な考え方が当てはまるうえ、制度上その適用が事業場ごとに行われている関係で、国内事業場からの海外出張の場合と海外事業場での勤務のための海外派遣（赴任）の場合とでは、取扱いを異にすることとなる。

したがって、海外採用で海外勤務の従業員については、その採用・就労地の法律によることとなるが、日本からの出張の場合は、海外での傷病についても、原則として当該国内事業場での労災保険によりカバーされるものと考えられる。しかし日本からの派遣の場合は、域外の問題として、当該事業場が所在する現地制度による保護によるべきとされ、わが国の労災保険ではカバーされないことが原則となる。ただし、現地の法令による保護が十分でない場合もあることから、わが国の労働者災害補償保険法では、特別加入の制度が設けられており、海外赴任の場合であっても、事前に申請して承認を受ければ、わが国の労災保険が適用されることとなる。このような仕組みから、どのような場合に特別加入が必要となるのかは、比較的明らかなように思われるが、必ずしもそういえない場合がある。

❷特別加入制度を選択すべきかの基準

この問題について、次のような判決がある。

東京営業所海運部国際輸送課に籍を置き、同社の労務管理等に服し、海外派遣等の正式な辞令交付などはなく、海外出張者として、当該従業員の給与は日本本社が支払い、かつ同社が日本で労災保険料の納付を継続し、特別加入手続きは取られておらず、同社の上海営業所の代表および上海の100％子会社の総経理を兼務していた社員が、急性心筋梗塞で他界したため、その遺族が、当該死亡は出張中の労災であるとして、わが国の労災保険給付を申請した。

労働基準監督署はこれに対して、本件は出張ではなく海外派遣（赴任）であるので、日本の労災保険の適用対象外であり、したがって特別加入をしていない以上労災保険の適用はないとし、東京地裁でも、この判断が是認された（東京地裁平成27年8月28日判決）。これに対して、控訴を受けた東京高

等裁判所は、地裁判決を覆し、当該従業員には受注の可否や契約内容の決定権限はなく、見積書の内容を決定する権限もなく、東京営業所海運部の指示を仰ぎつつ業務遂行していたこと、自らの出勤簿を東京営業所業務管理課課長あてに毎月送付することを義務づけられていたこと、現地スタッフ採用の最終的権限を与えられていなかったこと、経理業務について、現地スタッフが管理部経理課に問い合わせながら行っていたことなどを認定して、当該従業員は海外出張者であったと結論し、特別加入手続きを経ずして日本の労災保険の適用対象となると判断をした。

　このように、出張であるのか赴任であるのか微妙な判断の負担を労働者側に負わせることは適当でないと考えられるが、現状制度においては、避けられない問題である。したがって、日本人従業員の海外での就労においては、このような点を慎重に考慮する必要がある。

　なお、海外におけるテレワーク勤務については、日本国内の会社との指揮命令関係が存続しているものと考えられ、この地裁・高裁の判決の論理を前提とする限り、特段の事情がない限り、特別加入制度によらず、日本で加入している労災保険補償の対象とすることができるものと考えられる。

3. テレワーク関連訴訟の管轄等

　海外におけるテレワーク就労については、上記のような適用法規や労災補償の問題以外に、通常勤務の場合とは異なる訴訟管轄も問題となりうる。

(1) 国際裁判管轄

❶海外で就労するテレワーカーに関する訴訟の管轄

　テレワークが海外で行われているケースにおいては、それが日本から出張・派遣された日本人の従業員であれ、外国人の現地採用の従業員であれ、外国での業務委託従事者であれ、テレワークに関する法的紛争が生じた場合には、海外で訴訟が提起される可能性がある。

　外国企業の従業員に関する訴訟について日本国内裁判所にも管轄があるか否かは日本国民事訴訟法の規定によることとなるが、これと同様に、テレワーカーが勤務する海外現地の裁判所に管轄があるか否かは、勤務地である外国の管轄に関する法律の定めにより決まることとなる。

　たとえば、日本国内においては、民事訴訟法3条の4第2項で、労働関係に関する紛争について「労務の提供の地（その地が定まっていない場合にあ

っては、労働者を雇い入れた事業所の所在地）が日本国内にあるときは、日本の裁判所に提起することができる。」とされており、使用者が海外にいる場合であっても、日本国内で法的手続きを進めることができるとされている。これと同様に、海外でのテレワークについては、海外現地に訴訟提起できるとされる可能性が高いと考えられる。したがって、テレワーク就労を海外で行うことを認める以上は、それに関する紛争が提起された場合、海外で応訴しなければならないリスクがあることを十分に踏まえておくべきである。

❷海外で就労していることに気づかないリスク

日本採用で、日本においてオフィス勤務をしていた従業員に海外でのテレワーク勤務を認める場合であれば、通常は勤務場所の確認をすると考えられるので、使用者が知らない間に海外で勤務されていたといった事態は考えがたい。しかし、自営型のテレワークについては、その契約締結（業務の依頼）自体が情報通信機器を通じて行われるなど、契約時点で、契約者の居住地を確認しない場合も生じうる。すると、同じ会社で、同種の業務に在宅で従事する日本人テレワーカーの居住地が、日本国内ではなく海外にあり、海外で訴訟提起され訴訟手続きが海外で進行する事態も生じうる。

たとえば海外の企業にソフトウエア開発の業務委託をしている事例を考えてみると、その開発業務に関する紛争が発生した場合に、開発地である外国に裁判管轄があるとされることに違和感はないだろう。そして、ソフトウエア開発契約等では、訴訟管轄についてそのようなリスクを踏まえた対応がされているものと考えられるが、これと同様に海外で就労するテレワーカーを使用する場合は、海外において訴えられるリスクについても、同様に考えておかねばならないということである。

（2）管轄に関する合意の有効性

このように海外で訴訟を提起されるリスクに対して、雇用契約や業務委託契約において、日本国の裁判所に専属管轄があるものと合意しておくことも考えられる。しかしわが国の例で見ると、雇用契約の場合は、民事訴訟法 3 条の 7 第 6 項 2 号により、個別労働関係民事紛争に関しては、管轄に関する事前の合意については、労働者側の協力がなければ効力がないとされている。なお、このような特別な取扱いは、労働契約についてのものであるため、テレワークが自営型であると適用されない。そのため、ここでも、当該テレワークが自営型か雇用型かの区別が重要になる。

(3) テレワークに関する渉外法律関係への対策

　近時、海外現地に居住する外国人と、情報通信機器を通じ、IT 関係の業務等を委託する契約を締結するようなケースが増えているが、それが本当に業務委託として、自営型テレワークになるのか、現地の法律で雇用型テレワークとみなされることはないのか等、紛争の場合の管轄を決定する前提としても、契約に関する法規制を確認する必要がある。

　これらについては、もちろん、当該現地の法律家の助言を得ることが必要になる。そのような手間を省いて、日本での常識のみで進めた場合には相応のリスクがあることを覚悟しなければならない。テレワークにおいては、海外の労働力を使用できるメリットがあるとともに、それにともなう渉外法律問題のリスク管理が重要になる。

Ⅳ章
自営型テレワークの法規制と課題

本章の概要

　ここまでは、雇用型テレワークを中心に検討を進めてきたが、本章では、雇用型テレワークと自営型テレワークとの法規制の違いおよび自営型テレワークと雇用型テレワークとの区別をどのように行うのかについて整理を行う。

第1　契約形態（就業実態）による法規制の違い

1．雇用型テレワーク

　雇用型テレワークは、通常勤務とは異なる事業場外の就労であり、それによりテレワーク特有の問題が生じるにしても、あくまで労働契約下での就労形態のひとつである。したがって、労働基準法、労働安全衛生法などの、時間・賃金に関する規制を中心とする各種労働条件についての規制である労働基準関係法令が、通常の雇用契約関係にある場合と同様に適用される。さらに、労働契約法やパート・有期雇用労働法などの労働関係法令による解雇制限、労働条件の不利益変更の禁止等に加え、同一労働同一賃金の原則等も、通常の勤務形態の場合と同様に適用され、労働組合法の保護も当然に及ぶ。

　このように、雇用型テレワークについては、労働者保護の見地から、労働条件内容の最低限度の保障、厳しい解雇制限や不利益変更の禁止などの手厚い保護が、労働関係法令に基づいて、行政的・司法的に与えられている。

2．自営型テレワーク

（1）雇用型テレワークとの違い

　これに対して自営型テレワークは、雇用型テレワークと類似の働き方をする事例がありえるにもかかわらず、上記労働関係法令は適用されない。その結果、業務の依頼主との経済的な力の格差がある場合でも、対等な当事者間

の契約関係を規律する契約自由の原則が、基本的には、そのまま当てはまることとなる。

　これについては、「下請代金支払遅延等防止法」（下請法）が代金の支払い遅延や不当な減額などを規制し、また一定の範囲の請負業務や委託業務については、「家内労働法」が代金の支払いや就業条件に一定の制限を加えており、契約内容の適正化のために「消費者契約法」の適用も考えうるものとされているが、雇用の場合と比較した場合、その保護は不十分なものであった。

　このような法規制のもとでも、専門性の高い自営型テレワーカーであれば自力で適正な待遇を確保できるが、単純労働に類するような競争力の乏しい自営型テレワーカーは、注文主の横暴により、適正な待遇を得ることができない場合が考えられる。したがって、就労者・生活者の立場から見れば、上記の労働関係法令と比較して、保護の面で、はなはだ不十分といわなければならなかった。

(2) 司法および立法による対策（フリーランス新法）

　他方で、このような問題は、テレワークの普及により新たに生じたものではなく、古くから議論されてきたところであり、このような個人自営業者に対して、労働・雇用関係法令をどこまで拡張適用できるかについては、後述のとおり種々の裁判例が積み重ねられてきているため、テレワーカーを使用するうえでは注意が必要である。

　厚生労働省も、平成30年2月に「自営型テレワークガイドライン」を改定し、自営型テレワーカーの募集、契約内容等について留意事項を定めるなどして、自営型テレワーカーの適正な待遇の確保をはかろうとしてきた。そして、テレワーカーを含めた個人の業務受託者に対する業務委託に関して、令和5年4月28日に「特定受託事業者に係る取引の適正化等に関する法律」（フリーランス新法）が成立し、同年5月12日に公布され、令和6年11月1日に施行される予定となっている。

3. 自営型テレワークガイドラインおよびフリーランス新法
(1) 自営型テレワークガイドラインの内容と限界

　自営型テレワークガイドラインは、自営型テレワークの業務に関し、注文主が守るべき事項として、募集内容の明示、契約条件の文書による明示等を定め、また契約条件の適正化として、支払い期日や契約条件変更の要件や成

果物に関する具体的説明等を定めるとともに、個人情報の取扱いや苦情の自主的解決等、広範囲の事項について定めを行っている。しかしながら、あくまでガイドラインであり、これには強制力がないことから、保護として弱いものであるといわざるをえない。

(2) フリーランス新法の規律内容

　一方、フリーランス新法は、テレワークであるか否かにかかわらず、業務委託を受ける個人を特定受託事業者とし、これに対して物品の製造（加工を含む）または情報成果物の作成、および事業のための役務を発注する業務委託事業者については、従業員を使用するものまたは法人を、特定業務委託事業者とし、取引適正化の措置として、契約内容の書面または電磁的方法による明示を義務づける（同法3条）とともに、給付を受領した日から、60日以内の支払いを行わなければならない（同法4条）ものとし、また、正当な理由のない給付の受領拒否や報酬減額等の行為を禁止（同法5条）するものとしている。

　そして、この取引適正化の措置のほか、就業環境の整備として、募集情報について、虚偽表示の禁止、正確かつ最新の内容に保つ義務（同法12条）や、各種のハラスメント行為の禁止（同法14条）なども定められている。さらに、継続的な業務委託の場合については、育児・介護等と両立して業務委託を行えるよう、妊娠、出産もしくは育児、または介護に対する配慮をすべき（同法13条）ものとされ、中途解除する場合には、30日前に予告をしなければならない（同法16条）などの義務が課せられている。そして、これらの義務の遵守に対して、公正取引委員会、中小企業庁長官、厚生労働大臣により、違反行為についての助言、指導、報告徴収、立入り検査、勧告、公表、命令等を行うことができるものとされ、この命令違反や検査拒否等に対しては50万円以下の罰金が科され、あわせて法人との両罰規定も定められている。

　したがって、自営型テレワーカーを含むフリーランサーに対して、自営型テレワークガイドライン以上に実効性のある保護を与えるものとなることが期待されている。

(3) 今後の課題

　しかしながら、契約の解除については、30日前の予告の義務のみであり、雇用契約のように、契約解除に正当理由が必要とされるわけではないため、なお雇用契約関係の場合とは保護水準に大きな開きがある。そのため、後述

するように、継続的な業務委託契約が実質的な雇用契約であると主張され、法的な紛争とされるおそれは残されている。

また、Uber Eats の配達員等のいわゆるプラットフォームワーカー（ギグワーカー）については、消費者からの注文を受けて配達を行うものであるため、このフリーランス新法の適用対象には含まれていない。このようなプラットフォームワーカーが労働法上の保護を受けられるのか否かは、Ⅱ章第2の3で前述したとおり、現在なお法的な紛争が存在するとともに、世界的にも、立法化などの対応が継続的に行われているところである。

第2　雇用型テレワークと自営型テレワークの違い

そこで、その規制に関して上記のとおり大きな違いのある雇用型テレワークと自営型テレワークとの区別について検討する。

雇用型テレワークと自営型テレワークの違いを一言で表すなら、「その契約形態が労働・雇用契約によるものか、準委任（業務委託契約）や請負契約などの労働契約以外によるものか」である。ただし、その区別はそれほど単純明快なものではない。

1. 区別の基準
（1）労働契約関係か、請負・準委任（業務委託）契約かの区別

その契約が労働・雇用契約であるのか、請負・準委任（業務委託）契約であるのかという問題は、たとえば契約書の名称が「雇用契約書」とされていれば雇用契約、「業務委託契約書」となっていれば準委任契約、などと契約書のタイトルで決められるものではなく、当該就労形態についての当事者間の合意がどのようなものであるのかによって決まる。そして、そのような合意が書面により明確にされていない場合や、契約書面記載内容と実態とが異なる場合には、現実の就労状況により決められることになる。

そのため、個別の契約が労働・雇用契約であるのか、労働・雇用契約以外の請負・準委任（業務委託）契約などであるかは、その就業実態まで含めて考えなければ、結論を出せないことが多い。そしてこの問題は、テレワークに限らず、役務（労務）提供契約には等しく生じうるものであるため、裁判例などにより、過去からの判断の積み重ねがなされている。

(2) 労働者性に関する2つの側面

そこでの議論は、個別の就労契約関係が労働・雇用契約であるのか、請負・準委任（業務委託）契約であるのかといった選択的な議論ではなく、当該契約関係に適用される労働関係法令の種類ごとに、当該契約関係を労働・雇用契約として、当該関係法令の適用対象とできるか否か等に関して個別に検討されることになる。

その適用法令のグループは大きく以下の2つに分けられる。

◆労働時間や賃金に関する労働基準法関係の法令の適用問題、解雇制限などに関する労働契約法の適用問題

◆労働組合法などの集団的労使関係に関する法令の適用問題

まずは、労働時間や賃金に関する労働基準法関係の適用問題から検討するが、以下に見るとおり、限界事例については、諸般の事情を総合して慎重に判断をすることが求められる。したがって、その基本的な理解のために、以下では、裁判例などを踏まえて、考慮するべき要素を取り上げていきたい。

2. 労働基準法および労働契約法上の労働者性

労働者概念について労働基準法は、「職業の種類を問わず、事業又は事務所（以下「事業」という。）に使用される者で、賃金を支払われる者」であると定義している。そして、労働安全衛生法[5]、最低賃金法[6]では、その適用対象となる労働者は、労働基準法上の労働者と同じであると規定されているので、これらの法律における労働者性は、共通のものと考えられる。また労働契約法では、その2条1項で「この法律において『労働者』とは、使用者に使用されて労働し、賃金を支払われる者をいう。」と定めており、基本的に労働基準法と同じ「労働者」の定義を採用していると考えられる[7]。

この労働基準法上の労働者性を判断する一般的な基準を論じたものに、労

---

5 労働安全衛生法2条1項2号は次のように規定している。
　「第二条　この法律において、次の各号に掲げる用語の意義は、それぞれ当該各号に定めるところによる。
　二　労働者　労働基準法第九条に規定する労働者（同居の親族のみを使用する事業又は事務所に使用される者及び家事使用人を除く。）をいう。」
6 最低賃金法2条1項1号は次のように規定している。
　「第二条この法律において、次の各号に掲げる用語の意義は、当該各号に定めるところによる。
　一　労働者　労働基準法（昭和二十二年法律第四十九号）第九条に規定する労働者（同居の親族のみを使用する事業又は事務所に使用される者及び家事使用人を除く。）をいう。」

働大臣の私的諮問機関である労働基準法研究会が昭和60年12月19日付で報告した「労働基準法の『労働者』の判断基準について」と題する文書がある。また司法判断としては、後述のとおり、労働基準法上の労働者や、それと同義である労働者災害補償保険法上の労働者の該当性が争点となった事件等に関する複数の最高裁判決がある。

　そこでまずこれらの内容を整理し、そのうえでテレワークにおける労働基準法の適用関係を確認したい。

（1）労働基準法上の「労働者」の判断基準

　労働基準法研究会報告では、労働基準法の適用対象である労働者は、「使用される＝指揮監督下の労働」という労務提供の形態、および報酬の「賃金支払い」という労務に対する対償性（すなわち、報酬が、提供された労務に対するものかどうか）によって判断されるとして、この2つの基準を総称して、「使用従属性」と呼ぶこととしている。しかし現実には、指揮監督の態様および程度の多様性、報酬の性格の不明確さなどから、「指揮監督下の労働」なのか、「賃金支払い」があるかについて明確性を欠き、労働者性を判断することが困難な場合があるため、「専属度」「収入額」などの諸要素をも総合的に考慮し、労働者性の有無を判断せざるをえないとする。そして、学説や裁判例を検討し、次のように整理している。

❶使用従属性に関する判断基準

　使用従属性の有無を判断する要素としては、

◆指揮監督下の労働といえるか

◆報酬が労務対償性を有するといえるか

7　厳密にいえば、労働基準法と労働契約法等で使用者概念は異なっている。労働基準法は、10条で「この法律で使用者とは、事業主又は事業の経営担当者その他その事業の労働者に関する事項について、事業主のために行為をするすべての者をいう。」と定めており、使用者に、「事業主」として労働契約の当事者である法人や個人事業主だけでなく、「経営担当者」として、それらの役員や支配人など、さらには「事業主のために行為する者」として、労働基準法が規定する事項について現実に使用者としての権限を行使する者（たとえば工場長や部課長など）などを含んでいる。そして最低賃金法は、この規定を最低賃金法の使用者概念に流用している（同法2条1項2号）。
　これに対し労働契約法は、2条2項で「この法律において「使用者」とは、その使用する労働者に対して賃金を支払う者をいう。」と定めており、契約当事者である事業主以外の者は含まれていない。この点は、労働安全衛生法でも同じであり、労働安全衛生法2条3号では事業者について、「事業を行う者で、労働者を使用するものをいう。」と規定し、労働契約法と同じ狭い概念を使用している。

を考え、以下の点を具体的に検討すべきである。

〔「指揮監督下の労働」の判断基準〕

　労働が他人の指揮監督下で行われている、すなわち他人に従属して労務を提供しているかどうかに関する判断基準としては、たとえば、

◆仕事の依頼、業務従事の指示等に対する諾否の自由がある場合には、指揮監督下にあるとはいいがたいとする要素となる

逆に、

◆業務の内容および遂行方法に対する指揮命令がなされていると認められる場合には、それが指揮監督下にあると判断される要素となる

さらには、

◆使用者の命令、依頼などにより通常予定されている業務以外の業務に従事することがある場合には、使用者の一般的な指揮監督を受けているとの判断を補強する重要な要素となる

また、

◆勤務場所および勤務時間が指定され、管理されている場合には、指揮監督下にあると判断される要素となり、

◆本人に代わって他の者が労務を提供することが認められているのであれば、指揮監督下にあるとはいいがたい

とされる。これら種々の要素を考慮して、指揮監督下にあるか否かが判断される。

〔「報酬の労務対償性」の判断基準〕

　使用者の指揮監督下での労働に対する報酬は賃金というべきであり、主要な判断基準は指揮監督下にあるか否かではあるが、この賃金の側面からも、

◆報酬が時間を基礎として計算されるなど労働の成果による賃金額の差が少ない場合

あるいは

◆欠勤した際は応分の報酬が控除され、残業をした際は通常の報酬とは別の手当が支給されるなどの場合

は、報酬の性格が、「使用者の指揮監督のもとに一定時間労務を提供していることに対する対価」と判断されやすくなる。したがってこのような状況があれば、「使用従属性」を補強する事情となる。

❷労働者性の判断を補強する要素

　労働者性は、以上の諸要素を考慮して決定されるものであり、必ずしも一義的な明確さはない。そのため労働基準法研究会報告はさらに以下のような労働者性判断の補強要素も考慮したうえで、労働者性を判断すべきであるとしている。

〔事業者性の有無〕

　当該就労者に、以下のような点から事業者性が「ある」とされれば、労働者性を否定する要素となる。まず、

◆機械、器具の負担関係について、相当程度の高価な物を、役務提供者が役務の提供において自己負担で準備をする場合

は、事業者性があるものと考えやすく、労働者性を否定する要素となりうる。また、

◆報酬の額が、同じ企業内で同様の業務に従事している正規従業員に比して著しく高額な場合

には、（機械、器具の負担関係などとも関連するものとされるが）当該報酬は労務提供に対する賃金ではなく、自らの計算と危険負担に基づき事業経営にあたる「事業者」への報酬支払いと認められやすく、労働者性を弱める要素となると考えられる。そのほか、

◆業務遂行上の損害に対する責任を負う場合

◆独自の商号使用が認められているなどの場合

も、事業者としての性格を補強する要素になりうる。

〔専属性の程度など〕

　他社の業務に従事することが制度上制約され、時間的余裕がなく事実上困難な場合も、労働者性を補強する材料とされている。また、報酬に固定給部分がある、あるいは業務の配分等により事実上固定給となっている、さらには、その額も生計を維持しうる程度のものであるなど、報酬に生活保障的な要素が強いと認められる場合も、労働者性を補強する材料となる。

〔その他〕

　労働基準法研究会報告では、「使用者」が当該就労者を自らの労働者と認識していると推認される事情が、労働者性を肯定する判断の補強事由となりうるものとされ、その例として以下のような事情が示されている。

◆採用、委託等の際の選考過程が正規従業員の採用の場合とほとんど同様で

あること

◆報酬について給与所得としての源泉徴収を行っていること

◆労働保険の適用対象としていること

◆服務規律を適用していること

◆退職金制度、福利厚生を適用していること

(2) 労働基準法上の労働者性についての裁判例

　労働基準法上の労働者性に関する公的な研究会での一般的な基準は上記のとおりであり、そこでは、古くから種々の裁判例を踏まえた検討がされている。そこでそのような一般的基準の基礎となるものとして、実際にどのような事案が争われたかを、いくつかの最高裁判所の事例で見てみたい。

❶浜南労基署長（旭紙業）事件

　自己所有のトラックを使用して、会社の指示に従って製品等の輸送に従事していた運転手が災害を被ったことに対して、当該運転手が、自分は自営業者ではなく、労働者災害補償保険法上の労働者であるとして労災保険給付を請求した事案である。

　最高裁判所は、当該運転手は業務用機材であるトラックを所有し、自己の危険と計算のもとに運送業務に従事していたものであるうえ、注文主は、運送という業務の性質上当然に必要とされる運送物品、運送先および納入時刻の指示をしていた以外には、当該運転手の業務の遂行に関し、特段の指揮監督を行っていたとはいえず、時間的、場所的な拘束の程度も、一般の従業員と比較してはるかに緩やかであり、当該運転手が使用者の指揮監督のもとで労務を提供していたと評価するには足りないとして、当該運転手は労働基準法上の労働者とはいえないとした（最高裁平成8年11月28日判決。この事案で地裁は労働者性を肯定したが、高裁では労働者性はないとされていた）。

❷関西医科大学研修医（未払賃金）事件

　医師国家試験に合格し、大学附属病院において臨床研修を受けていた研修医が、最低賃金法所定の最低賃金額を下回る金員しか支払われていないとして、最低賃金額と受給金額の差額、およびこれに対する遅延損害金の支払いを求めた事案である。

　最高裁判所は、「研修医がこのようにして医療行為等に従事する場合には、これらの行為等は病院の開設者のための労務の遂行という側面を不可避的に有することとなるのであり、病院の開設者の指揮監督の下にこれを行ったと

評価することができる限り、上記研修医は労働基準法9条所定の労働者に当たるものというべきである」として、本件では、当該研修医は、本件病院が「定めた時間及び場所において、指導医の指示に従って」「本件病院の患者に対して提供する医療行為等に従事していたというのであり」、これに加えて本件病院は、当該研修医に対して「奨学金等として金員を支払い、これらの金員につき給与等に当たるものとして源泉徴収まで行っていた」という事情があるので、当該研修医は労働基準法上の労働者であるとしている（最高裁平成17年6月3日判決。地裁および高裁も労働者性を肯定）。

❸藤沢労基署長（大工負傷）事件

　作業場を持たずに1人で工務店の大工仕事に従事する形態で稼働していた上告人について、労働者性が問題となった事案である。

　最高裁判所は、上告人の大工の業務内容についていくつかの要素を取り出して検討している。そして、当該大工には、

◆当該工務店から寸法、仕様等にある程度細かな指示を受けていたものの、工法や作業手順を自分で選択できた

◆作業の安全確保や近隣住民に対する騒音、振動等への配慮から所定の作業時間に従って作業することが求められていたものの、事前に現場監督に連絡すれば、工期に間に合う限り、連絡のうえ、仕事を休んだり、開始終了時刻を自由に選択できた

◆この当時当該工務店以外からの業務をしてはいなかったが、他の工務店等の仕事をすることを禁じられていたものではなかった

◆報酬の取決めは完全な出来高払い式が中心とされ、当該工務店の従業員の給与よりも相当高額であった

◆当該工事においてのみ使用する特殊な工具は別として、一般的に必要な道具一式を当該大工が自ら所有し持ち込んでいた

などの事情があるので、当該大工は労働基準法上（労働安全衛生法上）の労働者ではないとの結論が示された（最高裁平成19年6月28日判決。地裁および高裁も労働者性を否定）。

　労働者性に関する上記労働基準法研究会報告の基準は体系的に整理されているが、労働基準法上の労働者性に関する裁判所の判断を見ると、具体的な事例においては、上記基準の中で該当するものを個別に慎重に検討しながら、それらに関する事実関係、基準としての検討要素の重要性などを分析し、結

論を導いていることがわかる。

　ここで取り上げたのは比較的新しい最高裁判所の判例であるが、これらの背後には、きわめて多くの下級審の判例がある。現実に問題が生じた場合には、このような過去の適用事例における判例の考え方などを参考にしながら、上記の研究会報告でまとめられた基準を個別の事案に当てはめて結論を導いていくことになる。それはテレワーカーの労働者性の有無について問題が発生した場合も同様である。

　そして、これらの判断がいかに難しいものであるかは、それらの紛争が最高裁判所まで争われたということからも理解できる。

　さらにテレワーカーの労働者性の有無については、その特殊性も踏まえた判断が必要となるので、これまでとは異なる考慮も必要である。

（3）テレワークの場合の問題状況

❶問題の所在

　テレワークに限らず、労働者性が問題となる状況としては、使用者が、その契約関係は請負・準委任（業務委託）契約であると考えていたところ、解約などの際に労働者側から、この契約関係は雇用関係であり、契約関係の終了（解雇）は制限されると主張される場合などがあげられる。具体的には、たとえば、当事者の間では、自営型テレワーカーとして業務委託契約を締結していても、注文主との間に長期間専属的な関係があり、また業務内容への細かな指示がされており、さらに報酬の支払いにおいても、時間賃金として、相当期間、同額の支払いが継続されている場合などについては、実態は雇用契約関係にあるテレワーカーであるとして、労働関係法規の適用が認められるなどの事例が考えられる。

　もちろん、これとは逆に、雇用型テレワーカーとされているものが、自営型テレワーカーであると争われる場合も考えうる。たとえば、フルタイムの完全なテレワークで、裁量労働制であり、さらに副業も認められ、かつ、きわめて専門性が高く、報酬も高額に及ぶようなものは、雇用契約として契約を締結していたとしても、その実態として請負・準委任（業務委託）契約の性格が強くなると考えられ、これに対して就業規則を適用して配置転換や業務変更を行おうとしたところ、労働契約関係ではないので業務命令権はないと主張されるなどの事例が考えられる。

　しかし、雇用型テレワーカーのほうが就労者に対する保護が厚いことから、

テレワーカーの側から自営型であると主張することは一般には考えがたい。したがって、事業者にとって懸念されるのは、「それまで自営型テレワーカーと考えていたものが、実態は雇用契約である」と争われる上記の場合であり、テレワーカーから役務の提供を受ける側である事業者は、その点の疑義を減らすよう十分な注意が必要である。

　そして、自営型テレワークが雇用型であると認定されるか否かにおけるもっとも大きな判断要素は、上に見たとおり「使用される＝指揮監督下の労働」かである。指揮監督下にあるか否かは、一般的に議論することは困難であり、個別具体的な事例をケースバイケースで検討する以外にない。

❷自営型テレワークの例

　たとえば厚生労働省「在宅就業者総合支援事業」の自営型テレワークに関する総合支援サイト「HOME WORKERS WEB」では、自営型テレワークの例として以下を掲げている。

◆事務系の仕事：データ入力・集計、マニュアル作成、資料の電子化、アーカイブ

◆編集系の仕事：ライター、エディター、広告メール作成、テープ起こし

◆ビジネス支援系の仕事：調査（市場調査、モニター調査等）、マーケティング支援（モニター等）、電話による関連業務（コールセンター等）、コーチング、カウンセリング

◆Web関連系の仕事：ホームページ制作、Webデザイン、Web管理、ブログ運営、ネットショップ運営

◆開発系の仕事：プログラミング、システム設計、ネットワーク管理、データベース管理、CADオペレータ

◆デザイン系の仕事：DTPデザイン、電算写植、イラスト制作、グラフィックデザイン、動画制作・編集

◆教育系の仕事：通信添削、ｅラーニング、メンター、チューター（ｅラーニング）

◆語学系の仕事：翻訳など

　これらの業務では、いずれも、指揮命令から独立して業務を行うことが可能であるが、たとえばプログラミングやシステム設計などで進捗状況等を細かく報告・連絡・相談し、指示を仰いでいる場合などは、指揮監督下にある場合と区別がつきにくいという問題が生じうる。

❸テレワークである場合の問題

通常の勤務の場合は、指揮命令者は同じ職場にいることが一般的であり、職場にいれば、指揮監督下にあると認められやすいものの、テレワークは使用者の目が離れているため、一般的には指揮監督下にあるとはいいがたいと考えられている。

しかし、情報通信技術の発達により、緊密に連絡をとることが容易となっている現状においては、従業員が同様の仕事をテレワークで行う場合もあり、その区別が不明確と主張されるおそれが増大している。もちろん、業務運営のあり方を考える場合に、必要な指示を与えることを躊躇するのでは本末転倒だが、業務の効率的な運営を考えつつ、それと並行して、それが雇用・自営との区別を曖昧にすることはないかに配慮することは、テレワークの場合についても、通常勤務の場合と同様に必要である。特にこの問題は、報酬の労務対償性、事業者性の有無、専属性の程度、およびその他の関連する事情なども考慮して決められるのであるから、指揮命令のあり方だけで結論を導くことはできないことに留意して検討をしなければならない。

そして、一義的に結論が出ない状況がありうる以上、使用者側担当者としては、常にこのような点が問題となりうるとの意識を持ち、微妙な案件については専門家の意見を仰ぐなどして、慎重に対応することが肝要である。

この労働者性の問題は、労働時間、賃金および契約の終了などが争点となる「労働基準法および労働契約法上の労働者性の有無」だけでなく、不利益取扱いの禁止および誠実な団体交渉の義務などが争点となる「労働組合法上の労働者性概念」についても考えなければならない。そして、労働組合法上の労働者は、労働基準法上の労働者よりも、より広く認められる場合が多いため、問題はさらに複雑となる。

そこで次に、労働組合法上の労働者性の問題に検討を進めていきたい。

3. 労働組合法上の労働者性

労働組合法上、労働者は「職業の種類を問わず、賃金、給料その他これに準ずる収入によって生活する者」と定義される。労働基準法等の定義との違いは、「使用される」との要件がないことであり、ここでは、使用従属関係を中心に規定されてはいないことが大きな特徴である。したがって、労働基準法上の労働者性よりも労働者性が広く認められる。

しかし、かつては、裁判所において労働組合法上の労働者性判断も比較的狭く解釈されていた。それを変更したのが、平成23年4月12日の2つの最高裁判決である。

(1) 最高裁判所による労働者性判断の基準の拡張

❶INAXメンテナンス事件および新国立劇場運営財団事件の下級審判断

ひとつは、住宅設備機器の修理補修等を業とする会社と業務委託契約を締結して、その修理補修等の業務に従事する受託者についての判決（INAXメンテナンス事件）であり、ひとつは、年間を通して多数のオペラ公演を主催する財団法人との間で、期間を1年とする出演基本契約を締結したうえで、公演ごとに個別公演出演契約を締結して公演に出演していた合唱団員についての判決（新国立劇場運営財団事件）である。

INAXメンテナンス事件の地裁判決は労働組合法上の労働者性を肯定していたが、その高裁判決、および新国立劇場運営財団事件の地裁・高裁判決は労働者性を否定していた。

❷両事件に対する最高裁の判断

最高裁判所はこれらの下級審判断を覆し、いずれの事案でも労働組合法上の労働者性があるとの判断を示した。そこでは、これらの就労者について、

◆事業の遂行に不可欠な労働力として組織に組み入れられていたこと
◆契約内容は依頼者側が一方的に決定していたこと
◆役務提供の依頼は、事実上これを拒むことができなかったこと
◆役務の提供について、指揮監督下で場所的・時間的に一定の制約があったといえること
◆報酬は労務の対価の性格を有すると見るのが相当であること

などの事情を認定し、いずれの事案でも労働組合法上の労働者に当たると判断したのである。

❸労働基準法上の労働者性との違い

ここで注目されるのは、これらの事案では、オペラ歌手およびカスタマーエンジニアといった、独立性の高い業務を行う就労者の労働者性が問題とされた点である。これらについて労働基準法上の労働者性についての基準の適用を考えた場合、労働者性を肯定することは困難であると考えられるところ、各高裁判決では、労働組合法上でも労働者性が否定されるものとされていた。

しかし最高裁判所は、指揮監督下にあるかの点については場所的・時間的

に「一定の制約」であったことで足りるとし、むしろこれらの独立した就労者が、それぞれの事業の遂行に不可欠な労働力として組織に組み入れられていたことに着目して、労働者性を肯定している。最高裁が不可欠な労働力として組織へ組み入れられているか否かといった基準で判断をしている理由は、労働条件について労働組合との団体交渉を行うことが適当であるか否かの観点に基づくものと考えられる。

❹ビクターサービスエンジニアリング事件

　最高裁は、この翌年のビクターサービスエンジニアリング事件でも、音響製品等の設置、修理等を業とする会社と業務委託契約を締結して顧客宅などでの出張修理業務に従事する受託者について、「業務遂行形態において独立性の高い就労者であり、労働組合法上の労働者ではない」とする高裁判決を覆し、事業の遂行に不可欠な労働力として組織に組み入れられていたことに着目して、上記と同様の基準により労働者性を肯定している（最高裁平成24年2月21日判決）。したがって、労働組合法上の労働者性についての裁判所の見解は、ほぼ確定したといえる。

❺自営型テレワーカーとの契約における留意事項

　このように、比較的独立性の高い就労者であっても、それが不可欠な労働力として組織に組み入れられている場合には、労働組合法上の労働者性が認められるとされた点は、自営型テレワーカーとの契約を行ううえで注意が必要である。そして、前述した HOME WORKERS WEB に、自営型テレワークの例として掲げられている各種業務では、独立して業務を行っているように見えながらも、それらが事業の遂行に不可欠な労働力として組織に組み入れられていると評価される可能性は相当程度にあるであろう。

　したがって、それらの自営型テレワーカーが組織化され、使用者と交渉を行おうとするときに、これに対して、労働組合法上の保護が与えられることがありうるのである。ただし、このような最高裁判所の示した基準を適用して、どのような場合が労働組合法上の労働者とされるかを検討しても、必ずしも明確な回答が得られるわけではない場合が残る。

(2) 最高裁判断の適用（コンビニエンスストア店長）

　テレワーカーではないが、労働者性の判断を検討するにあたり、コンビニエンスストア店長の労働者性を争点とする判断がいくつか示されているので、検討したい。

コンビニエンスストア店長については、平成26年3月20日の岡山県労働委員会（セブン－イレブン・ジャパン事件）、平成27年4月16日の東京都労働委員会（ファミリーマート事件）の双方で、いずれも労働組合法上の労働者であるとする判断が示されていたが、平成31年3月15日の中央労働委員会命令では、両者は「会社の事業の遂行に不可欠な労働力として会社の事業組織に組み入れられ、労働契約に類する契約によって労務を供給しているとは」いえず、「会社から労務供給の対価として報酬を受け取っているということはできない」とされた。他方で、加盟者の事業者性は顕著であり、労働組合法上の労働者性は否定されると判断され、初審命令が取り消された。東京地裁でもこの判断が維持されている（東京地裁令和5年5月25日判決）。

　このように、コンビニエンスストア店長の労働組合法上の労働者性については、現状において否定されているが、こうした不安定性は、コンビニエンスストア店長のように事業者性が強い場合だけでなく、次に取り上げるバイシクルメッセンジャーのような新しい「就労」形態が増加していることにおいても見られるところである。

　そしてテレワークのような新しい働き方において、自営型テレワークとされる「就労者」が増加していることは、雇用型テレワークとの境界の問題だけでなく、自営型テレワークに対し、労働組合法上の保護を与えるべきか否かといった新しい問題も生むことになる。

(3)　最高裁判断の適用（バイシクルメッセンジャー）

　バイシクルメッセンジャー業務とは、自転車を使用して貨物の輸送または信書の送達を行う業務である。テレワークの本質が情報通信技術を利用した事業場外勤務であることを考えた場合に、バイシクルメッセンジャー業務は典型的なテレワークとはいえないものの、バイシクルメッセンジャー業務を組織的に運営するためには、メッセンジャーの現在位置を確認し、適切に配置する作業が必要であり、メッセンジャーの業務遂行にあたっては、適宜の指示を受け、必要な報告を行う必要がある。また、前述したプラットフォームワーカーとも関連する働き方である。

　したがって、情報通信技術の発達なしには、その効率的な運用は困難である。その意味では、テレワーカーの性格を有する業務であるということができ、少なくとも典型的なテレワーク業務の周辺にあるものと位置づけられる。

　このような働き方が世界的に増加してきたのは1980年代以降といわれてお

り、日本では平成の時代とともに増加したといえる。

❶メッセンジャーの労働基準法上の労働者性

　ここで取り上げているバイシクルメッセンジャーは、形式的には会社と「運送請負契約」を結び、「個人事業主」として扱われているものであるが、その労働者性の有無については、平成20年代から下級審段階の裁判例が積み重ねられてきた。

　最初にメッセンジャーの労働者性を判断した東京地裁平成22年4月28日判決では、メッセンジャー業務を行う営業所の所長が、自らもメッセンジャー業務に携わっていたところ、その所長と会社との間で契約の打切りの有効性が争いとなり、その契約関係について労働基準法上の労働者性が検討された。そして前記労働基準法研究会報告の基準に示されている要素について分析検討をした結果、メッセンジャー業務の部分は独立の事業者と見るべきで、労働者性は認められないが、営業所長としての業務の部分は、指揮命令下にあるものとして労働者性を肯定できると結論づけられた。

　そして、営業所長は、営業所長業務に関し労働基準法上の労働者であることから、労働契約法の適用を受け、解雇権濫用法理に基づき、当該所長の契約の終了の有効性が判断され、業務委託契約の終了通知（解任通知）は無効であるとされた（この事件は控訴されたものの、以下に示す事情もあり、高裁での和解が成立したようで、高裁判断はなされていない）。

❷メッセンジャーの労働組合法上の労働者性

　上記事案では、この契約の終了が不当労働行為に当たるとして、労働委員会においても争われていた。そして、メッセンジャー業務についての労働基準法上の労働者性が否定された上記の東京地裁判決に先立つ平成21年6月2日に、東京都労働委員会はメッセンジャーおよび営業所長の双方の立場について労働組合法上の労働者性を認め、契約の終了およびこれに関する団体交渉の拒絶は不当労働行為に当たるとの判断を行っていた。

　さらに上記東京地裁判決の約2ヵ月後の平成22年7月7日には、この東京都労働委員会命令を承認する中央労働委員会命令が出されたため、会社側がメッセンジャーおよび営業所長の労働組合法上の労働者性などを争って東京地裁に提訴した。しかし東京地裁は、平成23年に前述のINAXメンテナンス事件等に対する最高裁判所により拡張された基準を適用し、平成24年11月15日に、メッセンジャーおよび営業所長の双方の立場に関して労働組合法上

の労働者性を肯定し、営業所長の解任および、これについての団体交渉の拒否は不当労働行為であるとした中央労働委員会の判断を争う会社の請求を棄却した[*8]。

❸各法律における労働者性概念の適用関係

このようにバイシクルメッセンジャーの事案では、地裁段階で、同じ事実関係について、一方で労働基準法上の労働者性が否定され、他方で労働組合法上の労働者性が肯定された。そしてこれに続く東京地裁平成25年9月26日判決でも、メッセンジャーは労働組合法上の労働者であるとされながら、労働基準法上の労働者性はないとされ、その結果、労働契約法上の労働者にも該当しないとして、解雇権濫用禁止法理の適用も否定された。そして、高裁においてもこの判断が是認されている。

したがって、バイシクルメッセンジャーは、労働組合法上の労働者に該当するとしても、労働基準法上の労働者とすることはできないとの判断が高裁のレベルでもほぼ確立されており、そのことは、これまで見てきた双方の基準の違いからも首肯できるところである。

整理すると、労働基準法・労働契約法等の適用範囲は、労働組合法の適用範囲よりも狭いものであるため、テレワーカーのうち、労働基準法・労働契約法の適用を受けないテレワーカーについても労働組合法の適用においては、労働者として取り扱われる余地がある。そして、労働組合法上の労働者とされることにより、その結成する労働組合との誠実な団体交渉が要求され、また、解雇等の不利益取扱いについては不当労働行為とされる余地が生じる。

このように、労働組合法の適用の可否は、当該テレワークが雇用型か自営型かを解決したあとも、なお残る、そして非常にデリケートな問題であり、個別の事案に関しては、専門家の意見を仰ぐ必要性が高い。

4. テレワークにおける就労条件・契約類型の変更

(1) 問題の所在

雇用型テレワーカーと自営型テレワーカーとの境界（労働基準法、労働契約法の適用の有無）は、契約形式についての当事者の認識や契約書の内容だ

---

8 Uber Eats の配達員は、Ⅱ章第2の3で述べたとおり、プラットフォームワーカーであるが、これについても、令和4（2022）年11月25日に、東京都地方労働委員会において、労働組合法上の労働者に該当するとの判断が示されている。

けから判断されるものではなく、その実態により決まるものであるため、業務遂行方法の事実上の変更などにより、それまで自営型テレワーカーであったものが、ある時点から雇用型テレワーカーと取り扱われることとなる場合も考えられる。

　また、勤務実態による契約形態の変化だけでなく、当事者の話合いにより、自営型テレワーカーとの契約関係を、社内のマネジメントに参加させるために雇用型テレワーカーに変更する場合や、逆に雇用型テレワーカーを、定年・自己都合退職や独立などを契機として、自営型テレワーカーに変更する場合なども考えられる。

　このような契約内容の変更は、たとえば正社員として雇用されていたテレワーカーが定年退職後に嘱託としてテレワークを継続する場合や、契約社員として雇用されていたテレワーカーが正社員となる場合など、雇用型テレワーカーの範囲の中でも生じうる。

　さらには、契約形態（たとえば正社員であること）は変えずに、在宅勤務からサテライトオフィス勤務に勤務場所を変更する場合もあれば、在宅勤務のまま、通常時間勤務から裁量労働制に移行する場合、あるいはサテライトオフィス勤務のまま、当該サテライトオフィスの閉鎖にともない、他のサテライトオフィス勤務への異動、在宅勤務への変更など、雇用型テレワーカーについても種々の勤務条件の変更が考えられる。したがってこれらの変更が、どのような場合にどのような要件・手続きで可能なのかを検討したい。

（2）基本的考え方

　契約内容の変更については、一般論としては次のように整理できる。

❶自営型テレワーク

　自営型テレワークの契約条件は、契約一般の原則に従うため、その変更は、事前の包括的または個別の合意により、一定の契約条件変更の権限を当事者の一方に与えておくのでない限り、双方の合意なしにはできない。

　しかし、注文主がその優越的な地位に基づき、一方的に自営型テレワーカーに不利な条件変更を要求し、自営型テレワーカーがこれに従わざるをえないことは起こりうる。このような事案において、自営型テレワーカーが変更に応じない場合、契約の終了が通告されるリスクがあり、これに対しては民法の一般原則による裁判上の紛争とすることはできるが、手間や費用を考えると現実的ではないため、やむなく要求を受け入れざるをえないこととなり

やすい。このような問題については、下請代金支払遅延等防止法や独占禁止法による優越的地位の濫用防止を根拠とした行政的な規制も行われうるが、民事的問題に行政が介入することは容易でないため、経済的弱者の保護としてはきわめて弱いものといわざるをえない。これについては、前述したとおり、不十分とはいえ、自営型テレワークガイドラインおよびフリーランス新法による手当がされているところである。

なお、自営型テレワークから雇用型テレワークへの変更については、一般的にテレワーカーの側に有利なものではあるが、重要な契約内容の変更になるため、当然ながら当事者双方の合意なしにはできない。また、雇用契約に切り替えるとすれば、前述（III章第2の2）の所定事項を明示した労働条件通知書の交付が必要となる。

❷雇用型テレワーク

雇用型テレワークの場合は、制度的に、一定の範囲で労働条件の一方的変更が可能である。ただし、その変更については、労働基準法、労働契約法等により、制約を受けることになる。

①指揮命令権の範囲

まず、就業規則により、有効に定められた配置転換や出向などは、使用者の業務命令により一方的に実施できる。したがって、通常勤務者にテレワーク勤務を命じることも、就業規則に変更の根拠規定があれば、一方的に行うことが可能である。

業務上の必要性に基づき一定期間サテライトオフィスでの勤務を命じる場合、あるいは在宅勤務を命じる場合、さらには勤務を行うサテライトオフィスの変更を指示する場合などは、契約内容の本質的な変更ではないため、これを一方的に変更できる旨の規定を就業規則に置いていれば、業務命令として実施できる。もちろん、変更の合理性・必要性が乏しく、労働者に大きな負担を強いる場合などは、そのような業務命令は権利の濫用になりうるが、それは通常勤務の場合でも同様に生じうる問題である。

②労働条件の変更

一方で、労働契約内容の変更は、労働契約法の適用を受けるので、原則として当事者の合意によらなければできない（労働契約法8条）。ただし、雇用関係の画一的な処理の必要性から、不利益な変更以外であれば、就業規則の変更・周知により、使用者側が一方的に変更でき（同法10条）、また不利

益な変更であっても、就業規則により変更しないとの特段の合意がない限り
は、労働者の受ける不利益の程度、労働条件の変更の必要性、変更後の就業
規則の内容の相当性、労働組合等との交渉の状況その他の就業規則の変更に
係る事情に照らして合理的なものは、就業規則の変更・周知により、使用者
が一方的に変更することができる（同法10条但し書き）。

　なお、契約社員や派遣社員等を正社員へ転換する場合などのように、雇用
契約形態を変更する場合や、転籍等使用者を変更する場合などは、契約自体
の変更であるので、就業規則の変更では行うことができず、明示・黙示の合
意がなければ効力は生じない。これらの取扱いは、雇用型テレワークについ
ても同様に適用される。

　③定年後の継続雇用

　以上とは異なり、定年退職後の再雇用については、特別の考慮を必要とす
る。これは、定年退職により雇用契約が終了したあとの新たな契約であるた
め、使用者側から一方的に契約締結を強制できないという意味では、その他
の契約形態の変更と同じであるが、高年齢者雇用安定法により継続雇用が義
務づけられているため、労働者側には原則として、新契約を締結することを
要求する権利があり、またその契約内容も、継続雇用の実質を失わせるよう
なものであってはならないとの法的な制限がある。

　たとえば、定年を迎える社員に対し、60歳から61歳までの職務として、そ
れまで従事してきた事務職の業務ではなく清掃業務等を提示したことは、高
年齢者雇用安定法の趣旨に反し違法であるとされた事例（名古屋高裁平成28
年9月28日判決）がある。ただし、継続雇用のための契約は、期間の定めの
あるものとすることができ、その場合の労働条件については、定年退職後に
再雇用された者であるという事情を、労働契約法20条[*9]にいう「その他の事情」
として考慮することができるとされ、一定の範囲で不利益な待遇とすること
が許容される（最高裁平成30年6月1日判決：長澤運輸事件）。

　したがって、定年退職後の勤務として、テレワーク勤務での雇用とするこ
とも考えられはするものの、その場合は、新たな契約といえども、高年齢者
雇用安定法の趣旨も考慮して、継続雇用の実質を害さずかつ関連法規で禁止

9　働き方改革関連法による改正により、令和2（2020）年4月1日からは「短時間労働者及び有期
　雇用労働者の雇用管理の改善等に関する法律」8条（不合理な待遇の禁止）および9条（差別的
　取扱いの禁止）の各規定により規律されている。

される不合理なものとならないよう、業務内容および待遇を決める必要がある。

(3) 雇用型テレワーカーと自営型テレワーカーとの契約類型の変更

雇用型テレワーカーを自営型テレワーカーにすること、またはその逆は、契約内容の本質的な変更に当たることから、使用者とテレワーカーとの間で契約内容の変更に関しての明確な合意を必要とするのが原則である。

しかし、ある就労者が雇用型テレワーカーなのか自営型テレワーカーなのかは、契約の名称で決まるものではなく、実態に即して決定されるものであるため、現実的には、どこからが労働条件の変更の問題として業務命令でできるのか、どこからが契約類型の変更になり、個別の合意が必要になるのかは、必ずしも一義的に明らかではない。したがって、具体的な事案ごとに個別に判断し、微妙なケースでは、専門家の意見も徴して慎重に決定する必要がある。

以上のとおり、フリーランス新法施行後においても、雇用型テレワークと自営型テレワークとの境界は必ずしも明確ではないことから、このような争いが継続するおそれのあることは、留意しておく必要がある。ただしこの問題は、上述したとおり、契約内容の実態にかかわる問題であり、自営型テレワーカーを業務で使用する場合には、フリーランス新法を遵守しつつ、契約の実態についても留意をしながら進めるべきであって、雇用型テレワークについて、どのように規律をするのかとは異質の問題である。

Ⅴ章

テレワーク制度導入・整備の実務的留意点

本章の概要

　本章では、各種のテレワークについて、どのような制度を構築するのか、その制度導入・整備の実務的な留意点を見るとともに、テレワークに関する就業規則の条項についても検討を行う。

第1　テレワーク制度導入・整備のための検討

　多くの企業がコロナ禍を経て在宅勤務を経験しているポストコロナ時代の今日、テレワーク導入・整備を進めるにあたっては、コロナ禍での経験を活かしたうえで、どのように在宅勤務を維持するのか、在宅勤務と通常勤務のバランスをどうとるのか、情報通信技術を活用してどのような勤務形態をとるのかなどの観点も含め、その目的および内容を検討する必要がある。

　ここでまず、考えなければならないポイントは以下の3つである。

◆何のためにテレワーク制度を導入・整備するのか（導入の目的）

◆その目的の達成のためにどのような形態のテレワーク制度を導入し、整備するのか（制度の内容）

◆そのような制度をどのように導入・整備するのか（導入の手順）

　これらは、密接に関連し合っており、相互に影響するものであるため、それぞれ独立に検討することは困難であるが、通常は、「導入目的」を定め、そのうえで「どのような制度」を導入するかを検討し、「導入手順」に従って具体的な制度に落とし込んでいく順序になると考えられる。

　以下では、それらの検討に先立ち、導入・整備の対象となりえるテレワーク制度について概観し、そのうえで、テレワーク制度導入目的、さらには手順の整理を行うこととする。

第2　検討の対象となるテレワーク制度

　これまで、テレワークの働き方の類型として、雇用型と自営型があり、就労場所について、在宅ワーク、モバイルワーク、サテライトオフィスワークがあることを見てきた。しかし、世の中で一般にテレワークとして議論されているのは在宅で行うテレワークであり、中でも自営型も含んだ在宅ワークよりも狭い、雇用型テレワークとしての在宅勤務である。それは次のような理由による。

1．自営型テレワークについての留意事項

　Ⅰ章で紹介した「経済社会の変化、デジタル化による働き方の変化、コロナ禍等における労働者の意識変化等について」によれば、自営型テレワーク（業務委託・請負契約関係）の今後の増加が見込まれている。

　実際、業務委託・請負契約関係については、注文主・企業はフリーランス新法の適用を受けるものの、解雇規制もなく、労働時間や賃金等に関する労働法規の規制も及ばず、業務遂行の時間や場所、方法等を考慮する必要性もないことから、これらの点について議論する実益は乏しい（テレワークではなく、注文主の事業場等で業務委託・請負業務が遂行される場合については、注文主にとっても業務遂行の時間や場所、方法等に関与する必要が生じる場合がありうるが、その場合でも、契約内容で定めれば済むことであり、実際の（労務）管理の必要はない）。

　ただし、自営型テレワークで働く側としては、どのような働き方をすることが効率的なのかだけではなく、雇用保障がない点や、ギグワーカーであるのかノマド的な働き方であるのか等、生活における問題も重要であり、そのため社会的にも関心が高い。その結果、自営型テレワーカーやプラットフォームワーカーを「労働者」として処遇し、注文主等に一定の責任を負担させるべきであるとの考え方が生じうる。

　使用者・企業側としても、この点について十分な留意が必要であるが、純粋な自営型テレワークである以上は、企業として、その管理の必要性はないといえる。

2．雇用型テレワークについての留意事項

（1）サテライトオフィスが事業場である場合の留意事項

　上記を踏まえると、企業活動においてのテレワークは、雇用型が中心となる。その中で、サテライトオフィス勤務については、ワーケーションのような形で独立の事業場といえるサテライトオフィスで持続的に勤務をする場合、通勤の問題以外は通常のオフィス勤務の場合と類似した状況となる。したがって、これについては、ワーケーションとしてのサテライトオフィス勤務を命令または許可する場合の条件等を検討すれば足りることとなる。

（2）それ以外の雇用型テレワークの場合の留意事項

　それ以外のサテライトオフィス、つまり本社の一部に設けられたサテライトオフィスやシェアオフィスでの勤務の場合、および在宅勤務・モバイル勤務については、労務管理上、本質的な差があるわけではなく、主たる違いは、どのような場所、時間で勤務を行うかのバリエーションの問題といえる。したがって、これに関する契約や規則を定める場合には、どのような場所・時間・頻度でテレワークを指示するのか、または許可するのかを明確に定めておくことが必要となる。

　これらの中で、コロナ禍での外出規制で中心となったものが在宅での勤務であり、また、今後とも利用の中心にあると考えられることから、テレワークの労務管理については、在宅勤務を中心に規則等の整備が進められることが通常である。そして、モバイル勤務やサテライトオフィス勤務など、在宅勤務以外のテレワーク勤務については、在宅勤務に関する規定を設ける場合に付加的に規定する場合が多いと考えられる。たとえば、在宅勤務を許可する場合に、自宅近くのシェアオフィスを使ってもよいのか、その移動中に業務を行ってよいのかなど、サテライトオフィス勤務やモバイル勤務との間の線引きを明確にする必要が生じるといった具合である。

　もちろん例外的に、モバイル勤務やサテライトオフィス勤務などについて、独立の規則を整備することも考えられるが、このような、ワーケーション以外のテレワークの類型ごとの定め方は、体系的にはあまり検討されていないようである。厚生労働省のモデル就業規則でも、この点は明確に書かれていないので、これに関しては各社において、しかるべき内容で定めを置く必要があると考えられる。

　しかし本書では、在宅勤務のみでなく、モバイル勤務やサテライトオフィス

勤務を含めた各種雇用型テレワークに関して、どのように契約や規定を整備するのかを本章第6以下で検討することとする。その前提として、制度導入に関し留意すべき事項、および導入の目的、手順について、まず整理しておきたい。

第3　テレワーク制度導入の目的

1．テレワーク制度導入・整備の目的確定の必要性

　上記のとおり、テレワークを在宅勤務中心と限定したとしても、その具体的な導入内容には多様な形態が考えられるので、テレワーク導入の目的を明確化する必要がある。

　これについて、筆者は「テレワーク制度を導入したいので、テレワーク規則の雛形はありませんか」等と依頼されることがあるが、何をめざしてテレワーク（在宅勤務）制度を構築するのかがわからなければ、「一般的な雛形」から、どのように自社に合致した規程を定め、運用すべきかを決めることはできない。つまり、どのような制度とするかを考えるためには、どのような目的でテレワークを導入・整備するかを決める必要がある。

　テレワーク導入の目的とは、テレワーク制度によりどのようなメリットをめざすかを具体化することである。これを具体化することにより、次にそのような制度を導入した場合に生じる弊害に対して、どのような対策が考えられるのかが検討できるのである。

2．導入目的とあるべき制度の関係

　テレワークの一般的メリットおよびデメリットについては、すでにⅡ章第4で整理したが、ここでは、どのような制度とするかの検討の前提としてテレワーク導入目的を明確にするとの観点から、テレワーク制度を導入するメリットを、それを打ち消すことになりかねないデメリットと対比させながら検討していくこととする。

（1）優秀な従業員の獲得

　優秀な人材の確保に苦慮している企業は多いが、若い就労者はテレワーク制度に対する選好が高いことから、とりわけ中小企業においては、テレワーク制度があることが従業員を獲得・維持するうえで有利な材料となりうる。全国的な大企業の場合でも、従業員の雇用確保の観点から遠隔地での勤務を

認める制度を採用することが考えられる。それは、ある勤務地で住宅購入し、生活の基盤を固めた従業員や、介護が必要な従業員が、日常的な出勤が困難な遠隔地へ配属される場合、現在の居住場所からのテレワークを認めることにより、単身赴任せずに勤務を継続することを可能とできるからである。ただしこれをどのような基準で認めるのかは、コストの問題および公平性の確保などから慎重な配慮を必要とする。

　これらの目的のためには、従業員の希望に沿った形で、在宅勤務等のテレワークを認めることが有益であると考えられるが、対象となる従業員が必ずしもテレワークに適した資質のある従業員、業務内容ではない場合もあることから、企業の判断でテレワークを許容しないことができる制度にしておく必要がある。この意味では、テレワークの指示または許可については、企業の合理的な裁量が認められるような制度とすることがポイントとなる。

(2) ダイバーシティーの促進

　適切な制度でのテレワークは、ワークライフバランスを促進するうえで有益な手段ともなりうる。育児などの負担が相対的に多い女性に活躍する機会を与えることなどを目的にテレワーク制度を充実させるには、育児休業や育児休暇制度とともに、育児の必要性等がある場合に一定程度の権利性を持って、勤務時間に柔軟性のあるテレワークを選択できる制度とすることが考えられる。この点は、介護などについても同様である。

　しかしながら、そのような制度を構築するうえでは、制度を利用する資格または意思のない従業員に不公平感を与えかねず、逆に生産性が下がる場合もあるため、公平な処遇をどのようにするのか等も考慮する必要がある（ちなみに、この公平性に関しては、社内における各種の業務内容ごとにテレワークを認めることができるか否かについての違いも生じうるため、企業内での各種業務の就業者の間の公平性確保にも配慮が必要である）。

(3) 生産性の向上

　テレワークを生産性の向上に結びつけることは、必ずしも容易ではない。確かに、オンライン等の会議により、移動時間を削減できるメリットがあり、また就労者にとって時間と体力を要する通勤負担を減少させることができ、この両方の意味で、生産性の向上に資することは期待できる。また、オフィスでの勤務と異なり、切り離された場所で業務に集中できるメリットも、業務内容によっては認めることができる。

しかしながら、たとえば在宅勤務の場合、生活場所と就労場所が共通であることから、必ずしも適切とはいえない環境（場所）で就労することとなったり、管理監督者から距離があることにより、就労者が時間管理を主体的に行わなければならない場面が増加することにより、作業効率が低下するおそれも考えられる。また、組織内で緊密なコミュニケーションがとりにくいことから、円滑な業務遂行に支障が生じたり、組織としての一体性を維持しがたい等の問題もある。

　このような意味で、コロナ禍で緊急避難的に実施されたテレワークについては、コミュニケーションの問題、生産性の低下や業務遂行の支障の問題が強く意識された。また新入社員のように、OJTによる教育研修が必要な従業員については、テレワーク勤務はむしろ適切ではないといえるなど、テレワーク制度にふさわしくない従業員も存在する。

　したがって、どのような従業員、どのような業務にテレワークを指示・許可するのかについて、企業側に合理的な裁量を認めることが必要である。また、テレワークの実施後においても、生産性の低下を招かないように労務管理に十全を期す必要があり、そのための制度のブラッシュアップや、管理手法の向上などが不断に必要となる。

（4）コストの削減

　テレワークでは、通勤費用およびオフィスの費用の減少により、コスト削減効果が期待できる。しかしながら、在宅勤務時に、環境整備のため、会社負担でシェアオフィスなどを提供する場合には、それによる追加費用も発生する。オフィス外での勤務を行うことにより、セキュリティ上の問題も生じやすく、これに対策するための費用も必要となる。

　もっとも、セキュリティの問題はテレワーク制度のあり方というよりも、どこまでテレワーク勤務を拡大させるかによることの影響が大きいものと考えられる。したがって、これに関してテレワーク制度構築およびその運用のうえで考慮すべき事項としては、テレワーク勤務を許容する範囲が主となる（むろん、それと並行してセキュリティ規定の導入およびセキュリティ管理の充実も検討が不可欠である。

（5）事業継続計画（Business Continuity Planning；BCP）

　事業の継続性を高めるという意味で、テレワークは有益であると考えられ、この目的のためには、なるべく広範囲にテレワークを実施できる体制を構築

することが有益となる。この観点からは、日常的にテレワークを実施しておく必要はないが、緊急事態において、業務を支障なくテレワークで行えるようにするために、一定程度のテレワークを広く実施しておくことは効果がある。したがって、上述のコストの問題と同様に、どこまでテレワーク勤務を広く認めうるものとするのかが問題となる。

(6) 国際化への対応

テレワークのメリットのひとつに、勤務場所を選ばない点があり、国内の遠隔地だけでなく、国境を越えた勤務も可能となる。これにより、従来は難しかった海外の人材を登用できたり、ワーケーションとして、海外でリフレッシュしながらの業務も可能となるなど、魅力的な働き方を提示することもできる。

ただし、テレワークによる国際化については、これまでに経験したことのない新しい問題が生じうることから、制度整備との関係で重ねて検討を要する（Ⅲ章第9参照）。

3. メリットおよびデメリットに配慮した制度の構築

テレワーク制度の導入にあたっては、上述のようなさまざまなメリットについて、優先順位をつけ、それぞれのメリットを活かし、デメリットを併発させないように十分に注意しつつ、具体的にどのような制度を構築していくのかを決めることとなる。基本としては、テレワークを認めるか否かについての企業の裁量権を確保するとともに、その運用について十分な管理監督ができるような制度とすることであり、その具体的な規定策定の留意点については、第6以下で検討する。

第4　テレワーク導入・整備の推進体制

1. 組織としての取組み

(1) プロジェクトチームの設置

テレワーク導入の目的および、あるべき制度内容を検討する場合、自社の状況を正確に把握していることが必要であり、特に、その具体的な導入方法の決定は、現場の状況を踏まえたものでなければならない。そのため、全社的な制度としてテレワーク制度を導入・整備しようとするなら、その検討作

業は、ビジネス的な観点、労務管理上の観点、法務的な観点からの検討に加え、健康安全面の配慮等が必要となり、これは人事部門や企画部門だけで対応できるものではない。

さらに、一定規模以上の企業では、経営企画、法務、人事、総務、財務といったマネジメント部門だけでなく、製造、購売、物流、営業、研究開発等々、直接または間接に事業活動を担う部門とも密接に共同して検討することが求められる。それゆえ、社内に分野横断的なプロジェクトチームを設置することが有益である。*10

検討のどの段階でプロジェクトチームを設置すべきかは、一概にはいえず、テレワーク制度の導入・整備目的などを検討する初期段階も考えられるが、ある程度以上の規模の組織では、導入の具体的な方策を決定する段階に至った時点ということもありうるだろう。

コロナ禍を経た現時点からであれば、緊急避難的に実施した在宅勤務の見直し・整備のために設置することも考えられる。この場合でも、テレワーク導入の目的や内容はあらためて精査すべきである。したがって、プロジェクトチームは導入の具体的方法論だけでなく、導入後の経過を踏まえた、具体的方策の調整・見直しについても責任を持つべきである。さらには、所期計画に基づく導入後の効果測定や、改善等にもかかわれるようにすべきである。

(2) 経営トップによる基本方針の表明

コロナ禍を経て、テレワーク（在宅勤務）自体の認知度が上がっている現在は、テレワーク導入および効果発揮の困難さを解消するための、経営トップによる基本方針の表明などは、それほど重要には感じられないかもしれない。しかしながら、社内の公平感の維持などデリケートな問題もあり、また、テレワーク導入の目的としてダイバーシティーの促進など、いちがいに生産性向上に寄与するようには見えない課題などもあることから、経営トップによる基本方針の表明や何らかのメッセージ発信は、やはり重要である。

---

10 小規模の企業では、このようなプロジェクトチームの結成は不要であろう。感覚的には、80人以下の組織体であれば、1つの部署で完了することも可能だろうが、それ以上の規模となった場合には、どの程度の大きさのプロジェクトチームとするのか、どの程度の責任・権限を持たせるのかは状況次第であり、いくつかの部署から人を選抜したプロジェクトチームの設置が必須と考えられる。

2. 労使関係上の問題

　経営組織としての取り組みに加えて、従業員との関係における労使関係上の配慮も必要である。

（1）労使双方の共通認識の醸成

　新テレワークガイドラインでも、「テレワークを円滑かつ適切に、制度として導入し、実施するに当たっては、導入目的、対象業務、対象となり得る労働者の範囲、実施場所、テレワーク可能日（労働者の希望、当番制、頻度等）、申請等の手続、費用負担、労働時間管理の方法や中抜け時間の取扱い、通常又は緊急時の連絡方法等について、あらかじめ労使で十分に話し合い、ルールを定めておくことが重要である。」とされている。しかし、単に協議合意に基づくルールを設定して進めようとするのではうまくいかない。新テレワークガイドラインが、このような書きぶりとなっているのは、同ガイドラインの議論が、労働者側の権利義務との調整を主眼として、労使協議の必要性を説いているからであると考えられる。

　もちろん、協議を通じて労使双方の共通認識を醸成することはきわめて重要であるが、導入の目的・内容に不合理な妥協を入れてしまうようでは、テレワーク制度導入・整備の意義を失いかねない。コロナ禍を経た結果、従業員の希望だけに応じて安易に在宅勤務を広く認めることも、これを無視して出社のみに固執することも、適当とはいえない場合が多い。労使協議や従業員からの意見徴収を経て、導入目的を踏まえた多面的な検討が必要である。労使関係の問題として考えるのであれば、テレワーク導入の目的・内容の決定においては、経営政策的な種々の考察が必要なことから、むしろ、事業に責任を持つ経営側が十分に検討したうえで、これを労働者側に提案し、労働条件問題としての労働者側の意見を踏まえた調整を行なうべきである。言い換えるならば、労働者側の要求との妥協をはかるようなものであってはならず、そこでの意見も考慮した、より現実的かつ効率的な制度とすることに、経営側が責任を持つべきである。これは、双方で協議し、妥協するという考え方とはまったく異なるものである。

　これに対し、テレワーク導入により生じうる不公平感や、長時間労働への対応などは、労使が協調してその克服にあたるべきである。この点は、組合などの従業員代表の組織が十分でないところでは、経営側が積極的に、従業員側の視点で問題点を掘り起こし、機会を設けて説明会などを開催して、で

きる限り丁寧かつ前向きに説明や質疑応答をすることが重要となる。

(2) 利用対象者の決定、非対象者の不公平感への配慮

　労使関係の視点からテレワーク制度の導入を考えるにあたっては、テレワーク制度の利用を業務命令として命じる場合を想定するのか、その利用を希望者だけに限るのか等にも着目すべきである。

　新テレワークガイドラインでは、「テレワークの契機は様々であり、労働者がテレワークを希望する場合や、使用者が指示する場合があるが、いずれにしても実際にテレワークを実施するに当たっては、労働者本人の納得の上で、対応を図る必要がある。」としている。これは、テレワーク制度の導入・整備は働き方改革の一環であるとの考え方に基づくものであろう。確かに、育児・介護のためのテレワーク制度導入・整備であれば、業務上の命令ということは考えがたく、本人に選択権を与えることが当然であるが、その場合でも、希望があれば無制限に認めるのか、それとも一定の制限を設けるのかなど、その運用は検討を要するところである。

　それだけでなく、前述のとおり、テレワークのメリットは多様であり、各企業ごとに、どのようなメリットにウエートを置くか、そして、どのような対象者にどのような条件でテレワークを認める（指示する）かは、テレワーク制度の導入目的との関係で決定する必要がある。たとえば業務継続性向上を主目的としてテレワーク制度を導入するなら、テレワークとするか否かを従業員の希望のみにより決めることは考えがたい。

　また新テレワークガイドラインでは、「雇用形態にかかわらず、業務等の要因により、企業内でテレワークを実施できる者に偏りが生じてしまう場合においては、労働者間で納得感を得られるよう、テレワークを実施する者の優先順位やテレワークを行う頻度等について、あらかじめ労使で十分に話し合うことが望ましい。」とされている。しかしこの問題については、「テレワークを実施する者の優先順位やテレワークを行う頻度等」について話合いをすれば解決がはかられるといったものではない。まず話合いの前提として、そのような制度導入の合理性・必要性を十分に明確にしておくことが必要であり、そのうえで、従業員側にこれを説明し、その結果生じる不公平についても、「テレワークを実施する者の優先順位やテレワークを行う頻度等」のみならず、制度利用不可能者に対して、必要であれば、評価・手当等でどのような形で補償するのか等について、経営側でしっかりと検討し、これを説明

して理解を得るべきである。

3．業務体制の整備

　テレワーク導入の前提として、業務体制の整備についても見ておきたい。これらは、コロナ禍でのテレワーク（在宅勤務）の強制実施の折は、必ずしも配慮がなされたわけではないので、テレワーク制度を導入・整備するうえで、留意する事項として、ここであらためて整理をしておく。

（1）フリーアドレス制の導入

　テレワークを実施するためには、単に就労の場所に柔軟性を持たせるだけでは不十分であり、そのような体制で遂行ができるように業務自体を見直さなければならない場合が多い。

　業務遂行方法の見直しは、テレワーク特有の問題とはいいがたく、たとえば、オフィスワークに就業場所のモバイル化をはかるなどの工夫を取り入れている企業も多い。その意味で、社内におけるフリーアドレス制は、テレワーク導入後の出社率低下に基づくオフィスの有効活用の方策のためだけでなく、業務遂行における場所的な固定性を弱め、テレワーク制度と連動するものとして、導入を検討することに意味がある。

（2）情報通信システムの構築

　円滑にテレワークを進めるには、情報通信機器を利用して適度なコミュニケーションがはかれる体制を構築することが必須の前提となる。そして、Web 会議の急速な普及により、情報通信システム整備の必要性は、ますます高まるものと考えられる。

　また、これまでは、平面的な画像による Web 会議が中心であったが、今後はアバターの使用なども含め、メタバース的な3D による社内会議等も行われるようになることが期待され、このような観点でも、情報通信システム構築の重要性は、ますます高まると考えられる。もちろん、face to face のコミュニケーションで得られる膨大なデータをすべてやりとりする情報通信システムの構築は、現時点においては不可能であり、結局出社によるコミュニケーションの代替とすることは、完全にはできないため、そのバランスを慎重に考慮しなければならない。

　また、情報通信システムを通じてやりとりされるデータの増大にともない、業務遂行にあたってのセキュリティ体制構築だけでなく、ICT 機器のセキ

ュリティ対策なども必要となる。

(3) セキュリティ対策

　業務におけるデジタルデータの増大にともない、重要な営業秘密を含む情報の大量流出が簡単に生じる状況となっている。これに対する対策は喫緊の課題であるが、特にテレワークにおいては、社外へのデータ持出しが必要となることによるセキュリティ上の問題が加わることになる。

　上述のとおり、効率的な情報通信システムの導入は、生産性の高い業務遂行のために物理的に必要となるだけでなく、円滑なコミュニケーションの確立を通じて、チームワークを維持し高めるためにも必須となる。この便利さの反面として、情報通信システムの利用度を上げることは、セキュリティリスクが高まることにもつながるのである。

　在宅勤務等のテレワークにおいて、セキュリティ上の対策として典型的なものに、PC のシンクライアント（Thin client）やゼロクライアント（Zero client）などがある。シンクライアントとは、端末上の処理を最低限のものとし、ほとんどの処理をサーバー側に集中する方式である。もともとは PC の機能を最小限にとどめ、PC のコストを下げる方策として注目されていたもので、「端末にデータを残さずに済むので、情報漏洩対策にもなる」「在宅勤務やフリーアドレスなど、仕事の場所を選ばない新しいワークスタイルを実現できる」といった観点から、セキュリティ対策としても注目を集めている。

　シンクライアントには、ネットワークブート型と画面転送型がある。ネットワークブート型とはサーバー上にあるイメージファイルを使ってネットワークを通じて OS やアプリケーションをクライアント端末でブート（起動）する方法、画面転送型はサーバー側で環境を起動し、ネットワーク越しに接続された端末へ画面情報を転送し、キーボードやマウスなど入力情報を端末からサーバーへ返すものである。このうち、そもそも PC 端末側に Windows などの OS を使用せず、情報通信端末でサーバー側での処理を行わせるためのネットワーク接続機能のみを持たせるものが、ゼロクライアントと呼ばれる。

　セキュリティ対策の面では、以上のようなシステム上のもののほか、業務遂行上の要求事項を反映するために、教育や規則整備も重要である。また、新テレワークガイドラインでは、セキュリティについての社内教育などを実施する際は、必要に応じ、総務省が作成している「セキュリティガイドライ

ン」を活用するなどして、情報セキュリティ対策に十分理解を得ておくこと
が望ましいとされている。

　このように人的制度、物理的設備などを通じ、セキュリティを確保しなが
ら、効率的にテレワークを推進できるシステムを整えることは、事業者側の
負担となるが、これは自社の競争力を高める手段ともなるのである。

(4) 業務遂行方法の見直し

　政府がテレワークとして主に念頭に置いているのは、従前のオフィスワー
クを、情報通信システムを活用して事業場外で行うことである。そこでは、
コミュニケーションやセキュリティの問題に関連して、報告・連絡・相談の
方法、意思決定の手続き、業務指示の方法など、見直すべき点が多々生じて
くる。

　コミュニケーションについては、単に情報を伝達するだけでなく、在宅勤
務などで独立して業務を行う場合に、組織としての一体性や、業務分担の柔
軟化・効率化などを含め、チームワークをどのように維持・向上させるかな
どが問題となりうる。そのようなチームワークの維持・向上は、テレワーク
制度導入・整備前に慎重に検討すべきものではあるが、現実に制度を導入・
実施してみなければ、わからない点も多々あり、制度導入後に随時見直しが
必要とされるところである。

　とりわけ、仕事をするということに対するマインドセットは重要なポイン
トである。チームワークといいながら、上司が帰るまで帰宅できない等、在
社すること自体が働いていることであるかのような、またチームワークを維
持するために遅くまで在席していることが必要であるかのような漠然とした
マインドセットは、いまだに、いたるところで見受けられる。これは近時だ
いぶ変わってきたとはいえ、部下の側だけでなく、上司の側においても、早々
に帰宅する従業員への評価などで問題が表れることがある。このようなマイ
ンドセットの問題は一朝一夕で変わるものではない。

　テレワーク制度を導入するとともに、それにより、このようなマインドセ
ット自体の変更にも取り組む必要がある。マインドセット自体は直接には変
更できないが、「働き方」を変えていくことで、そのようなマインドセット
自体の変化が期待される面もある。

(5) 社内教育等

　マインドセットともかかわるが、新テレワークガイドラインでは、「テレ

ワークの特性を踏まえると、勤務する時間帯や自らの健康に十分に注意を払いつつ、作業能率を勘案して、自律的に業務を遂行できることがテレワークの効果的な実施に適しており、企業は、各労働者が自律的に業務を遂行できるよう仕事の進め方の工夫や社内教育等によって人材の育成に取り組むことが望ましい。」としている。

　Ⅰ章第4の2(1)では、自己管理能力、コミュニケーション能力、環境適応能力等のテレワークを行うにふさわしい能力について言及したが、もちろん限界があるとしても、それらを高めるための教育研修を実施することは、テレワーク対応力を増加し、業務効率を高めるうえで必要である。それは、本人の個性の問題だけでなく、その者が従事する業務がどのようなものに属するのかにも関連するところである。教育研修の対象者・内容等は、これらについて十分に考慮したうえで決定されるべきである。

　なお、テレワークを行う労働者を対象とする、社内教育や研修制度に関する定めをする場合には、当該事項を就業規則に規定しなければならない（労働基準法89条7号）が、これについても、導入上当然に必要とされる配慮事項である。

第5　社内規則整備における手続き上の留意点

　以上を前提に、具体的にテレワーク制度を導入するにあたり、社内規則等ではどのような整備が必要か、またそれらの導入・整備にあたり、どのような問題が生じうるかを次に検討する。

　テレワーク制度の導入・整備にあたっては、既存従業員と新規採用者とでは法的な取扱いが異なり、新規採用者には採用・募集時におけるテレワーク制度についての十分な説明が、既存従業員では労働条件の変更手続きが必要となる。

1.　新規採用者に対する労働条件明示
（1）　新規採用者等に対する労働条件明示義務
❶明示が義務的とされる事項

　テレワーク制度を導入・整備するにあたっては、現時点で通常勤務で従事している従業員の業務をテレワークに切り替えていくことや、すでにテレワ

ーク（在宅勤務等）に従事している従業員の労働条件を整備していくこと、さらに新規採用した社員にテレワーク制度で勤務させる場合等が想定される。

　そのうち、新規採用者については、新たに労働契約を締結し、労働条件を定めるものであるので、不利益変更の問題は生じない。ただし、以下の労働条件（絶対的記載事項）については、書面による明示、または、ファクシミリ、電子メール、SNS メッセンジャー機能等を使用して添付ファイルの形で通知をする等の方法により、必ず明示をしなければならないとされる（労働基準法15条、労働基準法施行規則5条1項）。（詳細についてはⅢ章第2の2参照）

◆雇用契約の期間に関する事項（労働基準法施行規則5条1項1号）
◆就業の場所、従事すべき業務に関する事項（同規則5条1項1号の3）
◆始業および終業の時刻、所定労働時間を超える労働の有無、休憩時間、休日、休暇、労働者を2組以上に分けて就業させる場合における就業時転換に関する事項（同規則5条1項2号）
◆賃金（退職金、賞与を除く）の決定・計算・支払いの方法、賃金の締切・支払いの時期、昇給に関する事項（同規則5条1項3号）
◆退職に関する事項（同規則5条1項4号）

　また、次の事項（相対的記載事項）を定める場合は、それらも明示しなければならない。

◆退職金（労働者の範囲、退職手当の決定・計算・支払いの方法および支払いの時期）に関する事項（労働基準法施行規則5条1項4号の2）
◆臨時の賃金および最低賃金額（同規則5条1項5号）
◆労働者に食事、作業用品その他の負担をさせる定めをする場合は、これに関する事項（同規則5条1項6号）
◆安全および衛生に関する定めをする場合は、これに関する事項（同規則5条1項7号）
◆職業訓練に関する定めをする場合は、これに関する事項（同規則5条1項8号）
◆災害補償および業務外の傷病扶助に関する定めをする場合には、これに関する事項（同規則5条1項9号）
◆表彰および制裁の定めをする場合は、種類および程度に関する事項（同規則5条1項10号）

◆休職に関する事項（同規則 5 条 1 項11号）

❷就業場所の定め

　この就労場所の明示に関しては令和 6 （2024）年 4 月 1 日から、将来的に就業場所の変更がありえる場合について、上記施行規則 5 条 1 項の明示事項に、「就業場所・業務の変更の範囲」を記載することが追加されるとの規則変更が施行されているので、新テレワークガイドラインでも「労働者に対し雇入れ直後からテレワークを行わせることが通常想定される場合は雇入れ直後の就業の場所としてまた、その労働契約の期間中にテレワークを行うことが通常想定される場合は変更の範囲として、『使用者が許可する場所』も含め自宅やサテライトオフィスなど、テレワークを行う場所を明示する必要がある。」とされている。

❸アウトソーシング

　新規採用とは異なるが、新規にテレワークを利用する方法として、これまで社内で行っていた業務を外部のテレワーカーにアウトソースすることも考えられる。外部テレワーカーにアウトソースする場合、そのテレワークが自営型であるならば、従事するテレワーカーと業務委託契約を締結することになり、労働・雇用法の問題は生じない。この点に関しては、自営型テレワークが雇用型であるとの認定をされないように、契約内容およびその運用に留意をするべきこととなる（Ⅳ章第 2 参照）。

（2）新規採用のための募集

　採用のために募集を行う場合は、その募集条件の明示が求められる（職業安定法 5 条の 3 第 1 項）。明示しなければならない事項は、以下のとおりである（職業安定法施行規則 4 条の 2 第 3 項）。

◆労働者が従事すべき業務の内容に関する事項

◆労働契約の期間に関する事項

◆試用期間に関する事項

◆就業の場所に関する事項

◆始業および終業の時刻、所定労働時間を超える労働の有無、休憩時間および休日に関する事項

◆賃金（臨時に支払われる賃金、賞与および労働基準法施行規則 8 条各号に掲げる賃金を除く）の額に関する事項

◆健康保険法による健康保険、厚生年金保険法による厚生年金、労働者災害

補償保険法による労働者災害補償保険および雇用保険法による雇用保険の適用に関する事項

◆労働者を雇用しようとする者の氏名または名称に関する事項

◆労働者を派遣労働者として雇用しようとする旨

◆就業の場所における受動喫煙を防止するための措置に関する事項

　就業すべき場所については、上記に加えて、採用時の条件明示と同じく、令和6年4月1日施行の改正職業安定法施行規則により、明示すべき事項として、従事すべき業務の変更の範囲、就業場所の変更の範囲が加えられていることに注意をする必要がある。（詳細についてはⅢ章第2の1参照）

2．既存従業員の労働条件変更

　すでに雇用契約関係にある従業員にテレワークを命じる場合、あるいはテレワーク勤務を許可する場合、ならびにその許可条件などを変更して規程を整備する場合には、それぞれに応じた労働条件変更の手続きが必要となる。

（1）就業規則の変更を必要としない場合

　通常勤務の労働者に対して、テレワーク制度を新たに導入する場合、それまでの就業規則の定めについての規定の適用により、労働時間管理はそのままとして、会社施設外の特定の場所での勤務を認める（または命じる）限度であれば、就業規則の規定変更を必要としないことも考えられる。

　現に、コロナ禍で緊急避難的にテレワークを実施した際には、テレワークに関する規則を整備することなく在宅での勤務を認める形で、業務の継続をはかった企業が多かったが、その場合でも、在宅勤務に関する規程の不備が問題とされることはなかった。

　また、それ以外にも、

①サテライトオフィス導入

・サテライトオフィスを本社社内に設置し、出張者が利用可能とした場合

・サテライトオフィスを営業社員の利便のためにターミナル駅の近くに設置した場合

②モバイル勤務導入

・臨時的、例外的にモバイル勤務を許容した場合

③在宅勤務

・介護が必要となった従業員に、在宅勤務を、個別具体的な許可のもと、

それまでの労働時間の枠内で許した場合

・希望者に、個別具体的な許可に基づいて在宅勤務を認めた場合

等については、就業規則の変更等を要せず、すでに規定されている「就業場所の指定」「配置転換・転勤」などを適用して、テレワークを実施することが考えられる。

(2) 就業規則の変更が必要となる場合

労働基準法89条では、就業規則に定めるべき事項が次のとおり列挙されている。

◆始業および終業の時刻、休憩時間、休日、休暇、ならびに労働者を2組以上に分けて交替に就業させる場合においては就業時転換に関する事項

◆賃金（臨時の賃金等を除く。以下この号において同じ）の決定、計算および支払いの方法、賃金の締切りおよび支払いの時期、ならびに昇給に関する事項

◆退職に関する事項（解雇の事由を含む）

◆退職手当の定めをする場合においては、適用される労働者の範囲、退職手当の決定、計算および支払いの方法、ならびに退職手当の支払いの時期に関する事項

◆臨時の賃金等（退職手当を除く）および最低賃金額の定めをする場合においては、これに関する事項

◆労働者に食費、作業用品その他の負担をさせる定めをする場合においては、これに関する事項

◆安全および衛生に関する定めをする場合においては、これに関する事項

◆職業訓練に関する定めをする場合においては、これに関する事項

◆災害補償および業務外の傷病扶助に関する定めをする場合においては、これに関する事項

◆表彰および制裁の定めをする場合においては、その種類および程度に関する事項

◆前各号に掲げるもののほか、当該事業場の労働者のすべてに適用される定めをする場合においては、これに関する事項

上記1(1)の労働条件通知書記載事項と異なり、就業場所については、就業規則の必要的な記載事項とされておらず、上記2(1)のような限度であれば、就業規則の変更を必要としない。これに対して、テレワーク勤務命令に

関する規定を設ける場合や、セキュリティの保持のための遵守事項など、新たな義務を定める事項については、その変更に労働者の同意または合理性を必要とする場合がある（労働契約法7条および10条）ことに加え、その変更は就業規則において定める必要があり、就業規則の変更手続きが必要となる。

(3) 就業規則変更の手続き

❶変更に対する従業員の同意の必要性

　就業規則の変更であっても、その変更が労働者にとって有利なものなら、一方的に実施できる（労働契約法7条）が、変更が不利益となる場合には、労働者からの個別の同意が必要となる（同法9条）。したがって、就業規則の変更を行うためには、変更しようとする内容が、労働者にとって不利益であるか否かを確認することが必要である。しかし、不利益変更であるか否かは、必ずしも明確ではない。

　たとえば、在宅勤務を行うか否かを従業員が自由に選択できる制度を導入するのであれば不利益とはいえないが、従業員の意思にかかわりなく一方的にテレワーク勤務を命じることができるとの規定を新設する場合には、不利益な変更といえる。これに対して、テレワークを選択することを許容する一方で、テレワークを選択した場合に労働時間や賃金について従業員に不利益な条件を課したりする場合、不利益であるか否かを判断するためには、その条件等を個別具体的に検討しなければ、判断できない。

　そして、明らかに従業員にとって有利であれば、同意は不要であり、明らかに不利益である場合には、同意を得ることは困難であると考えられるので、不利益変更の同意の必要性が現実に問題になるのは、そもそもそのような変更が不利益か否かが微妙な場合である。

❷真意に基づく個別同意

　明らかに従業員に不利益な条件については、仮に従業員から個別同意を得ることができたとしても、裁判所は、それが重要な労働条件の不利益変更である場合、「当該変更を受け入れる旨の労働者の行為の有無だけでなく、当該変更により労働者にもたらされる不利益の内容及び程度、労働者により当該行為がされるに至った経緯及びその態様、当該行為に先立つ労働者への情報提供又は説明の内容等に照らして、当該行為が労働者の自由な意思に基づいてされたものと認めるに足りる合理的な理由が客観的に存在するか否かという観点からも、判断されるべきもの」である（最高裁平成28年2月19日判

決：山梨県民信用組合事件）としており、形式的に個別の同意があるからといって、当然に不利益な変更が有効になるともいえない。

❸個別同意に代わる変更の合理性の具備

この点に関し労働契約法10条は、「使用者が就業規則の変更により労働条件を変更する場合において、変更後の就業規則を労働者に周知させ、かつ、就業規則の変更が、労働者の受ける不利益の程度、労働条件の変更の必要性、変更後の就業規則の内容の相当性、労働組合等との交渉の状況その他の就業規則の変更に係る事情に照らして合理的なものであるときは、労働契約の内容である労働条件は、当該変更後の就業規則に定めるところによるものとする。」と定めており、労働条件の変更が労働者に不利益なものであっても、変更後の就業規則の内容の相当性等も考慮して、変更することに合理性があれば、労働者の個別の同意がなくても、一方的な変更が可能であるとしている。[11]

テレワーク制度の導入が労働者にとって不利益となるおそれのある場合は、その変更の必要性だけでなく、それが不利益である場合の代償措置等も工夫することにより、合理性を高めることが考えられ、また逆に、そのような形で、不利益性が薄まることにより、合理性が肯定される可能性が高まるのであれば、従業員からの（明示まはた黙示の）同意を得られる可能性も高まるものと考えられる。

❹不利益変更実施の従業員への説明

テレワーク制度の導入に関する就業規則の変更は、不利益であるか否かが不明確な場合が多いと考えられるため、同意取得・合理性具備の要否も不明となりがちである。そこで、合理性を高めるよう、必要性を整理し、代償措置を工夫するなどしたうえで、それらについて、十分な説明を行うことで、（明示まはた黙示の）同意を得られることが期待でき、また明示の同意が得られない場合であっても、合理性があるとされる可能性が高まり、これを争われるリスクも低減でき、事実上の同意取得と同じ状態を達成することが期待できる。逆にいえば、そのような説明や配慮なしに、規則変更を一方的に行おうとすれば、個別合意を得ることが困難なだけでなく、従業員からその変更

---

11 変更に合理性があるとしても、労働契約において、就業規則の変更があっても労働条件に影響を及ぼさないものとして、労働者および使用者が合意していた部分については、そのような合意内容が就業規則で定める基準よりも労働者に不利益なものでない限り、就業規則の変更による労働条件の変更は認められない（労働契約法10条ただし書き）。

の効力を争われた場合、変更の効力が否定されるおそれが高まることとなる。

　従業員への説明にあたっては、具体的には、制度の合理性を高めるべく、変更内容や代償措置等を慎重に検討し、その変更内容の従業員に対する説明に際しての発言内容を準備するとともに、従業員からの質問を想定し、これに対する応答要領を準備して、説明会に臨むことが有益である。もしも導入するテレワーク制度に問題があるなら、通常は、このような説明会における発言要領や応答要領を慎重に準備する段階で、応答の難しい事項などが明らかとなるので、制度の実施方法や補償内容等について、必要に応じた修正を行うべきである。すなわち説明のための準備が、導入しようとするテレワーク制度の合理性の最終チェックともなりうるのである。また、説明会での現実の質疑・指摘で有意義なものについては、制度の合理性を高めるために、制度の見直しとして取り込むことも考えるべきである。

　実際の進め方については、必要に応じて、弁護士等の専門家に、発言応答要領の妥当性の確認を求めることが有益である。このような手順を丁寧に履践することにより、無用な紛争を避けられるだけでなく、制度の効果的な導入整備を進めることが可能となる。

第6　在宅勤務規程の検討

　以下では、現行の労働関連法規の規制の中で、どのようなテレワーク制度を導入すべきか、就業規則の規定について検討を進めることとする。

1．就業規則への記載とテレワーク規程の新設
（1）就業規則の必要性

　常時10人以上の労働者を使用する使用者は、労働基準法89条所定事項について就業規則に定めを置き、従業員代表の意見を聴取したうえで、労働基準監督署に所定の届出を行わなければならない。テレワークに関連しうる主要な項目としては、始業・終業時刻、休憩時間、休日、休暇ならびに賃金に関する事項などがある。

　前述したとおり最小限度の（または臨時的な）テレワークで、従前定められている労働条件の範囲内で対応できるのであれば、就業規則の改定や新設を必要としない場合もありうるが、労働基準法89条では当該事業場の労働者

すべてに適用される定めをするのであれば、その事項を就業規則に定めるべきとされており、また、テレワークに関して、新たに遵守事項を定めるなど、労働条件に変更を加える場合には、就業規則の変更が必要になるので、効果的なテレワーク制度を導入するためには、これに関する適切な規則を定めることが不可欠である。

(2) 規則の形式

規則の形式としては、就業規則や賃金規程等の既存の規則の一部として、それらの規則改正をすることも考えられるが、関連する規定が既存の規則の各項目にちらばってしまうと、関連規定を探すのに手間取るおそれもある。むしろ、テレワークに関する部分は、それらの規則のひとつの章とするなどして、取りまとめたほうがわかりやすいと考えられる。

もっとも、そのようにひとまとめとするのであれば、改正などを行う場合の取り回しの容易さをも考え、独立したテレワーク規程として新設することのほうが合理的である。その場合、就業規則本体には、「テレワークに関する事項は、別途定める。」との規定を置いておくことが考えられる。

厚生労働省の作成した「テレワークモデル就業規則－作成の手引き」(以下、「作成の手引き」という）でも、就業規則の追加条項として、「従業員のテレワーク勤務（在宅勤務、サテライトオフィス勤務及びモバイル勤務をいう。以下同じ。）に関する事項については、この規則に定めるもののほか別に定めるところによる。」との規定例を掲げており、これに基づいて独立したテレワーク規程を置くこととしている。

(3) 在宅勤務規程と各規程例の関係

上記「作成の手引き」では、在宅勤務についての規程を中心に検討され、その末尾に「テレワーク就業規則（在宅勤務規程)」(以下、「モデル在宅勤務規程」という）として規程例が添付されており、在宅勤務規程以外のサテライトオフィス勤務規程、モバイル勤務規程については、「作成の手引き」の本文中にいくつかの規定例を示すことにより、一応全体をカバーしているものとされている。しかし在宅勤務規程、モバイル勤務規程、サテライトオフィス勤務規程の関係などについては十分説明をされていないので、それらにおいて規定すべき事項等を概観する。

なお、テレワークにおける勤務場所については、図表5のとおりである。それぞれについてどのように規定を置くべきかを整理する。

❶サテライトオフィス勤務規程

①事業場の性格を有するサテライトオフィス勤務

図表5に示したとおり、事業場としての性格を有するサテライトオフィスに一定期間配属されての勤務については、サテライトオフィスにおける就業規則に従って、通常勤務を行うことになるので、新たに必要であるのは、サテライトオフィス勤務を指示・許可する就業規則の規定のみとなる。したがって、この場合は他の事業場への応援などの場合と同様の取扱いにすることができ、サテライトオフィス勤務規程のような特別な規定を設ける必要はないと考えられる。

②事業場の性格を有しないサテライトオフィス勤務

これに対し、事業場としての性格を有しない、シェアオフィス勤務などについては、モバイル勤務の形態のひとつであるというべきであり、これについては、在宅勤務規程またはモバイル勤務規程でカバーされることになる。

③サテライトオフィス勤務規程を定める必要がある場合

したがって、サテライトオフィス勤務規程を定める必要があるのは、リゾート地などにおいてサテライトオフィスを設け、一定期間継続的に勤務を指示する、または許可する場合のような、いわゆるリゾート勤務の場合が考えられる。

そのような場合のサテライトオフィス勤務規程例を巻末に掲げる。

❷モバイル勤務規程

モバイル勤務については、まず、在宅勤務を行っている従業員について、カフェ、ワークスペースにおいて、あるいは移動中等に業務を行うことを認

図表5 ●勤務場所図

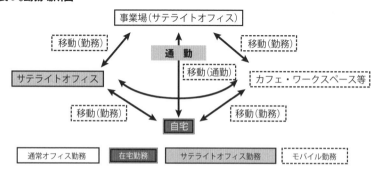

めることが考えられる。それらでの勤務に関しては、在宅勤務規程ではなく、別にモバイル勤務規程を定め、それにより規律することが考えられる。また、通常オフィスでの勤務や、事業場としての性格を有するサテライトオフィスに一定期間従事する場合については、特段のテレワーク規程を定めていないものと考えられるので、それらの場所以外でのモバイル勤務を認める場合についても、モバイル勤務規程を定めることが考えられる。しかしながら、在宅勤務規程のない事業場において、モバイル勤務を認める場合、そのモバイル勤務の中には自宅での勤務も含まれうることになる。これについて、在宅勤務規程を定めず、モバイル勤務規程のみとするか、別途、在宅勤務規程を定めるかは、自宅での勤務があくまで例外的であるか否かで決められることとなる。ただし、雇用型テレワークの場合、以上のような、場所を特定しないモバイル勤務はむしろ例外的と考えられる。

　モバイル勤務規程についても、巻末に規程例を掲げる。

❸在宅勤務規程

　テレワーク勤務規程は、自宅での勤務を行うことを指示または許可するものであるが、図表5に示した自宅での勤務以外にはテレワーク勤務を認めないとするのか、それとも 自宅以外でテレワーク勤務をすることも認めるのかにより、場合分けをする必要がある。

　もしも、自宅以外で勤務をすることも許容するとすれば、その許容範囲に応じて、自宅、カフェ、ワークスペース、サテライトオフィス、移動途中等での勤務も含むことになりえるので、その場合の在宅勤務規程には、サテライトオフィス勤務やモバイル勤務に関する規定も含みうることになる。したがって、どの範囲の勤務まで認めるのかについては規程の適用範囲との関係で明確にしておく必要がある。

　在宅勤務規程についても、巻末に規程例を掲げる。

　テレワーク勤務規程の中心となるのは在宅勤務規程であるので、以下では在宅勤務規程を中心に、テレワークに関する法的規制や留意事項等を踏まえて、考慮すべきポイントを、「作成の手引き」に沿って整理する。

2. 在宅勤務規程の総則部分

(1) 就業規則との関係

　「作成の手引き」では、まず、就業規則本体との関係について、就業規則

の追加条項例として、次の第4項のような規定の例を掲げている。

第○条　この規則は、○○株式会社の従業員に適用する。

2　パートタイム従業員の就業に関する事項については、別に定めるところによる。

3　前項については、別に定める規則に定めのない事項は、この規則を適用する。

4　従業員のテレワーク勤務（在宅勤務、サテライトオフィス勤務及びモバイル勤務をいう。以下同じ。）に関する事項については、この規則に定めるもののほか別に定めるところによる。

　このような規定は必須のものではないが、各テレワーク規程と就業規則本体との関係、および適用の関係を明示することは有益である。

(2) 目的規定

　「モデル在宅勤務規程」では、上記の就業規則の追加条項の規定を受けて、在宅勤務制度の目的として次のような条項例を掲げている。この条項は、在宅勤務規程の就業規則本体との関係およびその規定内容を簡潔に記載したものである。

（在宅勤務制度の目的）

第1条　この規程は、○○株式会社（以下「会社」という。）の就業規則第○条に基づき、従業員が在宅で勤務する場合の必要な事項について定めたものである。

(3) 定義規定（就業場所についての規定）

❶「モデル在宅勤務規程」の規定例

　モデル在宅勤務規程では、在宅勤務、サテライトオフィス勤務およびモバイル勤務について、定義規定を掲げている。

（在宅勤務の定義）

第2条　在宅勤務とは、従業員の自宅、その他自宅に準じる場所（会社の認めた場所に限る。）において情報通信機器を利用した業務をいう。

（サテライトオフィス勤務の定義）

第2条　サテライトオフィス勤務とは、会社所有の所属事業場以外の会社専用施設（以下「専用型オフィス」という。）、又は、会社が契約（指定）している他会社所有の共用施設（以下「共用型オフィス」という。）において情報通信機器を利用した業務をいう。

（モバイル勤務の定義）

第2条　モバイル勤務とは、在宅勤務及びサテライトオフィス勤務以外で、かつ、社外で情報通信機器を利用した業務をいう。

これらの規定例では、在宅勤務規程では「在宅勤務の定義」を、サテライトオフィス勤務規程では「サテライトオフィス勤務の定義」を、モバイル勤務規程では「モバイル勤務の定義」の定義を置くことを前提として、いずれもそれらの規程の第2条で規定することを想定している。

❷在宅勤務の範囲

　Ⅱ章第3の2で指摘したとおり、在宅勤務を指示または許可する場合には、喫茶店やシェアオフィス、サテライトオフィスまたは移動途中等、自宅以外の場所で勤務することを禁止するにしても、一定の条件で認めるにしても、それらについて明記しておく必要がある。

　ちなみに、「モデル在宅勤務規程」では、上記のように「その他自宅に準じる場所（会社の認めた場所に限る。）」での勤務を行うことも在宅勤務の延長であるとし、「作成の手引き」では下記のとおり、居住場所に類似する場所に限定することを念頭に置いているようである。

　規定例では、「自宅」のほかに、「その他自宅に準じる場所」を勤務場所としていますが、自宅に準じる場所とは、例えば、従業員が自宅以外の場所で親の介護などを行っている場合は、介護している親の家が考えられます。

　しかしながら、「その他自宅に準じる場所」との文言は、必ずしも明確ではない。もちろん会社の許可の範囲で勤務を認めるということであるので、想定外の場所で勤務が行われることを制限できないといった問題が生じるとは考えがたいが、それであれば、自宅以外の就業については、個別に許可を求めるとしたほうがよい。また、運用においては、移動中、カフェでの勤務、シェアオフィスでの勤務等についても、その射程とすることが考えられる。そのような運用も考えた場合は、その範囲や許可の要否を明確に記載したほうがよいであろう。

　なお、自宅での勤務環境が十分でない場合にシェアオフィス費用を会社支給にするような場合は、在宅勤務の延長として扱うというよりも、モバイル勤務・サテライトオフィス勤務を認めるものであると考えたほうが整理がしやすい。

　そこで、巻末資料「1. 規程参考例」の在宅勤務規程では、その第2条において、在宅勤務の場所を居住場所に限定するとともに、その第5条で、居住場所以外で勤務する場合は別途の許可を必要とするものとしているので、参照されたい。

3．在宅勤務の指示または許可に関する条項

（1）在宅勤務命令

「作成の手引き」「モデル在宅勤務規程」では、使用者が在宅勤務を指示できるか否かに関する規定例を置いていない。ただし「作成の手引き」には、「災害等の特段の事情が認められる場合に、会社から在宅勤務を指示することも考えられます。」と記載されている。しかし、そのような極限的な状況でなくても在宅勤務が適当である場合、従業員からの申し出の有無にかかわりなく、会社から在宅勤務を指示することはありうる。従業員としても特段の支障がなければ、在宅勤務を問題なく行うことはできるであろう。そのため、在宅勤務の指示をきわめて例外的な場合だけに限定することは合理性がないものと考えられる。むしろ、コロナ禍のように、出社することが困難である場合だけでなく、事業場の環境や、休職からの復帰のステップとして等、在宅での勤務を指示することが適当である場合も想定されるので、業務上必要となる場合には、在宅勤務を指示できるとの規定を置くべきであると考えられる。

他方で、自宅は従業員が所有または賃借する個人の財産であり、それを業務上使用することを一方的に命令することには合理的な制限がかけられるべきである。したがって、在宅勤務命令は、合理的な必要性がある場合に限られるべきであり、また従業員に、これを拒む正当な理由があるときには、これを拒絶できるものとするべきである。

そこで、規定については、業務上必要がある場合には在宅勤務の指示が可能であることとし、正当な理由がなければ拒絶できないといった規定ぶりとし、居住場所での勤務を拒否する正当な理由があるときは、シェアオフィスの提供などのしかるべき代替措置を講じることとしている（なお、個別事例における在宅勤務命令の有効性判断については、上記諸事情を慎重に比較衡量して、慎重に検討されなければならない）。

具体的な規定ぶりについては、巻末資料「1．規程参考例」の在宅勤務規程第3条を参考にされたい。

（2）在宅勤務の許可

在宅勤務については、従業員側からの申し出に基づいて、会社側がこれを許可する場合も考えられる。現実的にはこちらが主流であろう。

しかし、当該職務の遂行について在宅勤務を含むテレワークが適切である

のか否かは、職務・人・企業・地域のそれぞれの属性を総合的に考慮して決められるべきであり、最終的には、当該業務遂行の権限および責任を有する使用者の裁量で決定されるべきである。もちろんその裁量権の行使が恣意的になることがないようにするためにも、そして、従業員の側にテレワーク勤務を行ううえでの備えるべき条件を周知するためにも、テレワーク勤務を許可する基準は、できる限り具体的に示すべきである。

　そのほかにも、育児・介護の必要のある従業員からの在宅勤務許可申請について、特段の取扱いをすることなどが考えられるが、就業規則に、そのような具体的な基準を書き込むことは、それら基準自体が、状況において柔軟に変更されるべきものであることを考えれば、就業規則における変更の手続きおよび労働基準監督署への届出を必要とするなど、煩雑にすぎると考えられるので、具体的な決定基準は、別途に「運用基準」のような形で定めておくべきである。

　以上を前提として、具体的にどのような規定ぶりとするべきかを検討する。

❶「作成の手引き」の記載

　「作成の手引き」では、「3－1 全員を対象とする規定例」「3－2 対象者に制限を設ける規定例」「3－3 育児、介護、傷病等に限定する規定例」が掲げられている。そして、その規定例では、「3－1 全員を対象とする規定例」「3－3 育児、介護、傷病等に限定する規定例」においても、執務環境などの要件を課しており、会社側が許可に関する判断を行うことが前提とされている。

　しかし、問題はむしろ、その判断について、会社に裁量があるのか否かであり、合理的な裁量があることとする規定としておくことが、その判断の当否等についての無用な混乱を避けるために有益であると考えられる。また、上述のとおり具体的な判断基準の詳細についてまで明示する必要はない。そこで、これらのモデル規程も参照しながら、どのような規定が適切であるのかを検討する。

❷許可基準

　許可の基準としては、具体的な判断基準ではなく、判断において考慮するべき項目、たとえば職務の内容、従業員の勤続年数、在宅勤務の適性についての上司の意見、育児・介護の必要性等の従業員側の事情などを示すととも

に、それらを総合考慮して、会社が合理的な裁量に基づいて決定することを明確にすることが適当であると考えられる。なお、考慮項目は、テレワーク制度をどのような目的で導入するのにも深くかかわるものであり、これまで述べてきた種々の観点を踏まえ、慎重に決定するべきである。以下、個別に見てゆく。

①業務効率向上の観点

業務効率向上の観点からは、Ⅰ章第4の2(1)で掲げた「自己管理能力」「コミュニケーション能力」「環境適応能力」などの各要素について、上司等が裁量に基づいて合理的に判断できるとの基準を掲げることが考えられる。

総合的な判断となるため、具体的運用においては、従業員側の不満も考えられるが、性別による差別や組合活動に対する不利益取扱いなどの、明らかに不合理な判断でなければ、職務の配置等の場合と同様、これを法的に争うことは困難であると考えられる。逆にいえば、従業員側としても、そのような具体的問題がないにもかかわらず、上司の判断に不満をもって、その決定を争うことは得策ではなく、まずはこれらの能力を高め、理解を得ることに努力をするべきである。

ただし、運用の不公平感は、従業員のモチベーションを下げかねないので、経営側としては、きわめて慎重に決定を行わなければならない。

②従業員側の事情の観点

テレワーク制度の導入が、ワークライフバランスやダイバーシティーの向上を主目的とするのであれば、そのような観点も含めた判断要素を加えることが考えられる。

たとえば、「作成の手引き」には、上述のとおり、「3−3育児、介護、傷病等に限定する規定例」として、「育児、介護、従業員自身の傷病等により、出勤が困難と認められる者」であることを、必要条件に掲げる規定例も示されている。ちなみに、このような条項を置く場合には、育児・介護の必要性の実態に見合った勤務時間・条件による在宅勤務として、許可を行うことなども考えられる。

また、休職からの復帰において、「リハビリ出勤」とは別に、在宅勤務でのリハビリ勤務を指示したり、申請に基づいてこれを認めるなども考えられる。この場合、そのような在宅勤務は、復職判定のために行うものなのか、業務として行うものなのか、復職後の勤務として行うものなのかが不明確と

ならないような配慮が必要となる。

③許可内容等との関係

このように、具体的な許可基準の検討においては、許可の基準と関連して、許可の内容（許可するテレワークの日数・頻度・方法等）がどのような基準で決定されるかに関しての基準も検討する必要が生じる。

そして、このようなテレワーク許可の基準は、業務状況や在宅勤務の運用状況、企業の人事政策・方針等々によって随時に改定・変更する必要があるので、規定そのものを在宅勤務規程の中に記載することは適切ではない。したがって、この基準については、会社が、別途定めるものであることを在宅勤務規程の中に示しておくことが適切である。

④許可取消基準との関係

この基準は、在宅勤務の許可を取り消す際の基準としても使用することが考えられ、その取消しは、服務規定違反など、種々の事情が想定されるので、在宅勤務許可基準に言及することなく、「業務上その他の事由」といった程度の記載でよいと考えられる。

以上に関する在宅勤務規程の具体的な規定の例については、巻末資料「1. 規程参考例」の在宅勤務規程第4条を参照されたい。

❸在宅勤務の就業環境の確認

上記の許可基準の中で、在宅勤務の適性については、Ⅰ章第4の2(2)で検討したように、従業員の自己管理能力等、従業員の個性の問題のほかに、自宅の就業環境の問題もある。

この就業環境について、新テレワークガイドラインには、「自宅等においてテレワークを行う際の作業環境を確認するためのチェックリスト【労働者用】」が示されている。チェックの結果、不十分な点があれば、労働者が使用者と話し合って改善をはかるためのツールとして提示されているものであるが、使用者としても、就業環境が整備されていなければ、在宅での勤務が、効率的かつ安全衛生上問題のない形で実施することは困難となることが予想されるので、積極的に活用すべきである。

もちろん自宅の就業環境に関して使用者が関知することは、プライバシーとの関係で難しい側面もあるが、使用者にとっては、業務の効率的な推進のためだけでなく、従業員側にとっても重要な、安全配慮義務の履行のためでもあるので、可能な限り従業員とともに確認し、その改善をはかることが有

益である。

　またこのチェックリストによる確認の結果、就業環境が適正でないと考えられる場合で、当該従業員に改善の意思がないなど、その改善が困難なときは、テレワークを許可しないことも選択肢としてありうる。したがって、このチェックリストは上記の許可基準と絡めて運用を行うことを考えるべきであり、最終的には、許可の基準ともされるべきものである。

❹在宅勤務の就業場所

①自宅以外の就業を認めない場合

　在宅勤務の就業場所について、自宅以外の場所での勤務を認めるか否かは大きな問題である。

　本章第6の2の(3)で前述したとおり、もし自宅以外の勤務を禁止するのであれば、その旨を明確にしておかなければならない。そのような明示がなければ、在宅勤務中に、カフェやシェアオフィスなどで業務を行うことも予想され、これを規則違反とすることは困難となる。また、自宅以外でも、会社のサテライトオフィスや設備の整ったシェアオフィスを使用するのであれば問題は少ないが、電車の中やカフェ等で会社業務を行うとすれば、セキュリティ上の問題も生じうるところである。

　したがって、もし在宅勤務において、自宅以外の勤務を認めないのであれば、その旨を在宅勤務規程で明確に定めるべきである。

②自宅以外の就業を認める場合

　サテライトオフィス勤務やモバイル勤務等を一定の条件下で許容するのであれば、その条件・手続きについては明確に定めておくべきである。

　ちなみに、事業場の実態を備えているサテライトオフィスに一定期間勤務する場合は、在宅勤務の延長とは考えがたい。在宅勤務の延長として考えられるサテライトオフィス勤務は、会社の事業場の一部に設けたサテライトオフィスや、会社が許可したシェアオフィスなどを臨時に使用するケースが想定される。そのような場合、労働時間管理の観点からも、その事前の許可や届出などの手続きを明確に定めることが必要になると考えられる。

　これに対して、モバイル勤務については非常に多様なものが含まれるため、明確な許可制にするべきものと考えられる。したがって、在宅勤務の延長としてモバイル勤務を認める場合は、包括的または個別的な許可の手続きや基準を定めておくことが必要となる。

ただし、在宅勤務許可の基準と同様、具体的な基準については別途定めるものとするべきである。

　この規程例については、巻末資料「1. 規程参考例」の在宅勤務規程の第5条（在宅勤務の就業場所）を参照されたい。

(3) 在宅勤務に関する服務規律

　「作成の手引き」では、在宅勤務における服務規律について、次のような条項の例が示されている。

第4条　在宅勤務者は就業規則第○条及びセキュリティガイドラインに定めるもののほか、次に定める事項を遵守しなければならない。

（1）在宅勤務中は業務に専念すること。

（2）在宅勤務の際に所定の手続に従って持ち出した会社の情報及び作成した成果物を第三者が閲覧、コピー等しないよう最大の注意を払うこと。

（3）第2号に定める情報及び成果物は紛失、毀損しないように丁寧に取扱い、セキュリティガイドラインに準じた確実な方法で保管・管理しなければならないこと。

（4）在宅勤務中は自宅以外の場所で業務を行ってはならないこと。

（5）モバイル勤務者は、会社が指定する場所以外で、パソコンを作動させたり、重要資料を見たりしてはならないこと。

（6）モバイル勤務者は、公衆無線LANスポット等漏洩リスクの高いネットワークへの接続は禁止すること。

（7）在宅勤務の実施に当たっては、会社情報の取扱いに関し、セキュリティガイドライン及び関連規程類を遵守すること。

　このような在宅勤務に関する服務規定は、通常勤務に関する就業規則所定の服務規定に加え、在宅勤務特有の問題を取り上げるものであって、在宅勤務規程に定めることが適当であると考えられる。

　しかしながら、「作成の手引き」では、自宅以外の場所で業務を禁止するとともに、それとは別にモバイル勤務者についての服務規定も含んでいるなど、就業場所の許可基準との関係で、若干ちぐはぐなところがある。現実に規定を作成するうえでは、実態に合わせて補正することが期待される。

　在宅勤務規程の服務規定として考えるべき条項については、巻末資料「1. 規程参考例」の在宅勤務規程第6条を参照されたい。

4．労働時間に関する定め

（1）労働時間制度

　労働時間については、1日8時間1週間40時間の所定労働時間を前提に、始業・終業時刻を定める就業規則の規定のままで、在宅勤務を行うことは十分に可能であり、むしろ通常の労働時間を適用することが適当であると考えられる場合が多いこと、およびテレワークにおける時間管理の特殊な問題等については、本書Ⅲ章第3で詳述したとおりである。そして、規程整備に関しては、在宅勤務について、通常勤務と同じ時間制度を適用するのであれば、原則として就業規則の定めるところによることとなり、労働時間の把握手続き以外に労働時間の定めに関する特別な規定は不要である。

　また、職種や勤務実態などにより、裁量労働制、フレックスタイム制度の適用が考えられるが、それらの内容や手続き要件等についても、テレワークのみに関する問題ではないので、規程の整備に関しては上記と同様に就業規則の定めるところを準用することができる。

（2）事業場外みなし労働時間制

　裁量労働制対象業務について裁量労働制を適用しない場合は、テレワーク（在宅勤務）において、事業場外みなし労働時間制度を適用することと親和性が高いと考えられることは前述したとおりである。そこで、そのような場合の規定例をここで確認をしておきたい。

　事業場外みなし労働時間制に関する規定について、「作成の手引き」では、次のような例をあげている。

第5条の2　在宅勤務時の始業時刻、終業時刻及び休憩時間については、就業規則第○条の定めるところによる。

2　前項にかかわらず、在宅勤務を行う者が次の各号に該当する場合であって会社が必要と認めた場合は、就業規則第○条を適用し、第○条に定める所定労働時間の労働をしたものとみなす。この場合、労働条件通知書等の書面により明示する。

（1）従業員の自宅で業務に従事していること

（2）会社と在宅勤務者間の情報通信機器の接続は在宅勤務者に任せていること

（3）在宅勤務者の業務が常に所属長から随時指示命令を受けなければ遂行できない業務でないこと

3　前項にかかわらず、就業規則第○条の第2項又は第3項の規定に該当する者

は、それぞれ各項に規定する時間労働したものとみなす。

　しかし、事業場外みなし労働時間制の適用が可能なのかは、実態にかかわる問題であることから、これについての疑義がないよう、その業務遂行状況および時間は可否・困難さについて、具体的に確認することが必要である。

　また、Ⅲ章第3の2(5)で述べたとおり、事業場外みなし労働時間制を適用されている在宅勤務者が、その一部について出社して業務を行った場合、その時間はみなしの対象外になる。これについては、事業場外みなし労働時間と出社しての業務時間とを合計して法定労働時間を超過する場合には、割増賃金支払いの義務が生じることとなるため、明確に把握する必要がある。したがって、在宅勤務等のテレワークを指示、または許可する場合、その1日の業務の一部を、出社して行うことを可能とするのか否か、可能とする場合にはその処理をどのようにするのかについての定めを置く必要がある。

　具体的な規定ぶりについては、巻末資料「1．規程参考例」の在宅勤務規程8条を参考にされたい[12]。

(3) 労働時間の把握に関する規定

　労働時間を正確に把握する義務があることは、前述の「適正把握ガイドライン」のとおりであるが、テレワーク勤務についても、賃金計算のために正確な労働時間の把握が必要となり、そのためには労働者側の協力が必要となる。

　この労働時間の把握に関しては、賃金計算のためだけでなく、安全衛生の観点からも要請されるところである。これについては、働き方改革関連法により、労働安全衛生法に66条の8の3の規定が新設され、それまで対象から除外されていた管理監督者の労働時間や裁量労働制のもとで働く労働者の労働時間等を含め、(高度プロフェッショナル制度で従事する労働者以外の労働者についても)厚生労働省令で定める方法により労働時間の状況を把握しなければならないものとされる。したがって、管理監督者や裁量労働制のもとで働く労働者、事業場外みなし労働時間制のもとで働く労働者についても、

12　ちなみに、巻末資料「1．規程参考例」在宅勤務規程第8条（事業場外労働時間のみなし制度）では、このような出社勤務については事前の許可が必要としており、事前の許可を受けずに出社した場合は、許可を受けなかったことに対して、しかるべき注意を行うべきであり、注意に従わない場合には懲戒の対象となりうる。ただし、そのような勤務をしていることを会社が知りながら禁止せず、就労させていたのであれば、これは通常の労働時間としてカウントする以外にない点には注意が必要である。

それらの労働時間の状況の把握の義務が使用者にあるとされ、その対応が必要である。そして、労働時間の状況把握義務は、テレワークについても同様に課せられるので、事業場外みなし労働時間制の場合であっても、労働時間把握のための規定が必要となる。

❶始業・終業時刻

　労働時間の把握に関して、「モデル在宅勤務規程」では、次のような条項を置くこととされている。現実にどのような方法を選択するのかについては、各企業において、実態に合わせて決定し、規定を整備することとなる。

（業務の開始及び終了の報告）

第10条　在宅勤務者は就業規則第○条の規定にかかわらず、勤務の開始及び終了について次のいずれかの方法により報告しなければならない。

（1）電話

（2）電子メール

（3）勤怠管理ツール

❷中抜け時間

　テレワーク勤務の場合、Ⅲ章第3の3（1）で指摘した中抜けの問題があるため、それについての報告の義務づけも必要である。「モデル在宅勤務規程」では、次のような条項を置くこととされている。規定としては、この内容で問題ないと考えられる。なお、時間単位の年次有給休暇の付与を認める場合は、テレワークのみに限定することは考えがたいので、就業規則において定められた時間単位付与の手続きによることとなり、在宅勤務規程に特別な規定を置く必要はない。

（中抜け時間）

第9条の2　在宅勤務者は、勤務時間中に所定休憩時間以外に労働から離れる場合は、その中抜け時間について、終業時にメールで所属長に報告を行うこと。

2　中抜け時間については、休憩時間として取扱い、その時間分終業時刻を繰り下げること。

❸業務遂行状況の把握

　以上のような、労働時間については、管理監督者が、部下の業務遂行状況とともに把握している必要がある。その意味で管理監督者は、勤怠管理ツールなどでの業務時間の報告を受けるのみではなく、それらと業務内容の報告と合わせ、業務実態を正確に把握するべきである。この業務遂行状況の把握

に関して、「モデル在宅勤務規程」では次のような条項を置くこととされている。これらの報告・連絡・相談に関する規定については、それぞれの企業において、実態に合わせてしかるべく検討が行われるべきである。

（業務報告）

第11条　在宅勤務者は、定期的又は必要に応じて、電話又は電子メール等で所属長に対し、所要の業務報告をしなくてはならない。

（在宅勤務時の連絡体制）

第12条　在宅勤務時における連絡体制は次のとおりとする。

（1）事故・トラブル発生時には所属長に連絡すること。なお、所属長が不在の場合は、所属長が指名した代理の者に連絡すること。

（2）前号の所属長又は代理の者に連絡がとれない場合は、○○課担当まで連絡すること。

（3）社内における従業員への緊急連絡事項が生じた場合、在宅勤務者へは所属長が連絡をすること。なお、在宅勤務者は不測の事態が生じた場合に確実に連絡がとれる方法をあらかじめ所属長に連絡しておくこと。

（4）情報通信機器に不具合が生じ、緊急を要する場合は○○課へ連絡をとり指示を受けること。なお、○○課へ連絡する暇がないときは会社と契約しているサポート会社へ連絡すること。いずれの場合においても事後速やかに所属長に報告すること。

（5）前各号以外の緊急連絡の必要が生じた場合は、前各号に準じて判断し対応すること。

2　社内報、部署内回覧物であらかじめランク付けされた重要度に応じ至急でないものは在宅勤務者の個人メール箱に入れ、重要と思われるものは電子メール等で在宅勤務者へ連絡すること。なお、情報連絡の担当者はあらかじめ部署内で決めておくこと。

（4）休憩・休日

「作成の手引き」の「モデル在宅勤務規程」では、休憩時間および休日については、通常勤務と同様の時間管理をすることを前提として、就業規則を引用している。現実的にもこのような取扱いとなることが多いと考えられる。

　ちなみに、休憩時間の一斉付与との関係は、所属事業場単位で考えられることになるため、一斉付与の例外についての労使協定の有無を含め、当該テレワーカーがどの事業場に所属しているのかを明確にする必要がある。

(5) 時間外・休日勤務についての規定

「作成の手引き」の「モデル在宅勤務規程」では、時間外・休日労働について、就業規則の労働時間規定の適用を前提として、次のような条項例を掲げている。

時間外・休日労働について、在宅勤務では私生活と勤務との境界が曖昧になりがちであり、また管理者との距離の存在により時間管理が行いにくいため、予期せぬ長時間勤務になるおそれがあることから、下記のように特に許可を得ることについて規定を置くことが有益であると考えられる。^{*13}

（時間外及び休日労働等）

第8条 在宅勤務者が時間外労働、休日労働及び深夜労働をする場合は所定の手続を経て上長の許可を受けなければならない。

2 時間外労働、休日労働及び深夜労働について必要な事項は就業規則第○条の定めるところによる。

3 時間外労働、休日労働及び深夜労働については、給与規程に基づき、時間外勤務手当、休日勤務手当及び深夜勤務手当を支給する。

5．給与・手当に関する定め
(1) 給与に関する規定および人事評価

給与に関する規定について、「作成の手引き」の「モデル在宅勤務規程」においては、就業規則の規定に言及するのみであるが、テレワークであることにより、特段のルールを設定するものではないので、かかる条項例で問題のないものと考えられる。

なお新テレワークガイドラインでは、「テレワークを行う場合の評価方法を、オフィスでの勤務の場合の評価方法と区別する際には、誰もがテレワークを行えるようにすることを妨げないように工夫を行うとともに、あらかじめテレワークを選択しようとする労働者に対して当該取扱いの内容を説明することが望ましい。」とされている。人事評価は従業員のモチベーションの

---

13 事業場外みなし労働時間制に関する脚注12でも述べたとおり、事前の許可を受けずに時間外勤務や休日労働を行った場合には、許可を受けなかったことについて、しかるべき注意を行うべきであり、注意に従わない場合には懲戒の対象となりうるが、そのような勤務をしていることを会社が知りながら禁止せず、就労させていたのであれば、これは通常の労働時間としてカウントする以外にない点には留意すべきである。

維持、人材の確保・維持のための基本であり、これについては、テレワークであるか否かにかかわらず、各企業において真摯に取り組まねばならない課題である。

(2) 諸手当等

在宅勤務などの場合、自宅で業務を行うことによる賃料相当分、通信費、光熱費など、従業員個人の負担となる部分もあり、それに対する補償のために手当を支給することが考えられる。

そして「作成の手引き」では、在宅勤務の場合の水道光熱費・通信費の補助、通勤手当の取扱いなどの定めを置くとしており、「モデル在宅勤務規程」では、さらに個別に次のような条項を置くものとしている。

これらは、業務遂行に必要な費用を会社が負担するものであり、どのような規定が適正なものなのかは、在宅勤務の実態を踏まえて、各企業において検討・実施されるべきものである。

（費用の負担）

第14条　会社が貸与する情報通信機器を利用する場合の通信費は会社負担とする。

2　在宅勤務に伴って発生する水道光熱費は在宅勤務者の負担とする。

3　業務に必要な郵送費、事務用品費、消耗品費その他会社が認めた費用は会社負担とする。

4　その他の費用については在宅勤務者の負担とする。

（情報通信機器・ソフト等の貸与等）

第15条　会社は、在宅勤務者が業務に必要とするパソコン、プリンタ等の情報通信機器、ソフト及びこれらに類する物を貸与する。なお、当該パソコンに会社の許可を受けずにソフトウェアをインストールしてはならない。

2　会社は、在宅勤務者が所有する機器を利用させることができる。この場合、セキュリティガイドラインを満たした場合に限るものとし、費用については話し合いの上決定するものとする。

6. 業務遂行方法に関連する規定

(1) 業務上のコミュニケーションの確保

テレワーク勤務では、時間管理のほか、事業場外勤務の場合のコミュニケーションを確保するために、連絡体制についてのルールを定めておくことが考えられる。

「作成の手引き」の「モデル在宅勤務規程」では、本章第6の4（3）❸に引用した規定例が掲げられている。それらを参考としながら、自社の業務内容、テレワークの勤務内容等に沿った規定としていくことが必要である。

（2）セキュリティ関係

　テレワークであるか否かにかかわらず、ICT技術の発達により、大量の情報が容易に事業場外に持ち出される事態が発生しうるが、テレワーク勤務は事業場外で勤務するものであるため、情報・資料の持出しや、事業場外からの業務上のデータへのアクセスが必要となること等により、通常勤務以上に情報セキュリティリスクの高い働き方である。そこで、その手続きや管理の責任などの定めを置くことが必要である。

　データ流出防止対策として、テレワーク勤務の場合は、事業場外での職務遂行において、所定の通信手段以外を使用しないこと、第三者のディスプレイのぞき見防止措置をとること、会話漏れ防止に注意すべきことなどを定めるほか、電子メールの取扱い等に関するルールの徹底等々、種々の規定の追加的整備を考えるべきである。

　「作成の手引き」の「モデル在宅勤務規程」では、情報通信機器の貸与や私有機器の使用許可などについて、以下のように規定している。これらも参考に、さらに、具体的な検討が必要である。

（情報通信機器・ソフト等の貸与等）

第15条　会社は、在宅勤務者が業務に必要とするパソコン、プリンタ等の情報通信機器、ソフト及びこれらに類する物を貸与する。なお、当該パソコンに会社の許可を受けずにソフトウェアをインストールしてはならない。

2　会社は、在宅勤務者が所有する機器を利用させることができる。この場合、セキュリティガイドラインを満たした場合に限るものとし、費用については話し合いの上決定するものとする。

第15条の2　会社は、モバイル勤務者が必要とする携帯電話・スマートフォン等の情報通信機器及び必要な周辺機器を貸与する。

2　前項の携帯電話・スマートフォンの利用料金は会社が負担する。

第15条の3　モバイル勤務者の私有機器を業務に使用する場合は次の事項を所定の申請書に記入してあらかじめ許可を受けなければならない。

（1）ノートパソコンの場合

　①使用する機器のメーカー・名称

②使用するOS

③ウイルス対策ソフトの名称・バージョン

④メールアドレス

（2）スマートフォンの場合

①使用する機器のメーカー・機器の名称

②契約通信番号

③メールアドレス

（3）教育訓練

　上記セキュリティ対策との関係等で、テレワーク業務遂行のために必要な教育訓練を行うことが考えられる。これに関する規定として、「作成の手引き」の「モデル在宅勤務規程」では次のような一般的な規定を置いている。

　しかし、このような一般的な規定ぶりであれば、本体の就業規則の規定で十分と思われる。もしも特にテレワーク勤務規程の中で規定するのであれば、業務上のコミュニケーションやセキュリティ等、そしてテレワークに関して特に必要とされる内容の教育訓練について、テレワーク勤務を認める資格条件の中に取り込むなどの工夫が必要であろう。

（教育訓練）

第16条　会社は、在宅勤務者に対して、在宅勤務における業務に必要な知識、技能を高め、資質の向上を図るため、必要な教育訓練を行う。

2　在宅勤務者は、会社から教育訓練を受講するよう指示された場合には、特段の事由がない限り指示された教育訓練を受けなければならない。

（4）安全衛生関係

　作業環境の整備については、サテライトオフィスの場合は原則として会社に責任があると考えられるが、在宅勤務ではもともとプライベートな空間であるため、使用者が介入できる限度は限られる。したがってテレワーカー個人の責任によるとせざるをえない部分があり、それに関する規律を定める必要がある。そこで、在宅勤務を許可する基準の中に執務環境を整える義務を規定しておき、しかるべき報告なども受けることを許可の条件とすべきである。

　在宅勤務を業務命令として命じる場合には、このような勤務場所に関する報告義務などを設定することは考えがたいが、希望する者を対象に在宅勤務を認めるのであれば、本人の選択としてそのようなプライバシーに対する一定の制約を受け入れることを条件にできると考えられ、合理的な範囲であれ

ば導入は可能であろう。

　ただし、そのような義務を課さずにテレワーク制度をいったん導入してしまったあとで、あらためて義務規定を新設することは、手続き上の問題をはじめ、困難をともなうので、当初の導入時点で十分に検討をして制度化しておく必要がある。

　「作成の手引き」の「モデル在宅勤務規程」では、以下のような一般的な規定が規定例として掲げられている。

（災害補償）

第17条　在宅勤務者が自宅での業務中に災害に遭ったときは、就業規則第〇条の定めるところによる。

（安全衛生）

第18条　会社は、在宅勤務者の安全衛生の確保及び改善を図るため必要な措置を講ずる。

2　在宅勤務者は、安全衛生に関する法令等を守り、会社と協力して労働災害の防止に努めなければならない。

　なお、在宅勤務の場合、たとえば手洗いに立った際の事故やコーヒーなどを取りにいった際の事故など、どこまで労働災害とできるのかは慎重に決定する必要がある。また、モバイル勤務やサテライトオフィス勤務などを考えた場合、どのようなケースが通勤災害となるのかなど、難しい問題が生じうる。

　このような場合に関して、テレワークだけでなく通常勤務も含めて災害補償規程などを設け、原則として、「本規程における業務上または通勤途上の災害の認定については、労働基準法及び労働者災害補償保険法の定めに基づき所轄行政庁の認定するところによるものとする。」などと一般的に規定することも考えられる。

第7　在宅勤務規程以外のテレワーク関連規程

1. サテライトオフィス勤務規程

　本章第6の1(3)❶で述べたとおり、ワーケーションなどの一定期間、事業場としての性格を有するサテライトオフィスに配属、または希望して勤務する場合は、それら配属に関する規定と当該事業場での就業規則の適用とな

り、それ以外は、在宅勤務規程またはモバイル勤務規程でカバーされるため、サテライトオフィス勤務規程を定める必要は特段の事情がない限り考えがたい。よって、サテライトオフィス勤務規程を定める必要がある場合とは、リゾート地などにサテライトオフィスを設け、一定期間継続的に勤務を指示、または許可する場合のような、いわゆるリゾート勤務の場合が考えられる。これについては、在宅勤務規程やモバイル勤務規程と対比して、留意するべき主要な点は次のとおりである。

まず、サテライトオフィス勤務の場合、自宅勤務やモバイル勤務とは異なり、就業場所が特定できていることが原則であるので、これに関する情報や育児・介護等の従業員の個人的な事情等の情報の確認等は不要であり、許可基準についても、別途定めるといった程度でよいものと考えられる。

次に、事業場外みなし労働時間制度および中抜け時間については、サテライトオフィスの状況によっては、在宅勤務規程と同様の規定を置くことが考えられる。

最後に、費用負担については、サテライトオフィスへの移動費用が主として問題となるものと考えられるので、規程例では、それに関する規定例を置いている。

巻末資料「1.規程参考例」のサテライトオフィス勤務規程は、上記のような観点に基づく規程例であり、サテライトオフィス勤務を行う場合の規程作成の参考にされたい。

2. モバイル勤務規程

モバイル勤務規程は、オフィス勤務者はもとより、在宅勤務やサテライトオフィス勤務等で勤務する者についても、自宅を含む多様な場所や移動途中に業務を行うことを認める場合の遵守事項を定めるものである。

いわゆるノマドワーカーのような、不特定の場所で仕事をする働き方は、自営型テレワークが主体であると考えられ、雇用型テレワークにおいてモバイル勤務を行うのは、きわめて例外的で、臨時的・一時的なものであると考えられる。そこで、そのような例外的なモバイル勤務についての許可の基準や遵守事項等について、巻末資料「1.規程参考例」にモバイル勤務規程として掲げている。

モバイル勤務を許容する場合の規程作成の参考にされたい。

資料

1. 規程参考例

【在宅勤務規程】

第1章　総　則

第1条（目的）

　この規程は、○○株式会社（以下「会社」という）の就業規則第○条に基づき、従業員が在宅で勤務する場合の必要な事項について定めたものである。

第2条（定義）

1. 「在宅勤務」とは、本規程第○条に定める従業員が日常生活を営む場所（以下「居住場所」という）において情報通信機器を利用して行う勤務をいう。
2. 「在宅勤務者」とは、サテライトオフィス勤務規程に定めるサテライトオフィス勤務者以外のもので、原則として、その者の行う業務の全部または一部を在宅勤務で行う者をいう。

第2章　在宅勤務の指示又は許可

第3条（在宅勤務命令）

1. 業務上の必要性がある場合に会社は、従業員に対して在宅勤務を指示することができる。
2. 従業員は、正当な理由がなければ、在宅勤務命令を拒否することができない。
3. 第1項の指示が行われた場合で、当該従業員の居住場所の環境が就業に適さない等、在宅勤務が困難である正当な理由がある場合、会社は、シェアオフィスの提供等の適切な措置をとるものとする。

第4条（在宅勤務の許可）

1. 在宅勤務を希望するものは、所定の許可申請書に、許可申請の理由、勤務予定場所等の必要事項を記入の上、所属長に提出しなければならない。
2. 会社は、在宅勤務許可申請の提出があった場合、従業員の適性、確認できる就業環境の状況、育児・介護等の在宅勤務の必要性等を踏まえ、別に定める在宅勤務許可基準に従い、在宅勤務を許可するか否か、許可をする場合の在宅勤務可能日数及び条件等について審査を行い、在宅勤務を適当と判断される従業員に対して許可を行う。
3. 従業員は、上記判断を行うために、会社が合理的に必要とする情報の提供を求められた場合、これに積極的に協力しなければならない。
4. 在宅勤務の許可を受けた従業員が現実に在宅勤務を行うには、許可された日数・条件の範囲内で、その前日までに、上司に対して在宅勤務の届け出を行いその許可を得なけ

ればならない。許可は、直属上司との話し合いに基づき、個別許可または一定期間についての包括的な許可等の方法で受けることができる。

5．会社は、業務上その他の事由により、第1項及び／又は前項による在宅勤務の許可を取り消すことがある。

第5条（在宅勤務の就業場所）

1．在宅勤務については、居住場所以外で勤務を行ってはならない。（ただし、会社が別途定める許可申請に基づいて、モバイル勤務について、個別又は包括的に事前に許可を得た場合にはこの限りではない。モバイル勤務を行う場合については、モバイル勤務規程の定めるところによる。）

2．在宅勤務の就業場所の適正性については、「自宅等においてテレワークを行う際の作業環境を確認するためのチェックリスト」等を使用して、自発的に確認するとともに、使用者からその状況についての報告を求められた場合、正当な理由なくこれを拒んではならない。

3．従業員は、在宅勤務を指示又は許可された場合、その就業環境を業務遂行に適した環境に整備・維持するよう努めなければならない。

4．会社は、前項の許可が不適当であると判断した場合には、何時でもこれを取り消すことができる。

第6条（在宅勤務時の服務規律）

在宅勤務に従事する者（以下「在宅勤務者」という。）は就業規則第○条に定めるもののほか、次に定める事項を遵守しなければならない。

(1) 在宅勤務中は業務に専念しなければならない。

(2) 在宅勤務の際には、所定の手続に従って持ち出した会社の情報及び作成した成果物を第三者が閲覧、コピー等しないよう最大の注意を払わなければならない。

(3) 第2号に定める情報及び成果物は紛失、毀損しないように丁寧に取扱い、会社の指定する方法で保管・管理しなければならない。

(4) 在宅勤務の実施に当たっては、会社情報の取扱いに関し、情報セキュリティに関する会社の関連規程及び上司の指示を厳格に遵守しなければならない。

(5) 会社情報の流出もしくは流出が疑われる事態が発生した場合または、自己の関与にかかわらず、そのような事態を認識した場合は、速やかに上司に報告し、その指示を仰がなければならない。

第3章　在宅勤務時の労働時間等

第7条（在宅勤務時の労働時間）

1．在宅勤務の労働時間については、就業規則第○条の定めるところによる。

2．（※それらの制度の適用がある場合）管理監督者、裁量労働制度、フレックスタイム制度等の適用については、就業規則その他関連規程の定めるところによる。

第8条（事業場外労働時間のみなし制度）

1．前条にかかわらず、在宅勤務を行う者が次の各号のいずれにも該当する場合で、会社が適当と認めるものについては、就業規則第○条を適用し、第○条に定める所定労働時間の労働をしたものとみなす。

(1) 従業員の自宅等、事業場外の会社の許可した場所で業務に従事していること

(2) 在宅勤務時間中の、業務に使用する情報通信機器の接続は、在宅勤務者の裁量で決定できるものとされていること

（3）在宅勤務者の業務が常に所属長から随時指示・命令を受けなければ遂行できない業務
　　ではなく、現実に随時の指示・命令がされていないこと

２．前項の事業場外勤務を行うものが、一日の労働時間の一部を出社して行う場合には、
　　事前に上長に申請して、その許可を受けなければならない。許可を受けたうえで出社し
　　て行った業務時間については、みなし時間制の対象外とする。

３．労働時間算定について事業場外労働時間のみなし制度を適用したか否かは、給与明細
　　において明示するものとするが、その確認後、上記の条件等に関して、実態と異なる点
　　があると考える従業員は、速やかに上長に報告して、その処理について相談をしなけれ
　　ばならない。

第9条（休憩時間）
　　在宅勤務者の休憩時間については、就業規則第〇条の定めるところによる。

第10条（所定休日）
　　在宅勤務者の休日については、就業規則第〇条の定めるところによる。

第11条（時間外及び休日労働等）
１．在宅勤務において時間外労働、休日労働及び深夜労働をする場合は所定の手続を経て
　　所属長の許可を受けなければならない。

２．時間外労働、休日労働及び深夜労働について必要な事項は就業規則第〇条の定めると
　　ころによる。

３．時間外労働、休日労働及び深夜労働については、給与規程に基づき、時間外勤務手当、
　　休日勤務手当及び深夜勤務手当を支給する。

第12条（欠勤）
１．在宅勤務者が、欠勤をする場合は、事前に申し出て許可を得なくてはならない。ただ
　　し、やむを得ない事情で事前に申し出ることができなかった場合は、事後速やかに届け
　　出なければならない。

２．前項の欠勤の賃金については給与規程第〇条の定めるところによる。

第4章　在宅勤務時の勤務等

第13条（業務の開始及び終了の報告）
　　在宅勤務を行う場合は就業規則第〇条の規定にかかわらず、勤務の開始及び終了につい
て次のいずれかの方法により報告しなければならない。

（1）電話
（2）電子メール
（3）勤怠管理ツール

第14条（中抜け時間）
１．在宅勤務者は、勤務時間中に所定休憩時間以外に労働から離れる場合は、その中抜け
　　時間について、終業時にメールで所属長に報告を行わなければならない。

２．中抜け時間については、休憩時間として取扱い、その時間分終業時刻を繰り下げる。

第15条（業務報告）
　　在宅勤務者は、定期的又は必要に応じて、電話又は電子メール等で所属長に対し、所要
の業務報告をしなくてはならない。

第16条（在宅勤務時の連絡体制）
１．在宅勤務時における連絡体制は次のとおりとする。
（1）事故・トラブル発生時には所属長に連絡すること。なお、所属長が不在の場合は、所

属長が指名した代理の者に連絡すること。

(2) 前号の所属長又は代理の者に連絡がとれない場合は、○○課担当まで連絡すること。

(3) 社内における従業員への緊急連絡事項が生じた場合、在宅勤務者へは所属長が連絡をすること。なお、在宅勤務者は不測の事態が生じた場合に確実に連絡がとれる方法をあらかじめ所属長に連絡しておくこと。

(4) 情報通信機器に不具合が生じ、緊急を要する場合は○○課へ連絡をとり指示を受けること。なお、○○課へ連絡する暇がないときは会社と契約しているサポート会社へ連絡すること。いずれの場合においても事後速やかに所属長に報告すること。

(5) 前各号以外の緊急連絡の必要が生じた場合は、前各号に準じて判断し対応すること。

2．社内報、部署内回覧物であらかじめランク付けされた重要度に応じ至急でないものは在宅勤務者の個人メール箱に入れ、重要と思われるものは電子メール等で在宅勤務者へ連絡すること。なお、情報連絡の担当者はあらかじめ部署内で決めておくこと。

第5章　在宅勤務時の給与等

第17条（給与）

1．在宅勤務者の給与については、就業規則第○条の定めるところによる。

2．前項の規定にかかわらず、在宅勤務（在宅勤務を終日行った場合に限る。）が週に4日以上の場合の通勤手当については、毎月定額の通勤手当は支給せず実際に通勤に要する往復運賃の実費を給与支給日に支給するものとする。

第18条（費用の負担）

1．在宅勤務に伴って発生する通信費、水道光熱費は在宅勤務者の負担とする。これらに対する補償として月額○円のテレワーク勤務手当を支給する。

2．業務に必要な郵送費、事務用品費、消耗品費その他会社が認めた費用は会社負担とする。これらについては、支出後、領収書を付して、速やかに精算を行わなければならない。

3．その他の費用については在宅勤務者の負担とする。

第19条（情報通信機器・ソフト等の貸与等）

1．会社は、在宅勤務者が業務に必要とするパソコン、プリンタ等の情報通信機器、ソフト及びこれらに類する物を貸与する。なお、当該パソコンに会社の許可を受けずにソフトウェアをインストールしてはならない。

2．会社は、在宅勤務者の申請に基づき、その所有する機器を業務に使用することを許可することができる。この場合、セキュリティガイドラインを満たした場合に限るものとし、費用については、協議の上個別に決定するものとする。

第20条（教育訓練）

1．会社は、在宅勤務者に対して、在宅勤務における業務に必要な知識、技能を高め、資質の向上を図るため、必要な教育訓練を行う。

2．在宅勤務者は、会社から教育訓練を受講するよう指示された場合には、特段の事由がない限り指示された教育訓練を受けなければならない。

第21条（災害補償）

在宅勤務中に災害に遭ったときは、就業規則第○条の定めるところによる。

第22条（安全衛生）

1．会社は、在宅勤務者の安全衛生の確保及び改善を図るため必要な措置を講ずる。

2．在宅勤務者は、安全衛生に関する法令等を守り、会社と協力して労働災害の防止に努

めなければならない。

第23条（ハラスメント防止）

1．在宅勤務時におけるハラスメント防止については、就業規則第○条の定めるところによる。

2．就業規則第○条でいう「職場」とは、労働者が業務を遂行する場所を指し、テレワーク中の自宅等、従業員が現に業務を遂行している場所も含まれる。

本規程は、令和○年○月○日より施行する。

【サテライトオフィス勤務規程】

第1章　総　則

第1条（目的）

　この規程は、○○株式会社（以下「会社」という）の就業規則第○条に基づき、従業員がサテライトオフィスで勤務する場合の必要な事項について定めたものである。

第2条（定義）

1．「サテライトオフィス勤務」とは、会社が別途指定する、会社所有または会社が利用契約を締結している会社専用施設や他社との共用施設等において情報通信機器を利用して行う勤務をいう。

2．「サテライトオフィス勤務者」とは、在宅勤務規程に定める在宅勤務者以外のもので、原則として、一日の終業時間の全てをサテライトオフィスで勤務する者をいう。

第2章　サテライトオフィス勤務の指示又は許可

第3条（サテライトオフィス勤務の指示）

1．業務上の必要がある場合に会社は、従業員に対して、一定の時間及び場所でのサテライトオフィス勤務を指示することができる。

2．従業員は、正当な理由がなければ、サテライトオフィス勤務命令を拒否することができない。

第4条（サテライトオフィス勤務の許可）

1．サテライトオフィス勤務を希望するものは、所定の許可申請書に必要事項を記入の上、所属長に提出しなければならない。

2．会社は、サテライトオフィス勤務許可申請の提出があった場合、別に定めるサテライトオフィス勤務許可基準に従い、サテライトオフィス勤務を許可するか否か、許可をする場合のサテライトオフィス勤務期間及び条件等について審査を行い、サテライトオフィス勤務を適当と判断される従業員に対して許可を行う。

3．会社は、業務上その他の事由により、前項によるサテライトオフィス勤務の許可を取り消すことができる。

第5条（サテライトオフィス勤務の就業場所）

　サテライトオフィス勤務については、サテライトオフィス以外で勤務を行ってはならない。（ただし、会社が別途定める許可申請に基づいて、モバイル勤務について、個別又は包括的に事前に許可を得た場合にはこの限りではない。モバイル勤務を行う場合については、モバイル勤務規程の定めるところによる。）

第6条（サテライトオフィス勤務時の服務規律）

　サテライトオフィス勤務に従事する者（以下「サテライトオフィス勤務者」という。）は就業規則第○条に定めるもののほか、次に定める事項を遵守しなければならない。

(1) サテライトオフィス勤務中は業務に専念しなければならない。

(2) サテライトオフィス勤務の際に所定の手続に従って持ち出した会社の情報及び作成した成果物を第三者が閲覧、コピー等しないよう最大の注意を払わなければならない。

(3) 第2号に定める情報及び成果物は紛失、毀損しないように丁寧に取扱い、会社の指定する方法で保管・管理しなければならない。

(4) サテライトオフィス勤務の実施に当たっては、会社情報の取扱いに関し、情報セキュリティに関する会社の関連規程及び上司の指示を厳格に遵守しなければならない。

(5) 会社情報の流出もしくは流出が疑われる事態が発生した場合または、自己の関与にかかわらず、そのような事態を認識した場合は、速やかに上司に報告し、その指示を仰がなければならない。

第3章　サテライトオフィス勤務時の労働時間等

第7条（サテライトオフィス勤務時の労働時間）

１．サテライトオフィス勤務の労働時間については、就業規則第○条の定めるところによる。

２．（※それらの制度の適用がある場合）管理監督者、裁量労働制度、フレックスタイム制度等の適用については、就業規則その他関連規程の定めるところによる。

第8条（事業場外労働時間のみなし制度）

１．前条にかかわらず、サテライトオフィス勤務を行う者が次の各号のいずれにも該当する場合で、会社が適当と認めるものについては、就業規則第○条を適用し、第○条に定める所定労働時間の労働をしたものとみなす。

(1) 事業場以外のサテライトオフィスで業務に従事していること

(2) サテライトオフィス勤務時間中の、業務に使用する情報通信機器の接続は、サテライトオフィス勤務者の裁量で決定できるものとされていること

(3) サテライトオフィス勤務者の業務が常に所属長から随時指示・命令を受けなければ遂行できない業務ではなく、現実に随時の指示・命令がされていないこと

２．前項の事業場外勤務を行うものが、一日の労働時間の一部をその所属する事業場で行う場合には、事前に上長に申請して、その許可を受けなければならない。許可を受けたうえで出社して行った業務時間については、みなし時間制の対象外とする。

３．労働時間算定について事業場外労働時間のみなし制度を適用したか否かは、給与明細において明示するものとするが、その確認後、上記の条件等に関して、実態と異なる点があると考える従業員は、速やかに上長に報告して、その処理について相談をしなければならない。

第9条（休憩時間）

　サテライトオフィス勤務者の休憩時間については、就業規則第○条の定めるところによる。

第10条（所定休日）

　サテライトオフィス勤務者の休日については、就業規則第○条の定めるところによる。

第11条（時間外及び休日労働等）

１．サテラトオフィス勤務者が時間外労働、休日労働及び深夜労働をする場合は所定の手

続を経て所属長の許可を受けなければならない。

2．時間外労働、休日労働及び深夜労働について必要な事項は就業規則第○条の定めるところによる。

3．時間外労働、休日労働及び深夜労働については、給与規程に基づき、時間外勤務手当、休日勤務手当及び深夜勤務手当を支給する。

第12条（欠勤）

1．サテライトオフィス勤務者が、欠勤をする場合は、事前に申し出て許可を得なくてはならない。ただし、やむを得ない事情で事前に申し出ることができなかった場合は、事後速やかに届け出なければならない。

2．前項の欠勤の賃金については給与規程第○条の定めるところによる。

第4章　サテライトオフィス勤務時の勤務等

第13条（業務の開始及び終了の報告）

サテライトオフィス勤務者は、就業規則第○条の規定にかかわらず、勤務の開始及び終了について次のいずれかの方法により報告しなければならない。

（1）電話

（2）電子メール

（3）勤怠管理ツール

第14条（中抜け時間）

1．サテライトオフィス勤務者は、勤務時間中に所定休憩時間以外に労働から離れる場合は、その中抜け時間について、終業時にメールで所属長に報告を行わなければならない。

2．中抜け時間については、休憩時間として取扱い、その時間分終業時刻を繰り下げる。

第15条（業務報告）

サテライトオフィス勤務者は、定期的又は必要に応じて、電話又は電子メール等で所属長に対し、所要の業務報告をしなくてはならない。

第16条（サテライトオフィス勤務時の連絡体制）

サテライトオフィス勤務時における連絡体制は次のとおりとする。

（1）事故・トラブル発生時には所属長に連絡すること。なお、所属長が不在時の場合は、所属長が指名した代理の者に連絡すること。

（2）前号の所属長又は代理の者に連絡がとれない場合は、○○課担当まで連絡すること。

（3）社内における従業員への緊急連絡事項が生じた場合、サテライトオフィス勤務者へは所属長が連絡をすること。なお、サテライトオフィス勤務者は不測の事態が生じた場合に確実に連絡がとれる方法をあらかじめ所属長に連絡しておくこと。

（4）情報通信機器に不具合が生じ、緊急を要する場合は○○課へ連絡をとり指示を受けること。なお、○○課へ連絡する暇がないときは会社と契約しているサポート会社へ連絡すること。いずれの場合においても事後速やかに所属長に報告すること。

（5）前各号以外の緊急連絡の必要が生じた場合は、前各号に準じて判断し対応すること。

第5章　サテライトオフィス勤務時の給与等

第17条（給与）

サテライトオフィス勤務者の給与については、就業規則第○条の定めるところによる。

第18条（費用の負担）

1．サテライトオフィス勤務を命じられた者が、サテライトオフィスでの勤務のために必要となる移動費については、会社負担とする。

２．サテライトオフィス勤務を希望し、許可されたものについては、サテライトオフィス勤務のための移動費については本人負担とする。

３．上記いずれの場合であっても、サテライトオフィス勤務中のものが、その所属する事業場での勤務を指示され、その就業時間中に、出社のために移動しなければならない場合、その移動時費用は会社の負担とする。

４．サテライトオフィス勤務期間中の滞在費用は、別途定めるところによるが、原則として、会社指示による場合は会社の負担とし、従業員の希望に基づく場合には、従業員の負担とする。

５．上記の住宅の費用の個人負担分については、別途定めるところにより、会社がこれに補助を与えることがある。

第19条（教育訓練）

１．会社は、サテライトオフィス勤務者に対して、在宅勤務における業務に必要な知識、技能を高め、資質の向上を図るため、必要な教育訓練を行う。

２．サテライトオフィス勤務者は、会社から教育訓練を受講するよう指示された場合には、特段の事由がない限り指示された教育訓練を受けなければならない。

第20条（災害補償）

サテライトオフィス勤務中に災害に遭ったときは、就業規則第○条の定めるところによる。

第21条（安全衛生）

１．会社は、サテライトオフィス勤務者の安全衛生の確保及び改善を図るため必要な措置を講ずる。

２．サテライトオフィス勤務者は、安全衛生に関する法令等を守り、会社と協力して労働災害の防止に努めなければならない。

第22条（ハラスメント防止）

１．サテライトオフィス勤務時におけるハラスメント防止については、就業規則第○条の定めるところによる。

２．就業規則第○条でいう「職場」とは、労働者が業務を遂行する場所を指し、テレワーク中のサテライトオフィス等、従業員が現に業務を遂行している場所も含まれる。

本規程は、令和○年○月○日より施行する。

【モバイル勤務規程】
第１章　総　則

第１条（目的）

この規程は、○○株式会社（以下「会社」という）の就業規則第○条に基づき、従業員がモバイル勤務する場合の必要な事項について定めたものである。

第２条（定義）

「モバイル勤務」とは、シェアオフィスやカフェなどの多様な場所及び／又は移動の途中等従業員がその都度選定する任意の場所において行う勤務をいう。モバイル勤務の場所には、当該従業員の居住場所及びサテライトオフィスを含み得る。

第2章　モバイル勤務の指示又は許可

第3条（モバイル勤務の指示）

１．業務上の必要性がある場合に会社は、従業員に対して、移動途中等においてモバイル勤務を行うことを指示することができる。

２．従業員は、正当な理由がなければ、モバイル勤務命令を拒否することができない。

第4条（モバイル勤務の許可）

１．モバイル勤務を希望するものは、モバイル勤務を行う可能性のある場所・時間等を出来る限り特定した上で、所定の許可申請書に必要事項を記入の上、所属長に提出しなければならない。

２．会社は、モバイル勤務許可申請の提出があった場合、別に定めるモバイル勤務許可基準に従い、モバイル勤務を許可するか否か、許可をする場合のモバイル勤務の条件等について審査を行い、モバイル勤務を適当と判断される従業員に対して包括的又は個別の許可を行う。従業員は事前の許可を受けずにモバイル勤務をしてはならない。

３．この許可が包括的なものである場合、許可期間はその属する事業年度とし、翌事業年度もモバイル勤務を希望する従業員は、その許可の更新を受けなければならない。

４．モバイル勤務の包括的許可を受けた従業員が現実にモバイル勤務を行うには、許可された条件の範囲内で、原則としてその前日までに、上司に対してモバイル勤務の届け出を行い、その許可を得なければならない。許可は、直属上司との話し合いに基づき、個別許可または一定期間についての包括的な許可等の方法で受けることができる。

５．事前に前項の許可を得ることができない合理的な理由がある場合には、モバイル勤務後速やかにその時間・場所・内容について直属上司に報告をして、その承認を受けなければならない。

６．会社は、事業年度中であっても、その裁量により、第2項及び第3項によるモバイル勤務の許可を取り消すことがある。

第5条（モバイル勤務時の服務規律）

モバイル勤務に従事する者（以下「モバイル勤務者」という。）は就業規則第○条及びセキュリティガイドラインに定めるもののほか、次に定める事項を遵守しなければならない。

（1）モバイル勤務中は業務に専念しなければならない。

（2）モバイル勤務の際には、所定の手続に従って持ち出した会社の情報及び作成した成果物を第三者が閲覧、コピー等しないよう最大の注意を払わなければならない。

（3）第2号に定める情報及び成果物は紛失、毀損しないように丁寧に取扱い、会社の指定する方法で保管・管理しなければならない。

（4）モバイル勤務の実施に当たっては、会社情報の取扱いに関し、情報セキュリティに関する会社の関連規程及び上司の指示を厳格に遵守しなければならない。

（5）会社情報の流出もしくは流出が疑われる事態が発生した場合または、自己の関与にかかわらず、そのような事態を認識した場合は、速やかに上司に報告し、その指示を仰がなければならない。

第3章　モバイル勤務時の労働時間等

第6条（モバイル勤務時の労働時間）

モバイル勤務時の労働時間については、就業規則第○条の定めるところによるものとし、その全部または一部をモバイルで行うことができるものとする。

第7条（休憩時間）
　モバイル勤務時の休憩時間については、就業規則第〇条の定めるところによる。
第8条（時間外及び休日労働等）
１．モバイル勤務で、時間外労働、休日労働及び深夜労働をする場合は所定の手続を経て所属長の許可を受けなければならない。
２．時間外労働、休日労働及び深夜労働について必要な事項は就業規則第〇条の定めるところによる。
３．時間外労働、休日労働及び深夜労働については、給与規程に基づき、時間外勤務手当、休日勤務手当及び深夜勤務手当を支給する。
第4章　モバイル勤務時の勤務等
第9条（業務の開始及び終了の報告）
　モバイル勤務を行う者は就業規則第〇条の規定にかかわらず、勤務の開始及び終了について次のいずれかの方法により報告しなければならない。
（1）電話
（2）電子メール
（3）勤怠管理ツール
第10条（業務報告）
　モバイル勤務を行う者は、定期的又は必要に応じて、電話又は電子メール等で所属長に対し、所要の業務報告をしなくてはならない。
第11条（モバイル勤務時の連絡体制）
　モバイル勤務時における連絡体制は次のとおりとする。
（1）事故・トラブル発生時には所属長に連絡すること。なお、所属長が不在時の場合は、所属長が指名した代理の者に連絡すること。
（2）前号の所属長又は代理の者に連絡がとれない場合は、○○課担当まで連絡すること。
（3）社内における従業員への緊急連絡事項が生じた場合、モバイル勤務者へは所属長が連絡をすること。なお、モバイル勤務者は不測の事態が生じた場合に確実に連絡がとれる方法をあらかじめ所属長に連絡しておくこと。
（4）情報通信機器に不具合が生じ、緊急を要する場合は○○課へ連絡をとり指示を受けること。なお、○○課へ連絡する暇がないときは会社と契約しているサポート会社へ連絡すること。いずれの場合においても事後速やかに所属長に報告すること。
（5）前各号以外の緊急連絡の必要が生じた場合は、前各号に準じて判断し対応すること。
第5章　モバイル勤務時の費用等
第12条（費用の負担）
１．会社が貸与する情報通信機器を利用する場合の通信費は会社負担とする。
２．モバイル勤務に関するその他の費用についてはモバイル勤務者の負担とする。
第13条（情報通信機器・ソフト等の貸与等）
１．会社は、モバイル勤務者が業務に必要とするパソコン、プリンタ等の情報通信機器、ソフト及びこれらに類する物を貸与する。なお、当該パソコンに会社の許可を受けずにソフトウェアをインストールしてはならない。
２．会社は、モバイル勤務者の申請に基づき、その所有する機器を業務に使用することを許可することができる。この場合、セキュリティガイドラインを満たした場合に限るものとし、費用については、協議の上個別に決定するものとする。

第14条（教育訓練）

１．会社は、モバイル勤務者に対して、モバイル勤務における業務に必要な知識、技能を高め、資質の向上を図るため、必要な教育訓練を行う。

２．モバイル勤務者は、会社から教育訓練を受講するよう指示された場合には、特段の事由がない限り指示された教育訓練を受けなければならない。

第15条（災害補償）

モバイル勤務中に災害に遭ったときは、就業規則第○条の定めるところによる。

第16条（安全衛生）

１．会社は、モバイル勤務者の安全衛生の確保及び改善を図るため必要な措置を講ずる。

２．モバイル勤務者は、安全衛生に関する法令等を守り、会社と協力して労働災害の防止に努めなければならない。

第17条（ハラスメント防止）

１．モバイル勤務時におけるハラスメント防止については、就業規則第○条の定めるところによる。

２．就業規則第○条でいう「職場」とは、労働者が業務を遂行する場所を指し、テレワーク中の自宅等、従業員が現に業務を遂行している場所も含まれる。

本規程は、令和○年○月○日より施行する。

2. テレワークの適切な導入及び実施の推進のためのガイドライン

1　趣旨

　労働者が情報通信技術を利用して行う事業場外勤務（以下「テレワーク」という。）には、オフィスでの勤務に比べて、働く時間や場所を柔軟に活用することが可能であり、通勤時間の短縮及びこれに伴う心身の負担の軽減、仕事に集中できる環境での業務の実施による業務効率化につながり、それに伴う時間外労働の削減、育児や介護と仕事の両立の一助となる等、労働者にとって仕事と生活の調和を図ることが可能となるといったメリットがある。

　また、使用者にとっても、業務効率化による生産性の向上にも資すること、育児や介護等を理由とした労働者の離職の防止や、遠隔地の優秀な人材の確保、オフィスコストの削減等のメリットがある。

　テレワークは、ウィズコロナ・ポストコロナの「新たな日常」、「新しい生活様式」に対応した働き方であると同時に、働く時間や場所を柔軟に活用することのできる働き方として、更なる導入・定着を図ることが重要である。

　本ガイドラインは、使用者が適切に労務管理を行い、労働者が安心して働くことができる良質なテレワークを推進するため、テレワークの導入及び実施に当たり、労務管理を中心に、労使双方にとって留意すべき点、望ましい取組等を明らかにしたものである。本ガイドラインを参考として、労使で十分に話し合いが行われ、良質なテレワークが導入され、定着していくことが期待される。

2　テレワークの形態

　テレワークの形態は、業務を行う場所に応じて、労働者の自宅で行う在宅勤務、労働者の属するメインのオフィス以外に設けられたオフィスを利用するサテライトオフィス勤務、ノートパソコンや携帯電話等を活用して臨機応変に選択した場所で行うモバイル勤務に分類される。テレワークの形態ごとの特徴として以下の点が挙げられる。

　①　在宅勤務

　　通勤を要しないことから、事業場での勤務の場合に通勤に要する時間を柔軟に活用できる。また、例えば育児休業明けの労働者が短時間勤務等と組み合わせて勤務することが可能となること、保育所の近くで働くことが可能となること等から、仕事と家庭生活との両立に資する働き方である。

　②　サテライトオフィス勤務

　　自宅の近くや通勤途中の場所等に設けられたサテライトオフィス（シェアオフィス、コワーキングスペースを含む。）での勤務は、通勤時間を短縮しつつ、在宅勤務やモバイル勤務以上に作業環境の整った場所で就労可能な働き方である。

　③　モバイル勤務

　　労働者が自由に働く場所を選択できる、外勤における移動時間を利用できる等、働く場所を柔軟にすることで業務の効率化を図ることが可能な働き方である。

　このほか、テレワーク等を活用し、普段のオフィスとは異なる場所で余暇を楽しみつつ仕事を行う、いわゆる「ワーケーション」についても、情報通信技術を利用して仕事を行う場合には、モバイル勤務、サテライトオフィス勤務の一形態として分類することができ

る。

3　テレワークの導入に際しての留意点
　（1）テレワークの推進に当たって
　　テレワークの推進は、労使双方にとってプラスなものとなるよう、働き方改革の推進の観点にも配意して行うことが有益であり、使用者が適切に労務管理を行い、労働者が安心して働くことのできる良質なテレワークとすることが求められる。
　　なお、テレワークを推進するなかで、従来の業務遂行の方法や労務管理の在り方等について改めて見直しを行うことも、生産性の向上に資するものであり、テレワークを実施する労働者だけでなく、企業にとってもメリットのあるものである。
　　テレワークを円滑かつ適切に、制度として導入し、実施するに当たっては、導入目的、対象業務、対象となり得る労働者の範囲、実施場所、テレワーク可能日（労働者の希望、当番制、頻度等）、申請等の手続、費用負担、労働時間管理の方法や中抜け時間の取扱い、通常又は緊急時の連絡方法等について、あらかじめ労使で十分に話し合い、ルールを定めておくことが重要である。
　（2）テレワークの対象業務
　　例えば、いわゆるエッセンシャルワーカーなどが従事する業務等、その性格上テレワークを実施することが難しい業種・職種があると考えられるが、一般にテレワークを実施することが難しいと考えられる業種・職種であっても個別の業務によっては実施できる場合があり、必ずしもそれまでの業務の在り方を前提にテレワークの対象業務を選定するのではなく、仕事内容の本質的な見直しを行うことが有用な場合がある。テレワークに向かないと安易に結論づけるのではなく、管理職側の意識を変えることや、業務遂行の方法の見直しを検討することが望ましい。なお、オフィスに出勤する労働者のみに業務が偏らないよう、留意することが必要である。
　（3）テレワークの対象者等
　　テレワークの契機は様々であり、労働者がテレワークを希望する場合や、使用者が指示する場合があるが、いずれにしても実際にテレワークを実施するに当たっては、労働者本人の納得の上で、対応を図る必要がある。
　　また、短時間労働者及び有期雇用労働者の雇用管理の改善等に関する法律（平成5年法律第76号）及び労働者派遣事業の適正な運営の確保及び派遣労働者の保護等に関する法律（昭和60年法律第88号）に基づき、正規雇用労働者と非正規雇用労働者との間で、あらゆる待遇について不合理な待遇差を設けてはならないこととされている。
　　テレワークの対象者を選定するに当たっては、正規雇用労働者、非正規雇用労働者といった雇用形態の違いのみを理由としてテレワーク対象者から除外することのないよう留意する必要がある。
　　派遣労働者がテレワークを行うに当たっては、厚生労働省ホームページに掲載している「派遣労働者等に係るテレワークに関するQ&A」を参照されたい。
　　雇用形態にかかわらず、業務等の要因により、企業内でテレワークを実施できる者に偏りが生じてしまう場合においては、労働者間で納得感を得られるよう、テレワークを実施する者の優先順位やテレワークを行う頻度等について、あらかじめ労使で十分に話し合うことが望ましい。
　　また、在宅での勤務は生活と仕事の線引きが困難になる等の理由から在宅勤務を希望

しない労働者について、サテライトオフィス勤務やモバイル勤務を利用することも考えられる。

特に、新入社員、中途採用の社員及び異動直後の社員は、業務について上司や同僚等に聞きたいことが多く、不安が大きい場合がある。このため、業務を円滑に進める観点から、テレワークの実施に当たっては、コミュニケーションの円滑化に特段の配慮をすることが望ましい。

（4）導入に当たっての望ましい取組

テレワークの推進に当たっては、以下のような取組を行うことが望ましい。

・　既存業務の見直し・点検

テレワークをしやすい業種・職種であっても、不必要な押印や署名、対面での会議を必須とする、資料を紙で上司に説明する等の仕事の進め方がテレワークの導入・実施の障壁となっているケースがある。そのため、不必要な押印や署名の廃止、書類のペーパーレス化、決裁の電子化、オンライン会議の導入等が有効である。また、職場内の意識改革をはじめ、業務の進め方の見直しに取り組むことが望ましい。

・　円滑なコミュニケーション

円滑に業務を遂行する観点からは、働き方が変化する中でも、労働者や企業の状況に応じた適切なコミュニケーションを促進するための取組を行うことが望ましい。職場と同様にコミュニケーションを取ることができるソフトウェア導入等も考えられる。

・　グループ企業単位等での実施の検討

職場の雰囲気等でテレワークを実施することが難しい場合もあるため、企業のトップや経営層がテレワークの必要性を十分に理解し、方針を示すなど企業全体として取り組む必要がある。また、職場での関係や取引先との関係により、一個人、一企業のみでテレワークを推進することが困難な場合がある。そのため、グループ企業や、業界単位などを含めたテレワークの実施の呼びかけを行うことも望ましい。

4　労務管理上の留意点

（1）テレワークにおける人事評価制度

テレワークは、非対面の働き方であるため、個々の労働者の業務遂行状況や、成果を生み出す過程で発揮される能力を把握しづらい側面があるとの指摘があるが、人事評価は、企業が労働者に対してどのような働きを求め、どう処遇に反映するかといった観点から、企業がその手法を工夫して、適切に実施することが基本である。

例えば、上司は、部下に求める内容や水準等をあらかじめ具体的に示しておくとともに、評価対象期間中には、必要に応じてその達成状況について労使共通の認識を持つための機会を柔軟に設けることが望ましい。特に行動面や勤務意欲、態度等の情意面を評価する企業は、評価対象となる具体的な行動等の内容や評価の方法をあらかじめ見える化し、示すことが望ましい。

加えて、人事評価の評価者に対しても、非対面の働き方において適正な評価を実施できるよう、評価者に対する訓練等の機会を設ける等の工夫が考えられる。

また、テレワークを実施している者に対し、時間外、休日又は所定外深夜（以下「時間外等」という。）のメール等に対応しなかったことを理由として不利益な人事評価を行うことは適切な人事評価とはいえない。

なお、テレワークを行う場合の評価方法を、オフィスでの勤務の場合の評価方法と区

別する際には、誰もがテレワークを行えるようにすることを妨げないように工夫を行うとともに、あらかじめテレワークを選択しようとする労働者に対して当該取扱いの内容を説明することが望ましい。（テレワークの実施頻度が労働者に委ねられている場合などにあっては）テレワークを実施せずにオフィスで勤務していることを理由として、オフィスに出勤している労働者を高く評価すること等も、労働者がテレワークを行おうとすることの妨げになるものであり、適切な人事評価とはいえない。

（2）テレワークに要する費用負担の取扱い

　テレワークを行うことによって労働者に過度の負担が生じることは望ましくない。個々の企業ごとの業務内容、物品の貸与状況等により、費用負担の取扱いは様々であるため、労使のどちらがどのように負担するか、また、使用者が負担する場合における限度額、労働者が使用者に費用を請求する場合の請求方法等については、あらかじめ労使で十分に話し合い、企業ごとの状況に応じたルールを定め、就業規則等において規定しておくことが望ましい。特に、労働者に情報通信機器、作業用品その他の負担をさせる定めをする場合には、当該事項について就業規則に規定しなければならないこととされている（労働基準法（昭和22年法律第49号）第89条第 5 号）。

　在宅勤務に伴い、労働者個人が契約した電話回線等を用いて業務を行わせる場合、通話料、インターネット利用料などの通信費が増加する場合や、労働者の自宅の電気料金等が増加する場合、実際の費用のうち業務に要した実費の金額を在宅勤務の実態（勤務時間等）を踏まえて合理的・客観的に計算し、支給することも考えられる。

　なお、在宅勤務に係る費用負担等に関する源泉所得税の課税関係については、国税庁が作成した「在宅勤務に係る費用負担等に関する FAQ（源泉所得税関係）」（令和 3 年1 月15日）を参照されたい。

（3）テレワーク状況下における人材育成

　テレワークを推進する上で、社内教育等についてもオンラインで実施することも有効である。オンラインでの人材育成は、例えば、「他の社員の営業の姿を大人数の後輩社員がオンラインで見て学ぶ」「動画にしていつでも学べるようにする」等の、オンラインならではの利点を持っているため、その利点を活かす工夫をすることも有用である。

　このほか、テレワークを実施する際には、新たな機器やオンライン会議ツール等を使用する場合があり、一定のスキルの習得が必要となる場合があることから、特にテレワークを導入した初期あるいは機材を新規導入したとき等には、必要な研修等を行うことも有用である。

　また、テレワークを行う労働者について、社内教育や研修制度に関する定めをする場合には、当該事項について就業規則に規定しなければならないこととされている（労働基準法第89条第 7 号）。

（4）テレワークを効果的に実施するための人材育成

　テレワークの特性を踏まえると、勤務する時間帯や自らの健康に十分に注意を払いつつ、作業能率を勘案して、自律的に業務を遂行できることがテレワークの効果的な実施に適しており、企業は、各労働者が自律的に業務を遂行できるよう仕事の進め方の工夫や社内教育等によって人材の育成に取り組むことが望ましい。

　併せて、労働者が自律的に働くことができるよう、管理職による適切なマネジメントが行われることが重要であり、テレワークを実施する際にも適切な業務指示ができるようにする等、管理職のマネジメント能力向上に取り組むことも望ましい。例えば、テレ

ワークを行うに当たっては、管理職へのマネジメント研修を行うことや、仕事の進め方として最初に大枠の方針を示す等、部下が自律的に仕事を進めることができるような指示の仕方を可能とすること等が考えられる。

5　テレワークのルールの策定と周知
（1）労働基準関係法令の適用
　　労働基準法上の労働者については、テレワークを行う場合においても、労働基準法、最低賃金法（昭和34年法律第137号）、労働安全衛生法（昭和47年法律第57号）、労働者災害補償保険法（昭和22年法律第50号）等の労働基準関係法令が適用される。
（2）就業規則の整備
　　テレワークを円滑に実施するためには、使用者は労使で協議して策定したテレワークのルールを就業規則に定め、労働者に適切に周知することが望ましい。
　　テレワークを行う場所について、労働者が専らモバイル勤務をする場合や、いわゆる「ワーケーション」の場合など、労働者の都合に合わせて柔軟に選択することができる場合には、使用者の許可基準を示した上で、「使用者が許可する場所」においてテレワークが可能である旨を定めておくことが考えられる。
　　なお、テレワークを行う場所の如何に関わらず、テレワークを行う労働者の属する事業場がある都道府県の最低賃金が適用されることに留意する必要がある。
（3）労働条件の明示
　　使用者は、労働契約を締結する際、労働者に対し、就業の場所に関する事項等を明示することとなっており（労働基準法第15条、労働基準法施行規則（昭和22年厚生省令第23号）第5条第1項第1号の3）、労働者に対し雇い入れ直後からテレワークを行わせることが通常想定される場合は雇入れ直後の就業の場所として、また、その労働契約の期間中にテレワークを行うことが通常想定される場合は変更の範囲として、（2）の「使用者が許可する場所」も含め自宅やサテライトオフィスなど、テレワークを行う場所を明示する必要がある。
（4）労働条件の変更
　　労働契約や就業規則において定められている勤務場所や業務遂行方法の範囲を超えて使用者が労働者にテレワークを行わせる場合には、労働者本人の合意を得た上での労働契約の変更が必要であること（労働者本人の合意を得ずに労働条件の変更を行う場合には、労働者の受ける不利益の程度等に照らして合理的なものと認められる就業規則の変更及び周知によることが必要であること）に留意する必要がある（労働契約法（平成19年法律第128号）第8条〜第11条）。

6　様々な労働時間制度の活用
（1）労働基準法に定められた様々な労働時間制度
　　労働基準法には様々な労働時間制度が定められており、全ての労働時間制度でテレワークが実施可能である。このため、テレワーク導入前に採用している労働時間制度を維持したまま、テレワークを行うことが可能である。一方で、テレワークを実施しやすくするために労働時間制度を変更する場合には、各々の制度の導入要件に合わせて変更することが可能である。
（2）労働時間の柔軟な取扱い

ア　通常の労働時間制度及び変形労働時間制

　　通常の労働時間制度及び変形労働時間制においては、始業及び終業の時刻や所定労働時間をあらかじめ定める必要があるが、テレワークでオフィスに集まらない労働者について必ずしも一律の時間に労働する必要がないときには、その日の所定労働時間はそのままとしつつ、始業及び終業の時刻についてテレワークを行う労働者ごとに自由度を認めることも考えられる。

　　このような場合には、使用者があらかじめ就業規則に定めておくことによって、テレワークを行う際に労働者が始業及び終業の時刻を変更することができるようにすることが可能である。

イ　フレックスタイム制

　　フレックスタイム制は、労働者が始業及び終業の時刻を決定することができる制度であり、テレワークになじみやすい制度である。特に、テレワークには、働く場所の柔軟な活用を可能とすることにより、例えば、次のように、労働者にとって仕事と生活の調和を図ることが可能となるといったメリットがあるものであり、フレックスタイム制を活用することによって、労働者の仕事と生活の調和に最大限資することが可能となる。

・　在宅勤務の場合に、労働者の生活サイクルに合わせて、始業及び終業の時刻を柔軟に調整することや、オフィス勤務の日は労働時間を長く、一方で在宅勤務の日は労働時間を短くして家庭生活に充てる時間を増やすといった運用が可能

・　一定程度労働者が業務から離れる中抜け時間についても、労働者自らの判断により、その時間分その日の終業時刻を遅くしたり、清算期間の範囲内で他の労働日において労働時間を調整したりすることが可能

・　テレワークを行う日についてはコアタイム（労働者が労働しなければならない時間帯）を設けず、オフィスへの出勤を求める必要がある日・時間についてはコアタイムを設けておくなど、企業の実情に応じた柔軟な取扱いも可能

ウ　事業場外みなし労働時間制

　　事業場外みなし労働時間制は、労働者が事業場外で業務に従事した場合において、労働時間を算定することが困難なときに適用される制度であり、使用者の具体的な指揮監督が及ばない事業場外で業務に従事することとなる場合に活用できる制度である。テレワークにおいて一定程度自由な働き方をする労働者にとって、柔軟にテレワークを行うことが可能となる。

　　テレワークにおいて、次の①②をいずれも満たす場合には、制度を適用することができる。

①　情報通信機器が、使用者の指示により常時通信可能な状態におくこととされていないこと

　　この解釈については、以下の場合については、いずれも①を満たすと認められ、情報通信機器を労働者が所持していることのみをもって、制度が適用されないことはない。

・　勤務時間中に、労働者が自分の意思で通信回線自体を切断することができる場合

・　勤務時間中は通信回線自体の切断はできず、使用者の指示は情報通信機器を用いて行われるが、労働者が情報通信機器から自分の意思で離れることができ、応

答のタイミングを労働者が判断することができる場合
　　・　会社支給の携帯電話等を所持していても、その応答を行うか否か、又は折り返
　　　しのタイミングについて労働者において判断できる場合
　②　随時使用者の具体的な指示に基づいて業務を行っていないこと
　　以下の場合については②を満たすと認められる。
　　・　使用者の指示が、業務の目的、目標、期限等の基本的事項にとどまり、一日の
　　　スケジュール（作業内容とそれを行う時間等）をあらかじめ決めるなど作業量や
　　　作業の時期、方法等を具体的に特定するものではない場合
（3）業務の性質等に基づく労働時間制度
　裁量労働制及び高度プロフェッショナル制度は、業務遂行の方法、時間等について労
働者の自由な選択に委ねることを可能とする制度である。これらの制度の対象労働者に
ついて、テレワークの実施を認めていくことにより、労働する場所についても労働者の
自由な選択に委ねていくことが考えられる。

7　テレワークにおける労働時間管理の工夫
（1）テレワークにおける労働時間管理の考え方
　テレワークの場合における労働時間の管理については、テレワークが本来のオフィス
以外の場所で行われるため使用者による現認ができないなど、労働時間の把握に工夫が
必要となると考えられる。
　一方で、テレワークは情報通信技術を利用して行われるため、労働時間管理について
も情報通信技術を活用して行うこととする等によって、労務管理を円滑に行うことも可
能となる。
　使用者がテレワークの場合における労働時間の管理方法をあらかじめ明確にしておく
ことにより、労働者が安心してテレワークを行うことができるようにするとともに、使
用者にとっても労務管理や業務管理を的確に行うことができるようにすることが望まし
い。
（2）テレワークにおける労働時間の把握
　テレワークにおける労働時間の把握については、「労働時間の適正な把握のために使
用者が講ずべき措置に関するガイドライン」（平成29年１月20日基発0120第３号。以下
「適正把握ガイドライン」という。）も踏まえた使用者の対応として、次の方法によるこ
とが考えられる。
　ア　客観的な記録による把握
　　適正把握ガイドラインにおいては、使用者が労働時間を把握する原則的な方法とし
　て、パソコンの使用時間の記録等の客観的な記録を基礎として、始業及び終業の時刻
　を確認すること等が挙げられている。情報通信機器やサテライトオフィスを使用して
　おり、その記録が労働者の始業及び終業の時刻を反映している場合には、客観性を確
　保しつつ、労務管理を簡便に行う方法として、次の対応が考えられる。
　①　労働者がテレワークに使用する情報通信機器の使用時間の記録等により、労働時
　　間を把握すること
　②　使用者が労働者の入退場の記録を把握することができるサテライトオフィスにお
　　いてテレワークを行う場合には、サテライトオフィスへの入退場の記録等により労
　　働時間を把握すること

イ　労働者の自己申告による把握

　テレワークにおいて、情報通信機器を使用していたとしても、その使用時間の記録が労働者の始業及び終業の時刻を反映できないような場合も考えられる。

　このような場合に、労働者の自己申告により労働時間を把握することが考えられるが、その場合、使用者は、

① 労働者に対して労働時間の実態を記録し、適正に自己申告を行うことなどについて十分な説明を行うことや、実際に労働時間を管理する者に対して、自己申告制の適正な運用等について十分な説明を行うこと

② 労働者からの自己申告により把握した労働時間が実際の労働時間と合致しているか否かについて、パソコンの使用状況など客観的な事実と、自己申告された始業・終業時刻との間に著しい乖離があることを把握した場合（※）には、所要の労働時間の補正をすること

③ 自己申告できる時間外労働の時間数に上限を設けるなど、労働者による労働時間の適正な申告を阻害する措置を講じてはならないこと

などの措置を講ずる必要がある。

　※　例えば、申告された時間以外の時間にメールが送信されている、申告された始業・終業時刻の外で長時間パソコンが起動していた記録がある等の事実がある場合。

　　　なお、申告された労働時間が実際の労働時間と異なることをこのような事実により使用者が認識していない場合には、当該申告された労働時間に基づき時間外労働の上限規制を遵守し、かつ、同労働時間を基に賃金の支払等を行っていれば足りる。

　労働者の自己申告により労働時間を簡便に把握する方法としては、例えば一日の終業時に、始業時刻及び終業時刻をメール等にて報告させるといった方法を用いることが考えられる。

（3）労働時間制度ごとの留意点

　テレワークの場合においても、労働時間の把握に関して、労働時間制度に応じて次のような点に留意することが必要である。

　・　フレックスタイム制が適用される場合には、使用者は労働者の労働時間については、適切に把握すること

　・　事業場外みなし労働時間制が適用される場合には、必要に応じて、実態に合ったみなし時間となっているか労使で確認し、使用者はその結果に応じて業務量等を見直すこと

　・　裁量労働制が適用される場合には、必要に応じて、業務量が過大又は期限の設定が不適切で労働者から時間配分の決定に関する裁量が事実上失われていないか、みなし労働時間は対象業務の内容並びに対象労働者に適用される評価制度及びこれに対応する賃金制度を考慮して適切な水準であり、対象労働者の相応の処遇が確保されているか等について労使で確認し、使用者はその結果に応じて業務量等を見直すこと

（4）テレワークに特有の事象の取扱い

　ア　中抜け時間

　　テレワークに際しては、一定程度労働者が業務から離れる時間が生じることが考え

られる。

　このような中抜け時間については、労働基準法上、使用者は把握することとしても、把握せずに始業及び終業の時刻のみを把握することとしても、いずれでもよい。

　テレワーク中の中抜け時間を把握する場合、その方法として、例えば一日の終業時に、労働者から報告させることが考えられる。

　また、テレワーク中の中抜け時間の取扱いとしては、

①　中抜け時間を把握する場合には、休憩時間として取り扱い終業時刻を繰り下げたり、時間単位の年次有給休暇として取り扱う

②　中抜け時間を把握しない場合には、始業及び終業の時刻の間の時間について、休憩時間を除き労働時間として取り扱う

ことなどが考えられる。

　これらの中抜け時間の取扱いについては、あらかじめ使用者が就業規則等において定めておくことが重要である。

イ　勤務時間の一部についてテレワークを行う際の移動時間

　例えば、午前中のみ自宅やサテライトオフィスでテレワークを行ったのち、午後からオフィスに出勤する場合など、勤務時間の一部についてテレワークを行う場合が考えられる。

　こうした場合の就業場所間の移動時間について、労働者による自由利用が保障されている時間については、休憩時間として取り扱うことが考えられる。

　一方で、例えば、テレワーク中の労働者に対して、使用者が具体的な業務のために急きょオフィスへの出勤を求めた場合など、使用者が労働者に対し業務に従事するために必要な就業場所間の移動を命じ、その間の自由利用が保障されていない場合の移動時間は、労働時間に該当する。

ウ　休憩時間の取扱い

　労働基準法第34条第2項は、原則として休憩時間を労働者に一斉に付与することを規定しているが、テレワークを行う労働者について、労使協定により、一斉付与の原則を適用除外とすることが可能である。

エ　時間外・休日労働の労働時間管理

　テレワークの場合においても、使用者は時間外・休日労働をさせる場合には、三六協定の締結、届出や割増賃金の支払が必要となり、また、深夜に労働させる場合には、深夜労働に係る割増賃金の支払が必要である。

　このため、使用者は、労働者の労働時間の状況を適切に把握し、必要に応じて労働時間や業務内容等について見直すことが望ましい。

オ　長時間労働対策

　テレワークについては、業務の効率化に伴い、時間外労働の削減につながるというメリットが期待される一方で、

・　労働者が使用者と離れた場所で勤務をするため相対的に使用者の管理の程度が弱くなる

・　業務に関する指示や報告が時間帯にかかわらず行われやすくなり、労働者の仕事と生活の時間の区別が曖昧となり、労働者の生活時間帯の確保に支障が生ずる

といったおそれがあることに留意する必要がある。

　このような点に鑑み長時間労働による健康障害防止を図ることや、労働者のワーク

ライフバランスの確保に配慮することが求められている。
　テレワークにおける長時間労働等を防ぐ手法としては、次のような手法が考えられる。
（ア）メール送付の抑制等
　テレワークにおいて長時間労働が生じる要因として、時間外等に業務に関する指示や報告がメール等によって行われることが挙げられる。
　このため、役職者、上司、同僚、部下等から時間外等にメールを送付することの自粛を命ずること等が有効である。メールのみならず電話等での方法によるものも含め、時間外等における業務の指示や報告の在り方について、業務上の必要性、指示や報告が行われた場合の労働者の対応の要否等について、各事業場の実情に応じ、使用者がルールを設けることも考えられる。
（イ）システムへのアクセス制限
　テレワークを行う際に、企業等の社内システムに外部のパソコン等からアクセスする形態をとる場合が多いが、所定外深夜・休日は事前に許可を得ない限りアクセスできないよう使用者が設定することが有効である。
（ウ）時間外・休日・所定外深夜労働についての手続
　通常のオフィス勤務の場合と同様に、業務の効率化やワークライフバランスの実現の観点からテレワークを導入する場合にも、その趣旨を踏まえ、労使の合意により、時間外等の労働が可能な時間帯や時間数をあらかじめ使用者が設定することも有効である。この場合には、労使双方において、テレワークの趣旨を十分に共有するとともに、使用者が、テレワークにおける時間外等の労働に関して、一定の時間帯や時間数の設定を行う場合があること、時間外等の労働を行う場合の手続等を就業規則等に明記しておくことや、テレワークを行う労働者に対して、書面等により明示しておくことが有効である。
（エ）長時間労働等を行う労働者への注意喚起
　テレワークにより長時間労働が生じるおそれのある労働者や、休日・所定外深夜労働が生じた労働者に対して、使用者が注意喚起を行うことが有効である。
　具体的には、管理者が労働時間の記録を踏まえて行う方法や、労務管理のシステムを活用して対象者に自動で警告を表示するような方法が考えられる。
（オ）その他
　このほか、勤務間インターバル制度はテレワークにおいても長時間労働を抑制するための手段の一つとして考えられ、この制度を利用することも考えられる。

8　テレワークにおける安全衛生の確保
（1）安全衛生関係法令の適用
　労働安全衛生法等の関係法令等においては、安全衛生管理体制を確立し、職場における労働者の安全と健康を確保するために必要となる具体的な措置を講ずることを事業者に求めており、自宅等においてテレワークを実施する場合においても、事業者は、これら関係法令等に基づき、労働者の安全と健康の確保のための措置を講ずる必要がある。
　具体的には、
・　健康相談を行うことが出来る体制の整備（労働安全衛生法第13条の3）
・　労働者を雇い入れたとき又は作業内容を変更したときの安全又は衛生のための教育

（労働安全衛生法第59条）
・　必要な健康診断とその結果等を受けた措置（労働安全衛生法第66条から第66条の
　　７まで）
・　過重労働による健康障害を防止するための長時間労働者に対する医師による面接指
　　導とその結果等を受けた措置（労働安全衛生法第66条の８及び第66条の９）及び面
　　接指導の適切な実施のための労働時間の状況の把握（労働安全衛生法第66条の８の
　　３）、面接指導の適切な実施のための時間外・休日労働時間の算定と産業医への情報
　　提供（労働安全衛生規則（昭和47年労働省令第32号）第52条の２）
・　ストレスチェックとその結果等を受けた措置（労働安全衛生法第66条の10）
・　労働者に対する健康教育及び健康相談その他労働者の健康の保持増進を図るために
　　必要な措置（労働安全衛生法第69条）
等の実施により、労働者の安全と健康の確保を図ることが重要である。その際、必要に
応じて、情報通信機器を用いてオンラインで実施することも有効である。
　なお、労働者を雇い入れたとき（雇入れ後にテレワークの実施が予定されているとき）
又は労働者の作業内容を変更し、テレワークを初めて行わせるときは、テレワーク作業
時の安全衛生に関する事項を含む安全衛生教育を行うことが重要である。
　また、一般に、労働者の自宅等におけるテレワークにおいては、危険・有害業務を行
うことは通常想定されないものであるが、行われる場合においては、当該危険・有害業
務に係る規定の遵守が必要である。
(2)　自宅等でテレワークを行う際のメンタルヘルス対策の留意点
　テレワークでは、周囲に上司や同僚がいない環境で働くことになるため、労働者が上
司等とコミュニケーションを取りにくい、上司等が労働者の心身の変調に気づきにくい
という状況となる場合が多い。
　このような状況のもと、円滑にテレワークを行うためには、事業者は、別紙１の「テ
レワークを行う労働者の安全衛生を確保するためのチェックリスト（事業者用）」を活
用する等により、健康相談体制の整備や、コミュニケーションの活性化のための措置を
実施することが望ましい。
　また、事業者は、事業場におけるメンタルヘルス対策に関する計画である「心の健康
づくり計画」を策定することとしており（労働者の心の健康の保持増進のための指針（平
成18年公示第３号））、当該計画の策定に当たっては、上記のようなテレワークにより生
じやすい状況を念頭に置いたメンタルヘルス対策についても衛生委員会等による調査審
議も含め労使による話し合いを踏まえた上で記載し、計画的に取り組むことが望ましい。
(3)　自宅等でテレワークを行う際の作業環境整備の留意点
　テレワークを行う作業場が、労働者の自宅等事業者が業務のために提供している作業
場以外である場合には、事務所衛生基準規則（昭和47年労働省令第43号）、労働安全衛
生規則（一部、労働者を就業させる建設物その他の作業場に係る規定）及び「情報機器
作業における労働衛生管理のためのガイドライン」（令和元年７月12日基発0712第３号）
は一般には適用されないが、安全衛生に配慮したテレワークが実施されるよう、これら
の衛生基準と同等の作業環境となるよう、事業者はテレワークを行う労働者に教育・助
言等を行い、別紙２の「自宅等においてテレワークを行う際の作業環境を確認するため
のチェックリスト（労働者用）」を活用すること等により、自宅等の作業環境に関する
状況の報告を求めるとともに、必要な場合には、労使が協力して改善を図る又は自宅以

外の場所（サテライトオフィス等）の活用を検討することが重要である。
（4）事業者が実施すべき管理に関する事項
　　事業者は、労働者がテレワークを初めて実施するときは、別紙1及び2のチェックリストを活用する等により、（1）から（3）までが適切に実施されることを労使で確認した上で、作業を行わせることが重要である。
　　また、事業者による取組が継続的に実施されていること及び自宅等の作業環境が適切に維持されていることを、上記チェックリストを活用する等により、定期的に確認することが望ましい。

9　テレワークにおける労働災害の補償
　　テレワークを行う労働者については、事業場における勤務と同様、労働基準法に基づき、使用者が労働災害に対する補償責任を負うことから、労働契約に基づいて事業主の支配下にあることによって生じたテレワークにおける災害は、業務上の災害として労災保険給付の対象となる。ただし、私的行為等業務以外が原因であるものについては、業務上の災害とは認められない。
　　在宅勤務を行っている労働者等、テレワークを行う労働者については、この点を十分理解していない可能性もあるため、使用者はこの点を十分周知することが望ましい。
　　また、使用者は、7（2）を踏まえた労働時間の把握において、情報通信機器の使用状況などの客観的な記録や労働者から申告された時間の記録を適切に保存するとともに、労働者が負傷した場合の災害発生状況等について、使用者や医療機関等が正確に把握できるよう、当該状況等を可能な限り記録しておくことを労働者に対して周知することが望ましい。

10　テレワークの際のハラスメントへの対応
　　事業主は、職場におけるパワーハラスメント、セクシュアルハラスメント等（以下「ハラスメント」という。）の防止のための雇用管理上の措置を講じることが義務づけられており、テレワークの際にも、オフィスに出勤する働き方の場合と同様に、関係法令・関係指針に基づき、ハラスメントを行ってはならない旨を労働者に周知啓発する等、ハラスメントの防止対策を十分に講じる必要がある。

11　テレワークの際のセキュリティへの対応
　　情報セキュリティの観点から全ての業務を一律にテレワークの対象外と判断するのではなく、関連技術の進展状況等を踏まえ、解決方法の検討を行うことや業務毎に個別に判断することが望ましい。また、企業・労働者が情報セキュリティ対策に不安を感じないよう、総務省が作成している「テレワークセキュリティガイドライン」等を活用した対策の実施や労働者への教育等を行うことが望ましい。

1　このチェックリストは、労働者にテレワークを実施させる事業者が安全衛生上、留意すべき事項を確認する際に活用いただくことを目的としています。
2　労働者が安全かつ健康にテレワークを実施する上で重要な事項ですので、全ての項目に☑が付くように努めてください。
3　「法定事項」の欄に「◎」が付されている項目については、労働安全衛生関係法令上、事業者に実施が義務付けられている事項ですので、不十分な点があれば改善を図ってください。
4　適切な取組が継続的に実施されるよう、このチェックリストを用いた確認を定期的（半年に１回程度）に実施し、その結果を衛生委員会等に報告してください。

すべての項目について確認し、当てはまるものに ☑ を付けてください。

項　　　　　　　　　　目	法定事項
1　安全衛生管理体制について	
（1）　衛生管理者等の選任、安全・衛生委員会等の開催	
☐ 業種や事業場規模に応じ、必要な管理者等の選任、安全・衛生委員会等が開催されているか。	◎
☐ 常時使用する労働者数に基づく事業場規模の判断は、テレワーク中の労働者も含めて行っているか。	◎
☐ 衛生管理者等による管理や、安全・衛生委員会等における調査審議は、テレワークが通常の勤務とは異なる点に留意の上、行っているか。	
☐ 自宅等における安全衛生上の問題（作業環境の大きな変化や労働者の心身の健康に生じた問題など）を衛生管理者等が把握するための方法をあらかじめ定めているか。	
（2）　健康相談体制の整備	
☐ 健康相談を行うことができる体制を整備し、相談窓口や担当者の連絡先を労働者に周知しているか。	
☐ 健康相談の体制整備については、オンラインなどテレワーク中の労働者が相談しやすい方法で行うことができるよう配慮しているか。	
☐ 上司等が労働者の心身の状況やその変化を的確に把握できるような取組を行っているか（定期的なオンライン面談、会話を伴う方法による日常的な業務指示等）	
2　安全衛生教育について	
（1）　雇入れ時の安全衛生教育	
☐ 雇入れ時にテレワークを行わせることが想定されている場合には、雇入れ時の安全衛生教育にテレワーク作業時の安全衛生や健康確保に関する事項を含めているか。	◎
（2）　作業内容変更時教育	
☐ テレワークを初めて行わせる労働者に対し、作業内容変更時の安全衛生教育を実施し、テレワーク作業時の安全衛生や健康確保に関する事項を教育しているか。 　※ 作業内容に大幅な変更が生じる場合には、必ず実施してください。	
（3）　テレワーク中の労働者に対する安全衛生教育	
☐ テレワーク中の労働者に対してオンラインで安全衛生教育を実施する場合には、令和3年1月25日付け基安安発0125第2号、基安労発0125第1号、基安化発0125第1号「インターネット等を介したeラーニング等により行われる労働安全衛生法に基づく安全衛生教育等の実施について」に準じた内容としているか。	
3　作業環境	
（1）　サテライトオフィス型	
☐ 労働安全衛生規則や事務所衛生基準規則の衛生基準と同等の作業環境となっていることを確認した上でサテライトオフィス等のテレワーク用の作業場を選定しているか。	◎
（2）　自宅	
☐ 別添2のチェックリスト（労働者用）を参考に労働者に自宅の作業環境を確認させ、問題がある場合には労使が協力して改善に取り組んでいるか。また、改善が困難な場合には適切な作業環境や作業姿勢等が確保できる場所で作業を行うことができるよう配慮しているか。	
（3）　その他（モバイル勤務等）	
☐ 別添2のチェックリスト（労働者用）を参考に適切な作業環境や作業姿勢等が確保できる場所を選定するよう労働者に周知しているか。	

項　　　　目	法定事項
4　健康確保対策について	
（1）　健康診断	
☐ 定期健康診断、特定業務従事者の健診等必要な健康診断を実施しているか。	◎
☐ 健康診断の結果、必要な事後措置は実施しているか。	◎
☐ 常時、自宅や遠隔地でテレワークを行っている者の健康診断受診に当たっての負担軽減に配慮しているか。（労働者が健診機関を選択できるようにする等）	
（2）　長時間労働者に対する医師の面接指導	
☐ 関係通達に基づき、労働時間の状況を把握し、週40時間を超えて労働させた時間が80時間超の労働者に対して状況を通知しているか。	◎
☐ 週40時間を超えて労働させた時間が80時間超の労働者から申出があった場合には医師による面接指導を実施しているか。	◎
☐ 面接指導の結果、必要な事後措置を実施しているか。	◎
☐ テレワーク中の労働者に対し、医師による面接指導をオンラインで実施することも可能であるが、その場合、医師に事業場や労働者に関する情報を提供し、円滑に映像等が送受信可能な情報通信機器を用いて実施しているか。なお、面接指導を実施する医師は産業医に限られない。 ※詳細は平成27年9月15日付け基発0915第5号「情報通信機器を用いた労働安全衛生法第66条の8第1項、第66条の8の2第1項、法第66条の8の4第1項及び第66条の10第3項の規定に基づく医師による面接指導の実施について」（令和2年11月19日最終改正）を参照。	◎
（3）　その他（健康保持増進）	
☐ 健康診断の結果、特に健康の保持に努める必要があると認める労働者に対して、医師または保健師による保健指導を実施しているか。	
☐ THP（トータル・ヘルスプロモーション・プラン）指針に基づく計画は、テレワークが通常の勤務とは異なることに留意した上で策定され、当該計画に基づき計画的な取組を実施しているか。	
5　メンタルヘルス対策　※ 項目 1(2) 及び 6(1) もメンタルヘルス対策の一環として取り組んでください。	
（1）　ストレスチェック	
☐ ストレスチェックを定期的に実施し、結果を労働者に通知しているか。また、希望者の申し出があった場合に面接指導を実施しているか。（労働者数50人未満の場合は努力義務） ※面接指導をオンラインで実施する場合には、4（2）4ポツ目についても確認。	◎
☐ テレワーク中の労働者が時期を逸することなく、ストレスチェックや面接指導を受けることができるよう、配慮しているか。（メールやオンラインによる実施等）	
☐ ストレスチェック結果の集団分析は、テレワークが通常の勤務と異なることに留意した上で行っているか。	
（2）　心の健康づくり	
☐ メンタルヘルス指針に基づく計画は、テレワークが通常の勤務とは異なることに留意した上で策定され、当該計画に基づき計画的な取組を実施しているか。	
6　その他	
（1）　コミュニケーションの活性化	
☐ 同僚とのコミュニケーション、日常的な業務相談や業務指導等を円滑に行うための取組がなされているか。（定期的・日常的なオンラインミーティングの実施等）	
（2）　緊急連絡体制	
☐ 災害発生時や業務上の緊急事態が発生した場合の連絡体制を構築し、テレワークを行う労働者に周知しているか。	

※　ご不明な点がございましたら、お近くの労働局又は労働基準監督署の安全衛生主務課にお問い合わせください。

記　入　日：令和　　　　年　　　　月　　　　日

記入者職氏名：

R3.3.25版

1　このチェックリストは、自宅等においてテレワークを行う際の作業環境について、テレワークを行う労働
　者本人が確認する際に活用いただくことを目的としています。
2　確認した結果、すべての項目に☑が付くように、不十分な点があれば事業者と話し合って改善を図るなどに
　より、適切な環境下でテレワークを行うようにしましょう。

すべての項目について【観点】を参考にしながら作業環境を確認し、当てはまるものに ☑ を付けてください。

1　作業場所やその周辺の状況について

☐　（1）　作業等を行うのに十分な空間が確保されているか。

【観点】
・作業の際に手足を伸ばせる空間があるか。
・静的筋緊張や長時間の拘束姿勢、上肢の反復作業などに伴う疲労やストレスの解消のために、体操やストレッチを適切に行
うことができる空間があるか。
・物が密集している等、窮屈に感じないか。

☐　（2）　無理のない姿勢で作業ができるように、机、椅子や、ディスプレイ、キーボード、マウス等
　　　　　について適切に配置しているか。

【観点】
・眼、肩、腕、腰に負担がかからないような無理のない姿勢で作業を行うことができるか。

☐　（3）　作業中に転倒することがないよう整理整頓されているか。

【観点】
・つまづく恐れのある障害物、畳やカーペットの継ぎ目、電源コード等はないか。
・床に書類が散らばっていないか。
・作業場所やその周辺について、すべり等の危険のない、安全な状態としているか。

☐　（4）　その他事故を防止するための措置は講じられているか。

【観点】
・電気コード、プラグ、コンセント、配電盤は良好な状態にあるか。配線が損傷している箇所はないか。
・地震の際などに物の落下や家具の転倒が起こらないよう、必要な措置を講じているか。

2　作業環境の明るさや温度等について

☐　（1）　作業を行うのに支障ない十分な明るさがあるか。

【観点】
・室の照明で不十分な場合は、卓上照明等を用いて適切な明るさにしているか。
・作業に使用する書類を支障なく読むことができるか。
・光源から受けるギラギラしたまぶしさ（グレア）を防止するためにディスプレイの設置位置などを工夫しているか。

☐　（2）　作業の際に、窓の開閉や換気設備の活用により、空気の入れ換えを行っているか。

☐　（3）　作業に適した温湿度への調整のために、冷房、暖房、通風等の適当な措置を講ずることができるか。

【観点】
・エアコンは故障していないか。
・窓は開放することができるか。

☐　（4）　石油ストーブなどの燃焼器具を使用する時は、適切に換気・点検を行っているか。

☐　（5）　作業に支障を及ぼすような騒音等がない状況となっているか。

【観点】
・テレビ会議等の音声が聞き取れるか。
・騒音等により著しく集中力を欠くようなことがないか。

3　休憩等について

☐　（1）　作業中に、水分補給、休憩（トイレ含む）を行う事ができる環境となっているか。

4　その他

☐　（1）　自宅の作業環境に大きな変化が生じた場合や心身の健康に問題を感じた場合に相談する窓口
　　　　　や担当者の連絡先は把握しているか。

※　ご不明な点がございましたら、お近くの労働局又は労働基準監督署の安全衛生主務課にお問い合わせください。

記　入　日：令和　　　　年　　　月　　　日

記入者職氏名：

R3.3.25版

結びにかえて

　ポストコロナ時代のテレワークの導入および運用について検討をしてきた
が、テレワークの必要性およびその本質についてはコロナ前とコロナ後で変
わってはいない。そこで、前著「テレワーク導入の法的アプローチ」の結び
の言葉を再録して本書の締めくくりにしたい。

＊

　テレワーク制度とはどのようなものか、雇用型テレワーク制度に対する労
働法規の適用、テレワーク制度導入・整備に関する諸問題などの検討を行な
ってきた。これらを通じて、テレワーク制度導入・整備のための法的アプロ
ーチの全体像がみやすくなったのではないだろうか。

　とはいえ、「テレワーク制度」は業務遂行方法のひとつの形にすぎず、従
前の「通常勤務の形」での業務遂行を、情報通信技術を利用することで事業
場外で運用できるよう改善を施したものでしかない。言い換えると、「テレ
ワーク制度を導入する」こと自体は、業務遂行方法の変更にすぎず、極論す
れば、それ自体に何らかの意味があるわけではない。

　テレワークとは情報通信技術を利用して働き方を変えることでもたらされ
るワークライフバランスの向上や生産性の向上策のひとつの形であり、その
導入は問題を改善・克服するひとつの手段でしかない。したがって、テレワ
ーク制度の導入・整備は AI の活用による業務改善、ロボティック・プロセス・
オートメーション（Robotic Process Automation：RPA）を利用した業務改
善などと並列的に考えられるべきであり、それらの新技術を利用した業務の
改善の方法のひとつでしかない点を、最後にあらためて強調したい。

　テレワーク制度を導入することによる働き方の改革自体は、それら新しい
技術の急速な発展により可能となる側面とともに、これらに対応しなければ、
競争力の相対的な低下により、企業自体の生き残りが困難となるというリス
クもはらむものである。そして、一方では、テレワーク制度の導入・整備に
は、働くことについてのマインドセットを変える必要があるとともに、他方
では、テレワーク制度の導入・整備によりマインドセットが変わる側面もあ
る。

そのような時代に本書が、テレワーク制度の導入・整備による働き方の改革・生産性向上を通じて、事業者および従業員の双方に有益なものとなれば幸いである。

2024年5月
末 啓一郎

末 啓一郎（すえ・けいいちろう）
1982年東京大学法学部卒業。1984年弁護士登録、第一東京弁護士会。高井伸夫法律事務所、松尾綜合法律事務所などを経て現在、ブレークモア法律事務所パートナー。ルーバン・カソリック大学法学部大学院（法学修士1992年）、コロンビア大学ロースクール（LL.M. 1994年）、一橋大学（法学博士2009年）。米国ニューヨーク州弁護士、一橋大学ロースクール講師（国際経済法）。
著書『多様化する労働契約における人事評価の法律実務』『懲戒をめぐる諸問題と法律実務』（共著）ほか

改訂新版 テレワーク導入・整備の法的アプローチ
―トラブル回避の留意点と労務管理のポイント

著者◆
末 啓一郎
発行◆2020年2月1日 第1版第1刷
　　　2024年7月1日 改訂新版第1刷

発行者◆
駒井 永子

発行所◆
経団連出版
〒100-8187 東京都千代田区大手町1-3-2
経団連事業サービス
電話◆［編集］03-6741-0045 ［販売］03-6741-0043

印刷所◆精文堂印刷